디지털 미디어 시대의

기업 커뮤니케이션

디지털 미디어 시대의

기업 커뮤니케이션

저자 | **최민욱 · 김운한**

서울경제경영

머리말

기술이 고도화되고 경쟁이 치열해지면서 기업들은 원활한 커뮤니케이션을 위해 많은 노력을 기울이고 있다. 상품의 생산자와 공급자, 소비자 간의 원활한 커뮤니케이션이 마케팅 활동뿐 아니라 기업명성 등 기업 자산에 중요한 영향을 주는 요인이 되기 때문이다. 이른바 현대 마케팅 믹스의 주요 요소인 프로모션(Promotion) 개념이 '커뮤니케이션'으로 대체되어야 한다는 주장도 같은 맥락에서 이해된다.

현재 기업이 당면한 커뮤니케이션의 과제는 효율성이다. 얼마나 정확한 메시지를 개발하느냐 못지않게 얼마나 적은 비용으로 원하는 타깃에게 커뮤니케이션 하느냐의 문제가 중요시되었다. 이는 종래의 매스마케팅 환경에서, 정해진 미디어에 대한 투입량을 조절하는 것으로 해결될 문제가 아니다. 그보다 훨씬 심각하다. 기업들이 자신이 원하는 타깃을 만날 수 있을지조차 불확실해졌기 때문이다. 타깃을 만난다 하더라도 타깃의 마음을 여는 일은 훨씬 더 어려워졌다. 미디어의 변화, 그리고 새로운 미디어에 대한 소비 행태의 변화가 가장 큰 이유이다.

새로운 미디어란 곧 디지털미디어이다. 디지털미디어 환경에서 미디어는 커뮤니케이션의 가장 중요한 수단이 되었다. '미디어는 곧 메시지'라는 말처럼, 미디어는 내용물을 담는 그릇이 아니라 내용물 그 자체로 기능하게 된 것이다. 커뮤니케이션 과정에서 목적하는 타깃 오디언스를 대상으로 얼마나 적절한 메시지를 개발하느냐보다 더 중요한 것이 그 메시지를 원하는 타깃에게 얼마나 효과적으로 도달시키느냐, 더 나아가 타깃이 그 메시지에 공감하여 확산시키느냐가 기업 커뮤니케이션의 성패를 결정하는 관건이 되었다. 그러한 커뮤니케이션을 위한 도구로서, 전통적인 4대 매체와 스폰서십, 이벤트, 프로모션 등 전통적인 촉진활동이 여전히 중요하다. 그러나 그 핵심은 온라인, 모바일 미디어를 중심으로 하는 디지털 커뮤니케이션이다.

디지털 미디어의 시작은 인터넷이었다. 개념적으로는 1965년에 시작되었지만, 국내에는 1990년대 초반에 보급이 시작되어 1990년대 후반 초고속인터넷망이 보편화되면서 대중적 미디어로 인기를 끌게 되었다. 그리고 오늘 인터넷은 기존의 매체와 결합하거나 모바일과 결합하여 새로운 형태로 등장하게 되었다. 디지털 케이블TV, IPTV, DMB, 스마트폰, 스마트TV 등이 몇 가지 예이다. 미디어가 디지털화됨에 따라 더욱 분화되었고, 이는 미디어 소비행태 변화와 더불어 소비자를 만나기 더욱 힘들게 만들었다. 소비자의 입장에서 보면 채널(미디어) 선택권이 늘어난 것이지만, 광고주의 입장에서 보면 꼭꼭 숨어있는 소비자를 만나기 더욱 힘들어진 셈이다. 소비자와의 '접점'을 찾더라도 메시지를 전하기는 더 어렵다. 마치 '정보의 방패막'을 친 것처럼, 상업적 정보를 외면하는 소비자에게 주목을 끌고, 흥미를 일으키고, 정보를 수용하고 또 다른 소비자에게 확산시킬 수 있도록 이끌어내야 한다.

이 책이 기업 커뮤니케이션을 설명함에 있어 디지털 미디어와 관련한 개념을 중심으로 정한 이유는 이러한 배경에서이다. 기업의 커뮤니케이션 비용은 한정적인데, 미디어를 중심으로 하는 커뮤니케이션 환경은 더욱 복잡해지고 까다로워졌다. 이렇듯 변화된 환경을 이기기 위해서 가장 먼저 고려되어야 할 문제가 바로, '미디어'를 활용한 효과적인 커뮤니케이션 아이디어를 창출해내는 일일 것이다. 이 책에서는 최근 부각되는 주요 미디어와 관련 서비스를 개념적으로 소개하고, 이에 근거하여 효과적인 기업 커뮤니케이션에 필요한 전략과 발상 방안을 두루 다루고자 하였다.

1장에서는 디지털 미디어 시대의 기업 커뮤니케이션을 이해하기 위해 필요한 핵심 개념을 소개하고 있다. 구체적으로 정보 및 커뮤니케이션에 대한 환경 변화 전반을 소개하고, 소비자 능동성 증가, 메시지 중심에서 관계 중심이라는 커뮤니케이션의 속성의 변화, 새로운 미디어 환경에서 정보의 참여, 공유, 개방 개념의 적용과 이해, 감성 커뮤니케이션, 인게이지먼트 등을 소개한다.

2장에서는 기업커뮤니케이션의 주요 도구이자 내용 그 자체로 기능할 미디어에 관해 알아보고자 한다. 주요 디지털 커뮤니케이션 미디어 툴로서, 스마트폰, IPTV, SNS, UCC, 1인 미디어, 디지털 사이니지 등을 살펴보고 기업 커뮤니케이션 관점에서 활용 방안을 모색하였다.

3장에서는 기업 커뮤니케이션을 둘러싼 환경 변화에 따른 문제점과 규제 등 주요 쟁점들을 짚어보고, 향후 기업커뮤니케이션을 담당할 전문 인력 양성 등 기업이 준비해야 할 인프라 구축에 관해 소개하고 있다.

이 책이 기업 커뮤니케이션을 주로 미디어 변화에 초점을 맞추어 다루다 보니 기업 커뮤니케이션 활동 자체에 대해서는 충분히 다루지 못하였다. 예컨대 최근 중요시되고 있는 CSR 차원의 공익적 커뮤니케이션 활동과 비영리조직(Non Profit Organization)의 커뮤니케이션 등에 관한 내용이 추후 보완되어야 할 것이다.

이 책을 집필하며 많은 분들의 도움을 받았다. 우선 저자들의 박사과정을 통해 많은 가르침을 주신 한양대학교 광고홍보학과 교수님들에게 감사를 드린다. 이 책에 인용된 많은 책과 논문들, Advertising Age의 Online Creativity와 한국광고협회 사이트를 통해서도 많은 도움을 받았다. 특히 책이 나오기까지 많은 배려를 해주신 서울경제경영의 김은중 사장님과 편집진에 깊은 감사를 드린다.

그 동안 새로운 미디어를 소개하고 이에 근거하여 마케팅 커뮤니케이션을 설명한 책은 다수 있었다. 그러나, 변화된 미디어 환경을 기업 커뮤니케이션 관점에서 다룬 책은 많지 않았다. 이 점에서 이 책은 변화하는 환경에 대응하고 성공적으로 업무를 수행해야 하는 기업 커뮤니케이션과 관련 종사자에게 이론적으로나 실무적으로 도움이 될 수 있으리라 생각한다. 또한 커뮤니케이션 및 마케팅 관련 전공 학생과 이 분야에 관심이 있는 학생들이 미래 관련 분야로의 진출을 준비하는 데 있어서도 도움을 줄 수 있으리라 생각한다. 이 책을 통해 새로운 시대를 이기는 커뮤니케이션 전략과 실행에 관한 팁을 풍성히 얻을 수 있기를 바란다.

저자

최민욱, 김운한

차례

Part 1

디지털 미디어 시대의 기업 커뮤니케이션 속성

"방송과 통신의 구분이 급격히 허물어지고 있으며, 방송과 통신의 특성을 결합한 새로운 미디어들이 빠르게 등장하고 있다. 디지털 미디어 환경에서는 데이터 방송이나 인터넷 등과 같은 부가서비스가 가능하기 때문에 무한정의 정보량을 제공하는 것이 가능해졌다. 이에 따라, 비상업적 콘텐츠와 상업적 콘텐츠의 결합 등 광고 메시지의 효과를 높이기 위한 다양한 커뮤니케이션 방안이 제시되고 있다."

01
새로운 미디어 환경과 기업 커뮤니케이션

방송통신융합

현재 정보통신기술의 급속한 발전으로 기술, 소비자 수요, 시장, 그리고 정책 전반에서 융합이라는 변혁의 물결이 일고 있다. 특히 디지털 기술혁명에 따른 디지털 컨버전스(Convergence) 환경은 스마트TV, IPTV, 인터넷 방송, DMB, VOD 등 방송과 통신의 특성을 동시에 갖춘 방송 · 통신의 융합서비스 제공을 가능하게 함으로써, 과거 방송과 통신이 각각의 경계영역 어딘가에 존재하던 것에서 이제 단순히 '방송' 혹은 '통신'으로 규정짓기 힘든 환경에 놓여 있는 것을 의미한다.

이처럼 방송과 통신의 융합은 디지털 미디어 시대의 대표적인 현상이라고 할 수 있다. 방송과 통신의 구분이 급격히 허물어지고 있으며, 방송과 통신의 특성을 결합한 새로운 미디어들이 빠르게 등장하고 있다. 방송통신융합은 하나의 네트워크, 하나의 단말기, 나아가 이들을 통한 하나의 디지털 플랫폼에서 방송서비스와 통신서비스의 결합제공 방식의 증대와 다양화를 의미한다고 할 수 있다. 즉 서로 다른 네트워크와 단말기에서 유사한 서비스를 제공하거나, 하나의 네트워크와 단말기에서 다양한 서비스를 제공하고, 방송 및 통신 각 영역의 기술적 발전 및 교차적인 발전으로 인해 결합된 새로운 서비스들이 출현하게 되는 과정적인 현상을 의미한다고 할 수 있다.

방송 서비스가 방송네트워크뿐만 아니라 통신네트워크를 통해 전송되고, 역으로 통신이 방송네트워크를 통해 전송되는 상황을 맞게 된 것이다. 이제 방송은 불특정 다수가 아닌 특정인을 대상으로, 통신은 특정인이 아닌 다수의 수신자에게 전달될 수 있게 되었다.

국내의 경우 이미 이러한 방송통신의 융합현상이 본격적으로 일어나고 있다. 소비자는 인터넷 서비스망을 통해 방송 프로그램을 비롯한 멀티미디어 콘텐츠를 TV수신기로 볼 수 있는 스마트TV, IPTV (Internet Protocol TV) 형식의 서비스를 받아보고 있고, 리모콘 조작만으로 인터넷에서처럼 광고되는 상품의 상세정보를 확인할 수 있고 상품을 주문할 수 있다. 또한 인터넷으로 영화, 드라마, 뉴스, 스포츠 등 다양한 동영상을 TV처럼 채널 별로 쉽게 골라볼 수 있는 인터넷 TV 서비스를 받아볼 수 있다. 앞으로 일상생활에서 이러한 방송과 통신의 융합 현상은 더욱 빠른 속도로 진행될 것이다.

방송과 통신의 융합은 광고와 홍보와 같은 기업 커뮤니케이션에 많은 변화를 야기한다. 방송과 통신의 융합은 새로운 미디어를 탄생하게 하고 새로운 기업 커뮤니케이션 수단들을 탄생하게 한다. 뿐만 아니라 광고와 홍보와 같은 기존 커뮤니케이션 수단들의 개념에 대한 변화를 낳게 하고 이러한 변화는 패러다임의 변화라 할 정도로 기업 커뮤니케이션 환경을 변화시킨다. 이러한 변화의 방향을 이해하고 이에 적극적으로 대응하지 않는 한 성공적인 기업 커뮤니케이션의 집행은 기대하기 어렵게 된다.

뉴미디어 광고의 성장

최근 광고환경 변화 중 뚜렷하게 나타나는 것은 기존 전통 광고의 정체 및 뉴미디어 광고의 성장이다. 기존 4대매체 광고비가 지속적으로 정체 또는 감소하는 반면, 인터넷, IPTV, DMB 등 뉴미디어 광고비는 빠르게 성장하고 있다. 광고비 통계자료에 의하면 1998년부터 2009년까지 연도별 매체별 광고비와 전년대비 성장률을 살펴보았을 때, 지상파 TV광고와 신문광고의 경우 이 기간동안 평균 2.8%, −1.3%의 성장률을 각각 나타낸 반면, 케이블 TV광고의 경우 1998년 1,166억 원에서 2009년 7,794억 원으로 평균 17.7%의 성장률을 나타냈으며, 인터넷광고의 경우 1998년 537억 원에서 2009년 1조 2,430억 원으로 평균 35.3%의 높은 성장률을 나타냈다(표 1.1).

이러한 변화는 4대매체 광고와 뉴미디어 광고로 크게 구분하여 보았을 때에도 확연히 나타난다. 2005년부터 2009년까지 4대매체 광고비와 뉴미디어 광고비의 광고 구성비를 살펴보았을 때 4대매체 광고의 구성비는 2005년 64.2%에서 52.8%로 감소한 것으로 나타났다. 반면 케이블 TV, 인터넷, 위성, DMB, IPTV로 구성된 뉴미디어 광고의 구성비는 15%에서 28.4%로 증가한 것으로 나타났다(표 1.2).

2011년 국내 총 광고비 자료를 보면 인터넷 광고는 매체 중 가장 높은 성장률을 나타냈다. 인터넷 광고비는 전년 대비 20.0% 성장한 1조 8560억 원으로 총 광고시장의 19.4%를 비중을 차지했다. 최근의 한 보고서에 따르면 인터넷광고 시장이 2019년부터 지상파 TV를 추월할 것이라는 전망도 나오고 있다.

또한 대표적인 방송통신융합 환경의 뉴미디어인 IPTV 광고는 초고속 인터넷망이라는 안정적인 상향채널을 바탕으로 진정한 의미의 양방향 광

표 1.1 연도별 매체별 광고비 및 전년 대비 성장률 (단위: 억 원, %)

연도	총광고비		지상파TV		신문		케이블TV		인터넷	
	금액	성장률	금액	성장률	금액	성장률	금액	성장률	금액	성장률
1998	34,846	−35.2	10,261	33.7	13,437	−36.8	1,166	−9.1	537	41.3
1999	46,206	32.6	14,921	45.4	18,055	34.4	1,281	9.9	812	51.2
2000	58,534	26.7	20,687	38.6	21,214	17.5	1,736	35.5	1,360	67.5
2001	54,096	−7.6	19,537	−5.6	17,500	−17.5	1,652	−4.9	1,281	−5.8
2002	64,784	19.8	24,394	24.9	20,200	15.4	2,345	42.0	1,850	44.4
2003	68,023	5.0	23,671	−3.0	18,900	−6.4	2,975	26.9	2,700	45.9
2004	68,401	0.6	22,350	−5.6	17,436	−7.7	3,999	34.4	3,927	45.4
2005	70,539	3.1	21,492	−3.8	16,724	−4.1	4,868	21.7	5,660	44.4
2006	76,340	8.2	21,839	1.6	17,013	1.7	6,721	38.1	7,790	37.4
2007	79,897	4.7	21,076	−3.5	17,801	4.6	8,297	23.5	10,200	30.9
2008	77,971	−2.4	18,997	−9.9	16,581	−6.9	8,600	3.6	11,900	16.7
2009	72,560	−6.9	16,709	−12.0	15,007	−9.5	7,794	−9.4	12,430	4.5
평균		4.0		2.8		−1.3		17.7		35.3

출처: 박원기(2012)의 내용을 일부 수정함.

고가 기술적으로 가능하다는 점에서 주목을 받고 있다. 특히 IPTV 광고는 전통적인 TV 광고의 브랜드 구축 효과와 온라인 광고의 양방향적 특성을 모두 접목할 수 있다는 측면에서 주요 광고 미디어로서의 성장성이 기대된다고 할 수 있다. 이와 함께 현재 확산되고 있는 스마트TV 광고 또한 성장이 기대된다.

IPTV와 스마트TV의 차이?

IPTV와 스마트TV 모두 인터넷 회선에 연결해 사용하고 양방향 기능을 지원한다는 점에서는 같지만, 스마트TV는 인터넷 풀브라우징(full browsing) 기능을 수용함으로써 앱의 설치나 SNS 등 다기능 활용이 자유롭다. 또한 IPTV는 방송국에서 송출되는 영상 및 음성을 지상파나 케이블용 안테나가 아닌 인터넷 회선을 통해 전달받아 TV에 표시하지만, 스마트TV는 기존의 지상파나 케이블 방송 시청용 안테나와 인터넷 회선을 동시에 연결하는 형태로 설치된다.

표 1.2 주요 매체별 광고비 구성 (단위: 억 원, %)

구분	매체	광고비					구성비				
		2005	2006	2007	2008	2009	2005	2006	2007	2008	2009
전파	TV	21,492	21,839	21,076	18,997	16,709	30.5	28.6	28.4	24.4	23.0
	라디오	2,683	2,799	2,807	2,769	2,230	3.8	3.7	3.5	3.6	3.1
인쇄	신문	16,724	17,013	17,801	16,581	15,007	23.7	22.3	22.3	21.3	20.7
	잡지	4,368	4,591	4,841	4,804	4,388	6.2	6.0	6.1	6.2	6.0
전파/인쇄 소계		45,267	46,242	46,524	43,151	38,335	64.2	60.6	58.2	55.3	52.8
뉴미디어	CATV	4,868	6,721	8,297	8,600	7,794	6.9	8.8	10.4	11.0	10.7
	온라인	5,669	7,790	10,200	11,900	12,430	8.0	10.2	12.8	15.3	17.1
	위성	62	120	120	95	95	0.1	0.2	0.2	0.1	0.1
	DMB		19	88	114	176		0.0	0.1	0.1	0.2
	IPTV				53	114				0.1	0.2
뉴미디어 소계		10,599	14,650	18,706	20,762	20,609	15.0	19.2	23.4	26.6	28.4
기타(옥외 등)		14,673	15,447	14,666	14,023	13,616	20.8	20.2	18.4	18.0	18.8
총 광고비		70,539	76,339	77,897	77,971	72,560	100	100	100	100	100

출처: 한상필(2011)

모바일 광고의 경우 스마트폰이 시장에 빠르게 확산되고 기업들이 SNS (Social Network Service) 마케팅을 강화하고 있다는 점 등으로 인해 성장속도가 지금까지보다 더 빨라질 것이다. 특히 무선 인터넷의 사용이 증가하고 새로운 모바일 광고 기술이 상용화되면서 이러한 성장 속도가 가속화되리라고 예상된다.

광고 형태와 개념의 변화

전통적인 방송광고 환경은 광고의 길이가 15초, 30초 등 한정적이었으며, 따라서 광고는 시간의 제약으로 인해 소비자들이 원하는 만큼의 충분한 정보를 제공하기 어려웠다. 그러나 디지털 미디어 환경에서는 데이터 방송이나 인터넷 등과 같은 부가서비스가 가능하기 때문에 무한정의 정보량을 제공하는 것이 가능하다.

TV 광고를 보면서...

디지털미디어 시대 달라진 소비자

- 필요할 경우 선택적으로 추가적인 정보를 요구할 수 있다.
- 정보는 별도로 인쇄되거나 저장될 수 있다.
- 적당한 시간에 요청한 정보를 볼 수 있다.
- 다량의 정보를 기초로 하여 합리적으로 구매결정을 할 수 있다.

승용차나 부동산, 전자제품과 같이 정보를 집중적으로 요하는 고관여 상품의 경우, 고관여 수용자의 정보탐색 욕구를 충족시킬 수 있다. 또한 디지털 환경에서의 광고는 직접 판매기능까지 수행할 수 있다. 즉 'T-커머스(Commerce)'로 불리는 방송과 연결된 전자상거래 등 인터넷 기반의 다양한 서비스를 제공받을 수 있다. 소비자는 광고를 보고 원하는 제품을 바로 구매하게 됨으로써 이 경우 광고는 마케팅과 보다 직접적인 연관을 맺게 된다.

특히 양방향 서비스 기능이 제공되는 디지털 방송 환경은 상업적 메시지와 관련, 소비자로 하여금 더욱 풍부해진 선택권과 편리한 접근권을 보장받은 환경에서 브랜드와의 능동적인 커뮤니케이션을 가능하게 한다. 예를 들어 시청자가 드라마를 보다가 연예인이 입은 옷이나 액세서리가 마음에 들면 클릭해서 제품정보를 원하는 양만큼 볼 수 있고 바로 구매할 수도 있다. 따라서 방송통신융합 환경에서 광고주는 디지털 미디어를 상품과 관련된 광고도구로 활용할 뿐만 아니라, 브랜드와 기업에 대한 자세한 정보를 제공하는 홍보매체, 직접 판매를 유도하는 마케팅 수단으로 활용하는 것이 가능해진다. 소비자 입장에서도 이용할 수 있는 광고의 형태와 역할이 지금보다 더 복잡하고 다양해질 것으로 예상된다.

최근 광고 마케팅 환경이 단기적 관점에서의 매스 마케팅에서 장기적 관계 관점에서의 개별 마케팅으로 변화해감에 따라, 기업들이 스마트폰 등 뉴미디어를 활용하여 SNS 마케팅을 활발히 펼치고 있다. 기업들은 SNS 마케팅을 통하여 소비자들과 신속하게 피드백하고 상호작용성을 바탕으로 한 소통을 하고 있다. 즉 SNS를 활용한 개별 소비자와의 커뮤니케이션을 통하여 기업이나 브랜드의 이미지를 높이고 다양한 이벤트를 벌이는 등 전통적인 형태의 광고가 해왔던 기능을 수행하고 있는 것이다.

SNS 마케팅이란?

현재 많은 사람들이 다른 사람과 의사소통을 하거나 정보를 공유하는데 SNS를 일상적으로 사용하고 있다. 따라서 사회의 많은 분야에서 이러한 SNS에 주목하고 활용하고 있다. 특히 기업들은 고객과의 커뮤니케이션을 포함한 마케팅은 물론 영업, 서비스 측면에서

SNS를 적극적으로 활용하고 있다. SNS 마케팅을 통하여 기업은 좀 더 쉽고 빠르게 소비자에게 기업과 브랜드를 알릴 수 있게 되었고, 무엇보다 개별 소비자와 보다 친밀히 소통할 수 있게 되었다.

비상업적 콘텐츠와 상업적 콘텐츠의 결합

최근 다양한 뉴미디어 및 마케팅 커뮤니케이션 수단들의 등장으로 광고 미디어로서 4대 매체의 영향력이 점차 감소하는 추세이다. 특히 광고노출의 증가에 따라 심화되는 광고의 밀집현상(advertising clutter) 및 시청자의 능동적인 광고의 회피현상(zapping 혹은 zipping) 등은 기존의 대중매체를 통한 광고 메시지의 효과를 더욱 떨어뜨리고 있는 주요 요인이 되고 있다. 이러한 상황에 대처하려는 광고업계의 노력과 디지털 미디어 기술의 발달, 다양한 미디어의 출현이 맞물려 최근 프로그램과 광고의 결합, 좀 더 넓은 의미로 표현하면 비상업적 콘텐츠와 상업적 콘텐츠의 결합이 다양한 형태로 시도되고 있다.

전통적 광고환경 vs 새로운 광고환경에서의 콘텐츠

- 전통적 광고환경에서는 비상업적 콘텐츠와 상업적 콘텐츠의 구분이 확실함 예) TV의 경우 프로그램 시간과 광고 시간이 확실히 구분되고, 신문의 경우 기사 영역과 광고 영역이 확실히 구분
- 새로운 광고환경에서는 비상업적 콘텐츠와 상업적 콘텐츠가 결합되는 현상을 보임

또한, 콘텐츠 안에 브랜드 메시지를 삽입하는 간접광고, 가상광고가 활성화되고 있고, 브랜드 메시지와 콘텐츠의 결합된 형태인 브랜디드 콘텐츠(Branded Contents)가 다양한 형태로 시도되고 있다.

간접광고, 가상광고, 브랜디드 콘텐츠?

간접광고

제품의 배치를 통해 간접적으로 광고효과를 내는 방법으로, 광고주가 판매증진이나 이미지 개선을 목적으로 영화, TV 프로그램, 게임 등의 콘텐츠 속에 자사의 상품이나 서비스를 삽입시키고 그에 대한 대가로 일정 금액을 지출하는 형태의 광고

가상광고

방송프로그램이 중계되는 장소에는 존재하지 않는 이미지(광고)를 컴퓨터 작업을 통해 마치 있는 것처럼 끼워넣어 시청자에게 전달하는 방식의 광고

브랜디드 콘텐츠

브랜디드 엔터테인먼트(Branded Entertainment)라고도 불리며 이전에는 분리되어왔던 광고와 엔터테인먼트가 하나로 합쳐진 새로운 형태의 광고 미디어로서 비록 상업적 목적을 가지고 있지만 엔터테인먼트 콘텐츠 형식으로 유통되어지는 것

그 동안 음성적으로 집행되어왔던 간접광고는 공식적으로 허용되어 콘텐츠 안에서 브랜드 메시지가 자연스럽게 융화되어 전달되고 있으며 가상광고도 스포츠 프로그램 중심으로 집행되고 있다. 브랜디드 콘텐츠도 최근 주요 상업적 커뮤니케이션 수단으로 활발히 사용되고 있다. BMW 무버셜(Movercial), 애니콜 애니밴드와 같이 일반적인 콘텐츠 수준을 능가하는 규모와 질을 가진 브랜디드 콘텐츠는 인터넷 상에서 소비

자들이 스스로 찾아, 몰입하여 보게 된다는 점 등에서 큰 효과를 거두었다고 할 수 있다. 최근 케이블 TV 중심으로 프로그램 기획단계부터 특정 기업이나 브랜드의 후원을 바탕으로 제작되어, 프로그램을 통하여 적극적으로 기업이나 브랜드 메시지를 전달하는 형태도 브랜디드 콘텐츠의 한 유형이라고 할 수 있다.

최근에는 상업적 메시지가 방송이나 오락 콘텐츠와의 결합을 넘어 문화, 예술, 스포츠와 같은 더욱 다양한 콘텐츠와의 결합을 시도하고 있다. 어떻게 보면 스폰서십(Sponsorship)과도 비슷한 성격이라고도 할 수 있는데, 스폰서십이 기존의 완성된 콘텐츠에 단지 후원을 하는 성격인데 비하여, 새로운 비상업적 콘텐츠와 상업적 콘텐츠의 결합은 기업이나 브랜드 측에서 기획단계에서부터 적극적으로 개입하여 문화, 예술, 스포츠와 공동으로 프로젝트나 이벤트를 진행시켜 나간다고 할 수 있다.

최근 이렇듯 비상업적 콘텐츠와 상업적 콘텐츠의 결합이 시도되는 이유는 기존 4대매체 중심의 전통적 광고의 위축, 소비자들이 광고를 회피하려는 성향과 기술의 발달로 이러한 회피가 가능해지고 있다는 점, 다양하고 많은 미디어의 출현으로 소비자에게 광고 노출 자체가 점점 어려워지고 있다는 점 등이다. 이러한 난관을 극복하기 위하여 광고주와 광고대행사는 콘텐츠 안에 상업적 메시지를 삽입하려 하고, 결국은 상업적 메시지이지만 상업적 콘텐츠의 질과 흥미를 높여 소비자들이 스스로 찾아보게끔 하여 노출을 높이고자 하는 것이라고 할 수 있다. 또한 소비자들이 좋아하는 콘텐츠와 브랜드 메시지를 결합시킴으로써 브랜드의 이미지를 높이고자 하는 의도도 비상업적 콘텐츠와 상업적 콘텐츠의 결합이 시도되고 있는 주요 이유라고 할 수 있다.

참고문헌

김봉현(2005). 디지털 양방향 서비스 환경에서의 제품삽입 및 간접광고(PPL)의 운용방안에 관한 연구. **광고학연구**, 15(5), 317-342.

김봉현(2006). 디지털 컨버전스 환경에서의 디지털광고의 운용제도에 관한 연구: 광고실무자들의 인식조사를 중심으로. **한국광고홍보학보**, 8(2), 275-304.

박원기(2012). 우리나라 광고주의 매체이용 실태에 관한 연구: GDP와 매체별 광고비를 중심으로. **한국광고홍보학보**, 14(1), 269-316.

박천성(2009). 양방향광고의 수익모델. T-com media 뉴스, 2009. 1. 28.

염성원(2004). 매체환경 변화에 따른 영국의 광고규제 동향에 관한 연구. **한국광고홍보학보**, 6(2), 96-131.

오용수, 정희영(2006). 방송통신융합에 따른 규제체계 전환의 정책방향. **방송연구**, 2006년 여름호, 137-169.

이경남(2008). IPTV와 광고 수익 모델의 결합. **정보통신정책**, 20(6), 41-46.

조슬기나(2012). 작년 총 광고비 사상 최초 9조원 돌파. 이시아경제, 2012. 2. 27

최경섭(2010). 인터넷 광고시장 11%씩 성장 2019년 지상파TV 추월할 것. 디지털 타임스, 2010. 11. 14.

한상필(2011). 매체별 광고비 예측에 관한 연구. **한국광고홍보학보**, 13(3), 83-112.

Van Den Dam, R. (2007). IPTV Advertising: a gold mine for telcos? Broadcastengineering.com, May 2007, 76-81.

02

소비자 능동성

소비자 능동성 증가 현상 및 이유

최근의 광고환경 변화의 근저에는 공통적으로 소비자의 능동성 개념이 바탕에 깔려 있다. 전통적인 광고 모델은 적극적으로 광고를 수용할 의사가 적은 소비자에게 광고를 노출시키는 형태라고 할 수 있다. 그러나 오늘날의 광고환경에서 소비자가 광고를 접촉하고 처리하는 과정은 크게 변화된다. 즉 광고에 수동적으로 노출되기 보다는 광고 접촉 여부와 시간, 과정을 본인이 선택하는 형태로 바뀐다고 할 수 있다. 소비자는 더 이상 수동적으로 광고 메시지를 당연하게 받아들이지 않으며, 능동적으로 원하는 광고 메시지를 선택하거나 또는 회피하게 된다. 즉 소비자는 다양한 목적을 가지고 능동적으로 광고를 접촉하고 이용한다는 것이다.

광고에 대한 소비자의 능동적 접근 관점은 오늘날 빠르게 성장하고 있는 뉴미디어 광고에서 특히 유용하다.

키워드 검색광고, 배너광고, UCC 동영상광고에서도 알 수 있듯이 소비자는 원하는 시간대에, 원하는 광고 메시지를, 광고 접촉과정을 스스로 조절하면서 접촉할 수 있다. 즉 광고의 자발적 노출 경향과 광고 메시지의 선택성이 높아지게 된다.

소비자의 능동적인 광고 메시지 수용을 기반으로 하는 광고모델이 유용하다. 이동통신 단말기 혹은 무선인터넷 단말기를 통한 SMS 메시지 수신 후, 소비자의 추가 정보를 얻기 위한 행동을 통하여 본격적인 광고 메시지 노출과 효과가 발생하기 때문이다.

양방향 데이터 방송서비스 환경에서 소비자는 원하는 광고를 선택하여 볼 수 있으며, 광고정보의 양도 선택할 수 있다. 또한 본인이 원하면 제품 카탈로그를 보듯이 자세한 제품정보를 검색하고 광고와 관련된 프로모션에 참여할 수 있고 구매도 할 수 있다.

광고에 대한 소비자의 능동성이 증가하는 이유를 물리적인 차원에서 살펴보면 다음과 같다.

기술의 발달

광고에 대한 소비자의 능동성 증가는 기술의 발달로 인하여 더욱 촉진되었다고 할 수 있다. 리모콘으로 광고를 피할 수 있게 된 소비자는 이제 DVR, VOD의 발달로 광고 없이 콘텐츠만 볼 수 있게 되었다. 또한 인터넷, 디지털 TV 등 뉴미디어의 발달로 원하는 광고를 선택해서 볼 수 있게 되었다.

광고 형태의 변화

광고에 대한 소비자의 능동적 접근 관점은 광고 형태의 변화에서도 기인한다고 할 수 있다. 소비자의 광고회피 성향이 증가하고, 기술의 발달로 실제로 광고회피가 가능해짐에 따라 기업은 소비자의 광고회피를 줄이고 더 나아가 광고 메시지에 대한 소비자의 관심을 높이기 위하여 광고 메시지를 콘텐츠화하고 있으며, 이에 따라 광고와 콘텐츠의 구분이 모호해지고 있다. 이러한 흐름은 브랜디드 콘텐츠, 콘텐츠형 광고, Movercial 등 다양한 형태와 명칭으로 사용되고 있다. 이러한 환경에서 소비자들은 메시지 형태에 관계없이 그들이 관심이 있는 메시지를 능동적으로 접촉하여 그들의 욕구를 충족시킨다.

이렇듯 뉴미디어 환경의 광고를 접촉하는 소비자는 전통적 광고 환경에서의 소비자에 비하여 다양한 목적을 가지고 능동적으로 광고를 이용한다. 이러한 상황에서 원하지 않는 광고를 수동적으로 접촉하여야 하는 과거의 광고 패러다임을 새로운 광고환경에 일반적으로 적용하는 것은 무리이다.

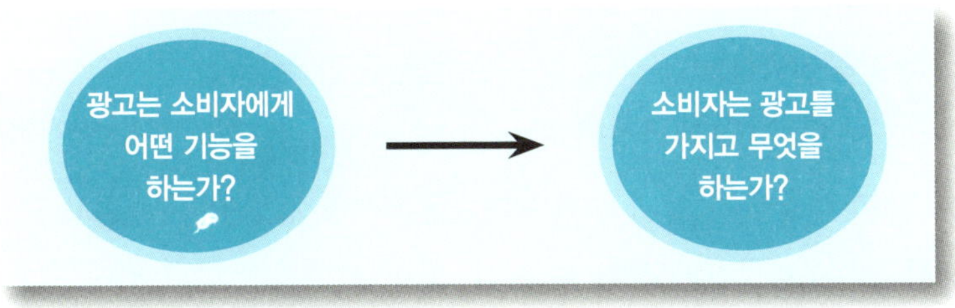

따라서 오늘날의 새로운 광고환경에서는 미디어에서 전달하는 광고 메시지를 수동적으로 받아들이는 소비자 관점에서 원하는 광고 메시지를 선택적으로 접촉하고 이용하는 능동적 소비자 관점으로의 시각의 전환을 필요로 한다. 이제 광고가 소비자에게 어떤 기능을 하느냐의 관점보다 소비자가 광고를 가지고 무엇을 하느냐에 대한 연구에 관심을 가질 필요가 있다.

광고 메시지 처리 과정에 있어서 소비자 능동성 관련 이론

전통적인 광고 모델은 적극적으로 광고를 수용할 의사가 적은 소비자에게 광고를 노출시키는 형태라고 할 수 있다. 이는 전통적 광고모델이 수동적인 소비자를 전제로 하고 있다는 것을 의미하며, 따라서 기존의 전통적인 광고모델을 바탕으로 한 광고연구에서는 광고에 있어서 소비자의 능동성이 중요하게 고려되지 않았다고 할 수 있다.

그러나 광고 메시지의 노출 및 처리 과정에 있어서 소비자의 선택과 이용이 강조되어지는 뉴미디어 광고가 활성화되면서, 광고연구에서 소비자의 능동성 개념이 주목을 받기 시작하였다. 광고에 있어서 소비자의 능동성 개념을 독립적이고 구체적으로 분석한 연구는 찾아보기 어렵지만, 인터넷광고, 모바일광고, 양방향 TV 광고 등 뉴미디어 광고 연구에서 소비자의 능동성과 관련된 개념을 다룬 연구들을 발견할 수 있다.

광고 메시지 처리 과정에 있어 소비자의 능동성과 관련되어 활용된 이론 및 개념들은 '이용과 충족이론', '광고수용 관련 이론', '광고 회피 관련 이론'이 대표적이라고 할 수 있다. 따라서 디지털 미디어 시대의 기업 커뮤니케이션 과정에서 나타나는 중요한 현상인 소비자 능동성 증가에 대한 이해를 위해서는 이러한 이론 및 개념을 살펴볼 필요가 있다.

이용과 충족이론과 광고에서의 소비자 능동성

매스 미디어 수용자들은 개인적으로 경험된 특정한 욕구를 충족시키기 위해 미디어의 산물을 능동적으로 소비한다는 이론적 관점인 이용과 충족 이론은 다양한 커뮤니케이션 상황을 설명해주는 커뮤니케이션의 주요 이론으로 미디어의 수동적인 수용자 관점에서 벗어나 필요에 의하여 능동적으로 미디어를 이용하는 능동적인 이용자의 관점을 취한다. 이용과 충족 이론의 기본적인 관점은 미디어가 이용자에게 무엇을 하는가라는 기존 커뮤니케이션 연구의 관점에서 벗어나 이용자가 미디어를 통해 무엇을 하는가에 초점을 맞춘다. 즉 이용자는 구체적인 동기를 가지고 자신의 욕구를 충족시켜줄 수 있는 특정 미디어를 의도적으로 선택하며 소비한다는 것이다.

1950년대 후반 이래 Katz 등의 학자에 의하여 이용과 충족 관점의 이론적 토대가 구축된 이후 Rubin의 텔레비전 이용동기 연구 등에 의하여 미디어의 이용과 충족 관점은 수용자 중심의 커뮤니케이션 연구 주요 흐름으로 자리 잡았다. 그 동안의 이용과 충족 연구는 개인의 사회적 · 심리적 변인들을 포함하여 미디어 이용동기는 무엇인가? 사람들은 그들의 욕구를 충족하기 위해 매스 미디어를 어떻게 이용하는가? 미디어 이용동기, 미디어 이용의 결과로서 매스 미디어의 영향과 기능은 무엇인가? 라는 연구목표에 대한 이해를 추구해왔다. 특히 인터넷, 케이블 텔레비전, 휴대전화 등 새로운 미디어들이 등장하면서 이용과 충족 이론은 새로운 개별 미디어의 이용동기를 파악하는 적절한 도구로 활용되어왔으며, 이들 미디어들의 특성과 이용 행태를 이해하는데 중요한 역할을 하여왔다.

오늘날 소비자는 더 이상 수동적으로 광고 메시지를 당연하게 받아들이지 않으며, 능동적으로 원하는 광고 메시지를 선택하거나 또는 회피하게 된다. 즉 소비자는 다양한 목적을 가지고 능동적으로 광고를 접촉하고 이용하게 되며, 이러한 맥락에서 이용과 충족이론의 광고에의 적용 필요성이 높아지게 된다. 이용과 충족 이론의 광고에의 적용 배경은 광고에 대한 소비자의 능동성과 광고 이용동기 다양성의 증가 측면에서 살펴볼 필요가 있다. 이와 관련한 주요 연구자의 연구 내용은 다음과 같다.

Plummer (1971)의 연구

- 텔레비전 광고 시청자의 광고 시청반응 차원 도출을 위한 요인분석 실시
- 오락, 정보, 브랜드 강화 등의 차원이 도출
- 이러한 연구결과를 바탕으로, 향후의 광고 연구 모델로 일방적인 전달 관점의 모델보다 광고 효과에 미치는 수용자의 역할을 중요시하는 모델의 필요성 강조

Alwit와 Prabhaker (1992)의 연구

- 텔레비전 광고의 시청 충족요인 파악
- 오락, 지식, 사회적 접촉, 가치 확인 등의 요인이 파악됨.
- 이러한 요인들은 텔레비전 광고에 대한 전반적인 태도에 영향을 미치는 것을 실증함.

O'Donohoe (1994)의 연구

- 광고 연구에 이용과 충족 이론의 적용 필요성 주장
- 소비자들이 매일의 일상생활에서 텔레비전 광고를 통하여 추구하고 얻는 요소들을 파악하기 위하여 18~24세 소비자들을 대상으로 FGI와 개별심층면접 실시
- 연구 결과, 소비자들은 광고를 통하여 제품정보 검색 등의 마케팅적 동기 외에 오락, 사회적 친교, 환경감시, 자아확인 등의 동기를 추구하고 있는 것으로 나타남.
- 소비자가 능동적이고 선택적이며 목적지향적으로 광고를 소비하고 있다는 관점을 확인함.

이용과 충족 이론의 광고에의 적용을 가능하게 하는 또 하나의 중요한 요인은 근래에 이르러 소비자들이 광고에서 얻고자 하는 동기가 다양해졌

다는 점이다. 오늘날의 소비자는 제품이나 서비스와 관련된 정보 취득이라는 경제적인 동기 이외에 다양한 동기로 광고를 이용한다. 오락은 광고의 주요 동기의 하나이다. 특히 영상세대에게 있어 동영상광고, 애니메이션 광고 등은 광고 자체로서 오락적 즐거움을 제공한다고 할 수 있다. 젊은이들에게 있어 광고는 또래 동료들과의 주요 대화 소재이며, 이들은 광고되는 제품과는 별도로 광고 자체를 소비한다. 광고는 동시대의 주요 트렌드를 압축적으로 반영한다. 따라서 소비자들은 광고를 통하여 최근의 화제와 유행을 파악한다고 할 수 있다.

광고 수용

소비자의 능동성이 강조되는 디지털 미디어 광고환경에서는 광고수용(advertising acceptance) 개념이 중요하게 부각된다. 전통적인 광고환경에서는 소비자가 광고에 수동적으로 노출되는 상황인데 반하여, 오늘날의 디지털 미디어 광고환경에서는 소비자의 능동적인 광고수용 행동 없이는 광고 메시지의 본격적인 노출이 발생하기 어려우며 따라서 원하는 광고효과도 발생하기 어렵다. 인터넷광고의 경우 배너광고 등의 클릭행동 없이는 광고 메시지의 본격적인 노출이 발생하지 않으며, 모바일 광고 역시 SMS 메시지 수신 후 소비자가 추가정보를 얻기 위한 수용행동이 없이는 원하는 광고효과를 얻기 어렵다. IPTV 등 양방향 광고 서비스 환경에서도 다양한 상업적 메시지의 접촉을 허용하는 소비자의 광고수용 행동이 있어야 광고주가 원하는 단계로 넘어갈 수 있게 된다.

이렇듯 새로운 광고환경에서는 소비자의 메시지 통제성을 바탕으로 기존 광고의 수동적 노출이 아닌 상업적 메시지의 능동적인 선택 및 수용을 통하여 광고효과가 주로 발생하기 때문에 이러한 소비자의 능동적인 광고수용 개념은 더욱 중요해지리라 예상되며, 향후 광고연구에 있어서도 소비자의 광고수용 관점의 중요성이 부각되리라 예상된다.

> 콜백(call back)기능?
> 사전에 선별된 타깃 이용자에게 회신전화번호가 입력된 문자 메시지를 발송하고 메시지를 받은 타깃 이용자가 메시지에 포함된 회신 전화번호로 다시 전화를 거는 방식.

모바일광고의 대표적인 유형은 SMS 광고이고, SMS 광고를 수신한 후 추가적인 정보를 원하는 소비자는 콜백 기능을 통해서 통화 연결 및 무선인터넷 페이지로 이동할 수 있다. 따라서 모바일광고의 효과에 있어서 소비자의 SMS 광고 수용이 매우 중요해진다. 이러한 모바일광고의 특성으로 인하여 소비자의 광고수용과 관련된 연구는 모바일광고 관련 연구에서 특히 활발히 이루어졌다.

소비자의 모바일광고 수용 예측과 관련하여 여러 연구들에서 합리적 행위이론(Theory of Reasoned Action, TRA)이 적용되어졌다. TRA는 Fishbein과 Ajzen에 의하여 제안된 이론으로 태도와 신념이 개인의 행동의도나 실제행동과 어떻게 관련되어 있는지를 분석한 이론이다. TRA에 의하면 소비자가 자신의 행동을 인지하고 조절할 수 있다는 사실을 바탕으로 소비자의 행동을 예측할 수 있다는 것이다. 따라서 TRA에 의하면 소비자의 실제 행동을 예측하는데 있어 가장 중요한 개념은 행동의도이며, 이러한 행동의도는 그러한 행동에 대한 태도와 주관적 규범의 영향을 받는다는 것이다.

> TAM
> TRA에 기초하여 제시된 개념으로, 이에 따르면, 새로운 정보기술에 대한 이용자의 수용태도는 신기술이 제공하는 유용성에 대한 개인의 주관적 평가인 '지각된 유용성'과 신기술의 이용에 요구되는 노력의 정도에 대한 개인의 주관적 평가인 '지각된 용이성'에 의하여 결정된다는 것이다.

Davis는 소비자의 정보기술 수용과 이용을 예측하는 모델로 기술수용모델(Technology Acceptance Model, TAM)을 제안하였다. TRA가 다양한 행위상황에 따른 인간의 행동을 설명, 예측하고자 했다면, TAM은 특별히 새로운 기술에 대한 인간의 행위의도에 초점을 두고 있다. TRA에서와 같이 태도-행동의도-행동 간의 인과관계 파악에 초점을 맞추는 TAM에 의하면 행동의도는 실제 행동에 긍정적인 영향을 미치며, 여러 연구에서 이러한 사실이 입증되었다.

TAM은 이후 기술이나 서비스에 대한 이용자의 수용을 예측할 수 있는 유용한 모델로 여러 분야에서 적용되어졌으며, 모바일광고 연구에서도 광범위하게 적용되었다. 중국의 10대 소비자를 대상으로 모바일광고의 수용에 영향을 미치는 변인들을 살펴본 Zhang과 Mao의 연구결과 지각된 유용성과 지각된 용이성이 모바일광고의 수용에 가장 큰 영향을 미치는 것으로 나타났다. 이와 함께 이 연구에서는 SMS 광고에 대한 신뢰성, 주관적 규범도 광고수용에 영향을 미치는 것으로 나타났다. 또한 국내 모바일 이용자를 대상으로 모바일광고 수용에 영향을 미치는 요인을 파악한 연구결과, 지각된 유용성, 지각된 용이성, 인지된 즐거움, 인지된 금전적 가치가 모바일광고 수용에 직접적으로 영향을 미치는 주요 변인으로 나타났다. 이와 함께 네트워크 요인, 인터페이스의 편리성 등은 간접적으로 광고수용에 영향을 미치는 것으로 나타났다.

이상의 연구에서 살펴본바와 같이 모바일광고도 신기술을 기반으로 하는 혁신 서비스라는 점에서 TAM을 적용한 연구가 다수 진행된 것을 발견할 수 있으며, 이는 TAM이 소비자의 모바일광고 수용을 설명할 수 있는 유용한 틀이라는 것을 보여준다고 할 수 있다. 즉 소비자의 능동적인 뉴미디어 광고 수용에 있어서 뉴미디어 광고에 대한 소비자의 지각된 유용성과 지각된 용이성이 중요한 예측변인임을 알 수 있는데, 이는 소비자의 능동적 광고 수용이 사회에 새롭게 확산되고 있는 뉴미디어 광고에서 전형적으로 나타나는 현상이라는 것을 보여준다고 할 수 있다.

광고 회피

오늘날의 광고환경에서 광고매체 수가 늘어나고 새로운 형태의 상업적 커뮤니케이션 미디어가 많이 등장하면서, 소비자들은 과거에 비하여 더 많은 상업적 메시지에 노출되게 된다. 이러한 상업적 메시지는 전통적인 매체뿐만 아니라 블로그와 같은 소비자 생산 미디어, SNS, 새로운 형태의 모바일광고 등 새로운 미디어를 통해서도 노출되게 된다. 이러한 상황에서 소비자들은 광고 메시지 처리과정에 있어서 증가된 소비자 능동성을 바탕으로 관심없는 광고나 상업적 메시지를 회피할 수 있게 된다. 즉 오늘날의 광고환경에서의 소비자에게는 광고 정보를 편집할 수 있는 권한이 부여되고 있다고도 할 수 있다.

광고회피(advertising avoidance)란 차별적으로 광고 메시지 노출을 줄이려는 미디어 이용자의 모든 행동을 의미한다. 그 동안 진행된 광고회피 연구들에 의하면, 광고회피는 인지적 방법, 물리적 방법, 기계적 방법으로 일어날 수 있는데 인지적 회피는 예를 들면 신문광고나 잡지광고를 무시하는 방법으로 이루어지고, 물리적 회피는 TV 시청 중 광고가 집행될 동안 다른 일을 하는 것과 같은 행동으로 이루어지며, 기계적 회피는 인터넷에서 팝업 광고를 지우거나, 퍼스널 비디오 레코더(PVR)를 활용하여 광고를 건너뛰는 방법 등으로 이루어진다.

퍼스널 비디오 레코더(PVR)

뉴미디어 광고환경에서 관련 미디어 기술의 발달로 광고에 대한 소비자들의 기계적 회피는 점점 더 쉬워지게 된다. 소비자의 능동성을 바탕으로 한 뉴미디어 광고의 특성은 소비자들이 필요에 따라 정보를 추구하도록 고안되었기 때문에, 광고가 소비자의 관심을 끌지 못할 때는 소비자에게 외면당할 소지도 높아진다. 과거 전통적 광고환경에서 소비자는 인쇄광고의 경우 페이지를 넘기거나 텔레비전 광고의 경우 광고 집행시간 동안 다른 일을 하는 것과 같이 인지적이고 물리적인 회피행동을 하게 되는 경우가 많았으나, 오늘날의 광고환경에서는 리모콘이나 티보(TiVo), PVR 등 기술적으로 광고를 회피하거나 차단하는 도구가 사용되는 기계적 회피가 늘어나게 되었다. 실제 외국의 조사결과를 보면 이러한 기기를 이용하는 많은 소비자가 광고를 보지 않을 것이라고 응답을 하였거나, 광고차단 기능 때문에 이러한 기기를 애용한다고 응답을 하였다고 한다.

오늘날의 광고환경에서 이러한 기계적 회피의 증가는 소비자가 광고 노출 및 이용 여부를 쉽게 선택할 수 있다는 점에서 소비자 능동성 확대의 또 다른 단면이라고 볼 수 있다. 즉 뉴미디어 광고환경에서 소비자는 광고 노출 여부는 물론 광고 접촉 시간, 광고 메시지의 양, 광고 메시지 처리과정을 결정할 수 있게 된다. Schultz는 이러한 현상에 대해 이제 광고 양의 과다로 인한 광고혼잡의 정도는 소비자의 반응에 달려있다고까지 이야기를 하고 있다. 이는 미디어를 통하여 전달하려는 광고의 양이 아무리 많더라도 소비자가 방어벽을 침으로써 밀려드는 광고로부터 자유로워지는 것이 가능하다는 것이다. 이러한 상황에서 소비자의 능동적인 광고회피는 광고를 제작하고 전달하려는 입장에서는 큰 문제로 부각될 수 있으며, 따라서 광고회피는 과거와 다른 차원에서 연구되어져야 할 필요가 있다.

광고회피에 대한 연구는 주로 텔레비전 매체를 중심으로 이루어졌다. 특히 상당수의 연구가 프로그램 시청률과 광고 시청률의 차이 분석에 집중되어 있다. 그러나 최근 들어 모바일광고, 인터넷광고, 이메일광고, SNS 광고 등 뉴미디어 광고의 회피에 대한 연구가 이루어지고 있다는 사실은 주목할 만하다.

광고회피 연구의 주요 분야로 광고회피에 영향을 미치는 요인들에 관한 연구를 들 수 있다. Speck과 Elliot은 광고 회피행동에 영향을 미치는 요인들을 '인구통계학적 특성', '미디어 관련 변인', '광고에 대한 태도', '커뮤니케이션 문제' 네 개의 그룹으로 분류하여 이들 그룹들이 잡지, 신문, 텔레비전, 라디오 광고의 네 가지 미디어 유형에 미치는 영향을 분석하였다. 인구통계학적 변인과 관련하여, 텔레비전의 경우 많은 연구에서 여자보다 남자가, 연령이 적을수록 채널 변경을 많이 하는 것으로 나타났다. 미디어 관련 변인으로는 미디어 노출량, 미디어 관여도, 미디어에 대한 신뢰, 미디어 이용동기들을 들 수 있다.

광고에 대한 태도는 광고에 대한 일반적인 태도를 말하는 것으로 소비자가 광고를 수용할 지, 회피할지를 결정하는 데 있어서 중요하게 작용하는 요인이라고 할 수 있다. 특히 광고에 대한 태도는 최근의 뉴미디어 광고의 회피와 관련된 연구들에서 광고회피에 영향을 미치는 중요한 변인임이 입증되었다. 커뮤니케이션 문제와 관련된 변인으로 지각된 침입성 개념이 다루어졌다. 지각된 침입성이란 지각된 침입성이란 매체 내 프로그램이나 기사 등의 흐름을 방해하는 정도, 즉 매체 컨텐츠의 인지적 처리를 방해하는 정도를 의미한다.

> **지각된 침입성(perceived intrusiveness)**
> 커뮤니케이션 과정에서 소비자가 광고를 잡음으로 인식한다면 그들은 광고 때문에 지속적인 인지적 처리를 방해받는 것으로 판단하게 되는데, 이를 지각된 침입성이라고 할 수 있다. 성별, 혹은 행동의 유형(자신의 과업달성을 위한 목적 등과 같은 목적지향 행동이나, 경험적 행동이나) 등의 요인에 의해 침입성 지각에 대한 태도가 달라질 수 있다.

뉴미디어 광고에 있어서도 광고회피는 광고효과에 중요한 영향을 미치는 요인이라고 할 수 있다. 뉴미디어 광고회피 관련 연구의 주요 결과들을 미디어 별로 살펴보면 다음과 같다.

모바일광고

모바일광고도 광고회피가 심하게 나타날 수 있는 미디어 광고라고 할 수 있으며, 이러한 광고회피를 어떻게 극복하느냐가 모바일광고의 효과에 있어서 매우 중요한 요소이다. 최인규와 한상필의 연구결과, 전체적인 모바일광고의 회피 수준은 TV나 신문의 광고회피에 비해 크게 높은 것으로 나타났다. 또한 광고회피 예측변인들 중 광고에 대한 태도, 지각된 침입성, 모바일 이용동기가 모바일 이용자들의 광고회피 행동에 유의미한 영향을 미치는 것으로 나타났다.

인터넷광고

인터넷 매체에 있어서 광고회피 수준과 그 영향요인들의 설명력과 상대적 중요도를 살펴본 이정아와 류지연의 연구결과, 인터넷광고의 회피수준은 신문이나 TV에 비해 높은 것으로 나타났다. 광고회피 예측변인들 중 광고에 대한 태도와 지각된 침입성이 광고회피에 가장 큰 영향을 미치는 것으로 나타났다.

이경렬과 박용찬은 이메일광고의 회피행동에 영향을 미치는 요인들과 그 상대적 중요도를 검증하기 위하여 이메일 관여도, 이메일 이용동기, 이메일 충족도, 이메일 광고태도, 이메일 이용량, 수용자 특성의 6개의 연구단위들(constructs)로부터 14개의 요인들을 추출하고 이러한 요인들이 회피행동에 미치는 영향을 파악하였다. 연구 결과, 이메일광고 회피

행동에 영향을 미치는 요인들은 정보적 이용동기, 옵트인과 옵트아웃 메일에 대한 광고태도, 이메일 이용량으로 나타났다.

SNS 광고

호주에서 최근 활성화되고 있는 소셜 네트워킹 사이트인 마이스페이스(MySpace), 페이스북(Facebook)을 대상으로 광고회피에 영향을 미치는 요인을 파악한 연구 결과, 과거 해당 광고에 대하여 좋지 않은 경험을 가지고 있을수록, 광고가 소비자와 관련이 적을수록, 소비자가 광고 메시지에 회의적일수록, 그리고 미디어에 대한 태도가 회의적일수록 소셜 네트워킹 환경에서의 광고에 대한 회피 경향이 나타났다.

최근의 뉴미디어 광고 회피에 관련된 연구들을 살펴본 결과, TV, 신문 등 전통적인 미디어 광고에 비하여 뉴미디어 광고에서 광고회피가 높은 것으로 나타났다. 이는 전통적인 광고환경에 비하여 뉴미디어 광고환경에서 소비자의 능동적인 광고정보 처리과정이 더 활발히 일어나고 있다는 것을 보여주는 것이라고 할 수 있으며, 향후 소비자의 능동성이 더 강조되는 미래의 광고환경에서 광고제작 및 집행 주체의 입장에서는 광고회피가 더 심각한 문제로 다가올 수 있는 개연성을 나타낸다고 할 수 있다. 따라서 향후 광고효과 등의 광고연구에 있어서 광고회피 분야에 대한 더 많은 관심이 필요하다고 판단된다.

소비자 능동성 관련 연구의 흐름

오늘날의 광고환경에서 소비자 능동성이 중요해지고 있다는 사실은 관련 연구의 증가에서도 살펴볼 수 있다. 광고에서의 소비자 능동성 관련 연구를 시기적으로 살펴보면, 1990년대 후반에 이러한 개념이 다루어지기 시작하여 2000년대 중반까지는 한 해에 한 편에서 두 편정도의 관련 연구 논문들이 발표되었다. 그러나 2000년대 중반 이후 광고에서의 소비자 능동성 관련 연구는 빠르게 늘어나기 시작하여 최근에는 그 증가속도가 더욱 가파르게 나타나고 있다. 이는 변화하는 광고환경을 반영한 광고에서의 소비자 능동성 관련 연구가 양적으로 축적되고 있으며, 향후 지속적인 성장과 확장을 예고하고 있음을 알 수 있다. 이러한 결과는 광고에서의 소비자 능동성 관련 연구가 광고연구에 있어서 하나의 중요한 연구분야로 자리잡아야할 당위성을 제공한다고 할 수 있다.

광고에서의 소비자 능동성 연구에서 가장 많이 다루어지는 미디어는 무엇인지 연도별로 알아본 결과 무게 중심이 인터넷에서 점차 모바일 미디어로 옮겨가고 있다는 것을 알 수 있다. 분석결과 광고에서의 소비자 능동성 관련 연구가 발견된 1990년대 후반부터 2000년대 후반까지는 인터넷이 광고에서의 소비자 능동성 연구에서 가장 많이 다루어지는 미디어였으나, 방송통신융합 환경의 개인용 모바일 미디어가 급속도로 성장한 2000년대 후반 이후에는 모바일 미디어가 광고에서의 소비자 능동성 연구에서 가장 많이 다루어진 것으로 나타났다. 또한 2000년대 후반 이후 IPTV, UCC, SNS 등 새로운 형태의 미디어를 대상으로 광고에서의 소비자 능동성을 연구한 논문들이 활성화되고 있다는 점도 주목할 만하다.

광고에서의 소비자 능동성을 다룬 논문들이 최근에 급격히 증가하고 있다는 사실은 소비자 능동성이 현대 광고의 주요 흐름이라는 사실을 반영한다고 할 수 있다. 또한 소비자 능동성 개념이 인터넷, 모바일, IPTV, SNS 등 뉴미디어 광고 연구에서 주로 이루어지고 있다는 연구결과도 광고에서의 소비자 능동성 증대가 오늘날의 광고 환경을 대변하는 현상이라는 것을 보여준다고 할 수 있다.

향후 새로운 광고환경에서의 소비자 능동성 관련 연구방향과 관련하여 초기 연구들에서는 광고 메시지 처리과정에서 광고수용, 광고회피 등 광고 메시지의 선택적 노출 중심의 연구가 진행되었다면, 선택적 노출을 넘어 광고를 통한 구매 등 다양한 상호작용행동이 가능해지는 미래의 광고 환경에서는 소비자의 능동적이고 다양한 광고이용에 대한 연구가 중요해진다고 할 수 있다.

참고문헌

김상훈(2003). 디지털 다매체 다채널 시대의 광고개념의 변화와 양방향 광고심의에 관한 탐색적 연구. **광고학연구**, 14(1), 229-255.

김재휘, 김지호, 김용환(2002). 인터넷 검색 사이트의 키워드 광고효과 연구. **광고학연구**, 13(4), 91-109.

안대천, 김상훈(2009). 수정된 기술수용모델(Technology Acceptance Model)을 적용한 모바일광고 수용의도 연구: 성별요인(Gender)의 조절효과. **광고학연구**, 20(4), 171-188.

양병화(2005). 모바일 광고의 태도효과 모델연구. **광고연구**, 69, 139-163.

이경렬, 박용찬(2007). 이메일광고 회피행동에 영향을 미치는 수용자의 심리적 특성에 관한 연구: 이메일관여도, 이용동기와 충족도, 광고태도를 중심으로. **광고학연구**, 18(3), 151-174.

이시훈(2010). 모바일 광고 연구경향과 이론화. **커뮤니케이션이론**, 6(1), 6-49.

이정아, 류지연(2005). 인터넷 광고 회피에 대한 연구: 회피 수준과 회피 예측변인들의 영 향력을 중심으로 . **광고학연구**, 16(1), 203-223.

최인규, 한상필(2008). 모바일 광고 회피 행동에 영향을 미치는 요인에 관한 연구. **한국심리학회지: 소비자 · 광고**, 9(3), 523-547.

Alwitt, L. F. & Prabhaker, P. R. (1992). Functional and belief dimensions of attitude to television advertising: Implication for copywriting. *Journal of Advertising Research*, 32(5), 30-42.

Bhatti, T. (2007). Exploring factors influencing the adoption of mobile commerce. *Journal of Internet Banking and Commerce*, 12, 1-13.

Davis, F. D. (1989). Perceived usefulness, perceived ease of use, and user acceptance of information technology. *MIS Quarterly*, 13(3), 319-340.

Gritten, A. (2007). Forum-media proliferation and demands for new forms of research. *International Journal of Market Research*, 49(1), 15-23.

Heeter, C. & Greenberg, B. S. (1985). Profiling the zappers. *Journal of Advertising Research*, 25(2), 15-19.

Johnson, T. J. & Kaye, B. K. (1998.). Cruising is believing? Comparing internet and traditional sources on media credibility measures. *Journalism and Mass Communication Quarterly*, 75(2), 325-340.

Kelly, L., Kerr, G., & Drennan, J. (2010). Avoidance of advertising in social networking sites: The teenage perspective. *Journal of Interactive Advertising*, 10(2), 16-27.

Kim, G., Park, S., & Oh, J. (2008). An examination of factors influencing consumer adoption of short message service(SMS). *Psychology & Marketing*, 25(8), 769-786.

Krugman, D. M., Kameron, G. T., & White, C. M. (1995). Visual attention to commercials: The use of in~home observations. *Journal of Advertising*, 24, 1-12.

Ma, Q. & Liu, L. (2004). The technology acceptance model: A meta-analysis of empirical findings. *Journal of Organizational & End User Computing*, 16(1), 59-72.

Nuttey, M. (2002). When regulates ads when viewers pick what they watch? NMA, Feb. 5th, 16.

O'Donohoe, S. (1994). Advertising uses and gratifications. *European Journal of Marketing*, 28, 52-74.

Plummer, J. T. (1971). A theoretical view of advertising communication. *Journal of Communication*, 21(4), 315-325.

Schultz, D. E. (2006). IMC is do or die in new pull marketplace. Marketing News, 40(13), 7.

Speck, P. S. & Elliott, M. T. (1997). Predictors of advertising avoidance in print and broadcast media. *Journal of Advertising*, 26(3), 61-76.

Tsao, J. C. & Sibley, S. D. (2004). Readership of free community papers as a source of advertising information: A uses and gratifications perspective. *Journalism and Mass Communication Quarterly*, 81(4), 766-787.

Van Den Dam, R. (2007). IPTV Advertising: a gold mine for telcos? Broadcastengineering.com, May 2007, 76-81.

Vatanparast, R. & Asil, M. (2007). Factors affecting the use of mobile advertising. *International Journal of Mobile Marketing*, 2(2), 21-34.

Zhang, J. & Mao, E. (2008). Understanding the acceptance of mobile SMS advertising among young Chinese consumers. *Psychology of Marketing*, 25(8), 787-805.

Zufryden, R., Pedrick, J. H., & Sankaralingam, A. (1993). Zapping and its impact on brand purchase behavior. *Journal of Advertising Research*, 33(1), 58-66.

03

메시지에서 관계로

관계 관점의 대두와 배경

최근 기업 커뮤니케이션 환경에서 '관계'(Relation)는 중요한 개념으로 부각되고 있다. 이렇게 기업 또는 브랜드와 소비자와의 관계가 중요시되는 배경을 살펴볼 필요가 있다. 스마트폰과 SNS로 대변되는 커뮤니케이션 환경의 변화는 우리의 생활을 급격하게 변화시키고 있다. 과거 정보의 수동적인 수용자였던 개인이 커뮤니케이션의 능동적 주체로서 정보를 생산하고 유통시키는 힘을 가지게 되었으며, 이전에는 단절되었던 사회의 구성원들과 네트워크를 형성하고, 시간과 장소에 구애받지 않고 소통할 수 있게 되었다.

이러한 커뮤니케이션 환경의 변화에 따라 기업이 소비자와 커뮤니케이션 하는 방법도 과거와 달라질 수밖에 없다. 과거 4대매체 광고 중심의 커뮤니케이션 환경에서 기업 커뮤니케이션의 주된 흐름은 일방향적인 설득커뮤니케이션이었다. 메시지를 생산하고 전달하는 주체는 기업 및 대형 미디어들이었고 개인은 수동적으로 메시지를 받아들이는 상황이었다. 이 과정에서는 기업이 전달하는 메시지에 대한 개인의 피드백도 활발히 일어날 수가 없었다. 그러나 새로운 양방향 미디어들이 활성화되면서 이제 개인은 자신의 생각이나 의견을 기업에게 전달하기 쉬워졌다. 또한 SNS나 1인 미디어들이 활성화되면서 개인들도 정보를 능동적으로 생산하고 전달할 수 있게 되었으며, 기업의 활동에 대하여 개인들끼리 의견을 공유함으로써, 기업 활동을 감시하고 평가할 수 있게 되었다. 이렇게 커뮤니케이션 환경이 급변함에 따라 최근 기업의 커뮤니케이션 방향도 바뀌고 있다. 이러한 기업 커뮤니케이션 변화 방향의 핵심은 관계 관점의 강화라고 할 수 있다.

과거 기업 커뮤니케이션의 기본 관점이 소비자를 설득시키는 것이었다면, 현재와 미래의 기업 커뮤니케이션 기본 관점은 '소통과 대화'라고 할 수 있다. 즉 개별 소비자와의 양방향적인 소통과 관계 형성 및 유지가 중요해진다. 또한 지금까지 기업 커뮤니케이션의 핵심이 커뮤니케이션을 통하여 전달되는 메시지 중심이었다면, 현재와 미래의 기업 커뮤니케이션에 있어서는 메시지 못지않게 평상시 개별 소비자와 맺고 있는 관계도 중요해진다고 할 수 있다.

최근 기업 커뮤니케이션에 있어 관계 관점의 강화는 커뮤니케이션과 마케팅 환경의 변화 및 이로 인한 사회 변화에 따른 것이라고 할 수 있다. 따라서 기업 커뮤니케이션 환경에서 관계 관점이 대두된 배경을 커뮤니케이션 환경 및 마케팅 환경으로 나누어 살펴볼 필요가 있다.

커뮤니케이션 환경의 변화

기업 커뮤니케이션에 있어 관계 관점이 강화된 배경을 다음과 같은 커뮤니케이션 환경의 변화에서 찾아볼 수 있다.

새로운 미디어 채널의 등장

기존 4대매체 중심의 미디어 환경에서는 기업으로부터 소비자에게로의 메시지 전달이라는 일방향적 커뮤니케이션만이 가능했다면, 기술의 발달과 방송통신융합 현상에 따라 인터넷은 물론이고 IPTV, 스마트 TV 등의 뉴미디어가 활성화되면서 기업과 소비자 간 양방향 커뮤니케이션이 가능해졌다. 뿐만 아니라 블로그, 미니홈피 등 1인 미디어가 활성화됨에 따라 과거 일방적인 정보의 수용자였던 개인도 이제 정보를 생산하고 전달할 수 있게 되었다. 또한 트위터나 페이스북 같은 소셜 네트워크 서비스가 빠르게 확산됨에 따라 이제 개인은 정보를 네트워크 구성원들과 공유할 수 있게 되었다. 이와 더불어 스마트폰이나 태블릿 PC 등 개인용 모바일 미디어가 확산됨에 따라 이제 개인들은 시간과 장소의 구애받지 않고 커뮤니케이션 활동을 할 수 있게 되었으며, 이는 기업 커뮤니케이션에 있어서도 새로운 기회가 된다.

네트워크화

미디어 환경의 변화로 인하여 사회의 네트워크화가 진행된 점도 관계 관점의 강화를 불러왔다고 할 수 있다. 웹 2.0의 네트워크화된 미디어 환경에서 커뮤니케이션 행위를 하는 개인들은 물리적 공간에서 사회적 관계를 맺고 커뮤니케이션 행위를 하듯이, 온라인 상에서 심리적이고 정서적인 욕구를 가지고 사회적 관계를 맺고 만족을 추구하고 있다.

이러한 사회의 네트워크화는 사회의 커뮤니케이션 형태에 변화를 가져오게 된다. 즉 조직이나 매스 미디어로부터 개인에게로 단일 채널에 의하여 일방향적으로 커뮤니케이션이 발생하는 선형적 커뮤니케이션 모델이 과거의 것이라면, 다채널에 의하여 양방향적이고 다차원적으로 활동적인 커뮤니케이션이 발생하는 입체적 커뮤니케이션 모델이 오늘날의 모델이라고 할 수 있다. 이러한 커뮤니케이션 환경에서는 기업과 개별 소비자와의 커뮤니케이션을 통한 관계의 구축이 가능하게 된다.

다원화

위와 같은 디지털 미디어 시대의 커뮤니케이션 환경 변화는 사회적으로 정보의 공유, 개방 및 이로 인한 사회의 다원화를 초래하게 된다. 새로운 미디어 환경에서는 그동안 정보 접근 및 미디어 접근이 어려웠던 개인들이 다양한 통로를 통하여 자신의 목소리를 전달할 수 있는 기회를 얻게 되며, 이로 인하여 과거의 계층적 사회관계망에서 수평적 사회관계망으로의 변화가 나타난다고 할 수 있다. 이러한 변화들은 궁극적으로 사회의 다원화를 촉진하게 된다. 과거 정보의 생산과 전달이라는 활동에서 거리가 멀었던 개인들의 영향력이 커지면서 기업 입장에서는 각 소비자 개인과의 관계를 새롭게 정의할 필요가 커지게 되었다.

맞춤형 커뮤니케이션 서비스의 활성화

커뮤니케이션 환경의 변화로 기업이 소비자 개인과 커뮤니케이션이 가능해짐에 따라 개인을 위한 맞춤형 커뮤니케이션 서비스가 가능해진 것도 관계 관점의 강화에 영향을 미쳤다고 할 수 있다. 새로운 미디어 환경은 다채널화를 수반하며, 이는 곧 채널의 분화 및 전문화를 통해 수용자의 차별화를 심화시켜 수용자들의 분절화 현상을 초래하게 된다. 이는 수용자가 더 이상 익명의 대중이 아니라, 자신의 취향에 맞춰 콘텐츠의 선택이 자유로운 보다 세분화된 공중으로의 변화를 의미한다. 이러한 미디어 환경의 변화로 인하여 미디어를 통한 정치, 경제, 사회, 문화 등 사회 여러 분야에 걸쳐서 특정 정보에 관심이 있는 특정 수신자를 대상으로 관련 메시지의 전달이 가능해지며, 기업의 커뮤니케이션 활동도 개인을 위한 맞춤형으로 진행할 수 있게 된다. 이러한 맞춤형 커뮤니케이션 서비스를 통하여 기업과 개별 소비자는 보다 친밀한 소통이 가능해지고 관계가 구축된다고 할 수 있다.

마케팅 환경의 변화

최근 기업 커뮤니케이션에 있어 관계 관점의 대두와 관련, 마케팅 환경의 변화 방향을 살펴보면 관계 마케팅을 들 수 있다. 관계 마케팅이라는 마케팅 개념은 시장 개방 등으로 경쟁이 치열해지고 고객 쟁탈전이 치열해지면서 전통적인 마케팅 믹스 개념으로는 새로운 서비스와 사업 발전 단계를 제대로 설명하지 못한다는 불만족으로부터 시작되었다. 이 개념은 기업이 개인 한 사람을 대상으로 하는 연구를 통하여 소비자가 원하는 상품과 서비스를 제공하는 개인적 거래관계에 초점을 맞추어야 한다는 것을 의미한다. 마케팅에서 관계 중심의 관점은 학계와 실무에서 패러다임 변화를 촉진하며, 단기적인 거래관점을 대체하였다.

관계마케팅이란 용어를 처음으로 마케팅 문헌에 도입한 Berry는 관계마케팅을 '고객관계를 형성, 유지, 강화하는 마케팅 활동'으로 정의하면서, 새로운 고객을 유치하는 것은 마케팅 과정에서 중간 단계로 인식되어져야 하며, 관계를 강화하고 고객의 충성도를 높이는 것이야말로 진정한 의미의 마케팅임을 주장하고 있다.

관계마케팅이란?

고객관계를 형성, 유지, 강화하려는 마케팅 활동으로, 고객과의 동반자 관계를 통해 고객을 충성고객으로 변화시켜 나가는 것을 목적으로 한다. 관계마케팅의 주요 특성은 다음과 같다.

- 일대일 커뮤니케이션
- 고객 평생가치에 대한 장기적 관심
- 양방향적 커뮤니케이션
- 고객을 파트너로 만드는 것

전통적인 마케팅 믹스 패러다임에서 강조해온 신규고객보다 기존고객의 관리에 마케팅 활동이 보다 집중되어야 한다는 견해이다. Palmer는 관계마케팅은 소비자 유지의 필요성을 강조하는 개념이라고 정의하면서, 실무적으로 관계마케팅의 실행은 위험을 최소화하고 소비자 선택을 단순화한다는 의미에서 브랜드와 비슷한 기능을 수행한다고 하였다. 또한 관계마케팅은 일대일 커뮤니케이션, 고객 평생가치에 대한 장기적 관심, 양방향적 커뮤니케이션, 고객을 파트너로 만드는 것을 강조함으로써 고객 획득 이상의 것을 강조하고 있다. 궁극적으로 관계마케팅은 잠재소비자를 소비자로, 소비자를 고객으로, 고객을 충성고객으로 또한 동반자 관계로 형성시키려는 노력이다.

오늘날의 마케팅 환경에서 고객과 장기적인 관계를 지속하는 것은 기업에 있어서 주요한 자산이 될 수 있다. 새로운 고객을 얻기 위해서는 기존 고객을 유지하는 것보다 6배에서 9배의 비용이 든다는 점에서 고객과의 관계의 중요성을 실감할 수 있다. 또한 고객이 브랜드나 기업과 더 오래 관계를 유지할수록 고객은 프리미엄 가격을 지불할 의사가 높고, 요구사항이 적으며, 더 많은 돈을 지불하기 때문에 고객 당 수익은 장기적인 고객일수록 더 높게 나타나게 된다. 결론적으로 기업이 고객과의 관계를 강화할수록 마케팅 활동의 효율성이 증가한다고 할 수 있다.

지금까지 살펴보았듯이 마케팅 활동에서의 초점이 단기적인 거래 관점에서 기업과 개별 소비자와의 장기적인 관계 중심으로 이동하고 있다는 점이 기업 커뮤니케이션에서 관계 관점을 부각시킨 중요한 요인이라고 할 수 있다.

소비자-브랜드 관계

기업 커뮤니케이션에 있어 관계 관점의 대두와 관련하여 살펴보아야할 중요한 개념이 소비자-브랜드 관계라고 할 수 있다. 마케팅 상황에서 소비자와의 관계가 중요해짐에 따라 소비자-브랜드 관계에 관한 연구가 1990년대부터 이루어졌다. 사람들 사이의 관계에 관한 연구와 사람과 소유물 사이의 관계에 관한 연구 등이 초기 소비자-브랜드 관계 연구에 영향을 끼쳤다. 또한 기존의 인간 대 인간의 관계 파트너 개념에서 발전하여, 관계 당사자가 살아있는 존재의 생생한 느낌이 부족하거나, 실제 만날 수 없는 경우의 관계에 대한 연구들이 이루어졌는데 예를 들어 팬과 무비스타와의 관계, 신과 인간과의 관계, 인간과 애완동물과의 관계 등이 이에 해당된다. 이러한 연구들은 소비자의 관계 파트너십을 인간의 차원에서 벗어나 브랜드 영역까지 확장하는데 이론적인 밑바탕이 되었다.

애플의 '아이패드'는 어떤 사용자들에게 단순히 모바일 인터넷이 가능한 테블릿PC가 아니라, 심리적 몰입과 애착을 갖게 함으로써 사용자와 특별한 관계를 형성하고 있다(사진출처: 중앙일보 2012. 3. 8).

사람과 사람 사이에 일어나는 관계는 사람과 브랜드 사이에서도 일어날 수 있다. 왜냐하면 브랜드는 이미 사람의 성격이나 개성을 부여 받기 때문이다. 소비자와 브랜드의 관계는 단순히 소비자가 브랜드의 성과나 서비스에 만족하여 재구매하는 것 이상으로, 소비자가 브랜드에 인격을 부여하여 마치 인간과의 관계처럼 생활 속에서 진행되는 것이다. 이런 의미에서 브랜드 관계는 브랜드 개성을 논리적으로 확대시킨 것으로 볼 수 있다. 소비자-브랜드 관계의 개념을 구체화하고 풍부하게 한 연구자로 Fournier와 Blackstone을 들 수 있다.

Fournier의 연구

Fournier는 일상 속에서 사람들이 제각기 다른 방법으로 서로 관계를 맺듯이 소비자들은 자신이 구매하는 브랜드와 삶 속에서 개인적인 관계를 맺는다고 하였다. 여기서 소비자-브랜드 관계는 소비자와 브랜드가 동등한 당사자로서 서로에게 파트너로서 공헌하며 상호작용한 결과로 생성된 연대를 말한다. Fournier는 1998년의 연구에서 심층적인 면접방법을 통하여 소비자와 브랜드 사이의 기초적인 관계를 밝히는 것에서 시작하여 소비자-브랜드 관계의 통합적인 이론적 토대를 제공하였다. Fournier는 이 연구를 통하여 결론적으로 첫째, 브랜드는 실제적인 관계 파트너로서 역할을 할 수 있고, 이러한 역할을 수행하고 있으며, 둘째, 소비자-브랜드 관계는 매일의 일상생활에서 의미가 있으며, 셋째, 소비자-브랜드 관계는 이론적으로, 실제적으로 유용한 다양한 개념적 단어들을 활용하여 구체화될 수 있다고 주장하였다.

이 연구결과에 의하면 소비자는 단지 브랜드를 좋아하거나 성능이 좋아서 구매하는 것이 아니다. 소비자는 브랜드가 소비자의 생활에 의미를 주는 역할을 하기 때문에 브랜드와 관계를 유지하는 것이다. 이러한 의미는 기능적이거나 실용적일 수도 있고 심리적이거나 감정적일 수도 있다. 그러나 이 모든 의미는 소비자의 자아와 연관되어 있으며 이러한 관계는 소비자에게 중요한 의미가 된다. 이러한 의미를 제공하고, 유지하는 과정은 소비자와 브랜드의 영역에서 관계의 중요성을 의미하는 것이다.

Blackstone의 연구

소비자-브랜드 관계의 개념을 초기에 연구한 Blackstone은 브랜드와 소비자의 관계를 장기적인 관점에서 서로 상호작용을 하고 그 결과 서로 영향을 주고받는 것이라고 하였다. 개인 간의 관계에서와 마찬가지로 소비자와 브랜드 사이의 관계는 브랜드에 대한 소비자의 태도와 행동뿐만 아니라 소비자에 대한 브랜드의 태도와 행동 역시 고려해야 한다고 하였으며, 성공적인 소비자-브랜드 관계의 발전은(소비자를 향한)브랜드의 태도를 소비자가 어떻게 인식하는가에 달려 있다고 하였다.

그는 커뮤니케이션 관점에서 초기 소비자-브랜드 관계의 개념을 정리하였는데, 기존의 브랜드 이미지나 브랜드 개성에 대한 정량적 연구가 소비자-브랜드 관계를 적절히 반영하지 못한다고 하였다. 그리고 이것이 측정 상 문제에서 비롯된 것이 아니라 브랜드 이미지와 브랜드 개성 관점이 단지 브랜드를 소비자 태도의 객체로써 바라보고 있기 때문이라고 하였다. 그는 이러한 관점에서 브랜드와 소비자가 단일한 시스템의 공동으로 동등하게 인정되는 커뮤니케이션 모델을 제안하였다.

Blackstone은 소비자-브랜드 관계 모델에 관한 연구에서 객관적인 브랜드와 주관적인 브랜드를 구별하였다. 그는 객관적인 브랜드란 객관적으로 인정되는 브랜드와 관련된 연상, 이미지, 개성들의 집합체인 반면 주관적인 브랜드란 소비자가 가지는 브랜드에 대한 주관적인 태도를 의미한다고 하였다. 이러한 관점에서 소비자-브랜드 관계는 브랜드 이미지와 브랜드 태도로 구성되기 때문에 브랜드의 객관적인 면과 주관적인 면 모두를 가진다고 하였다.

이 밖에, 이학식, 최재익, 임지훈은 브랜드가 단순히 살아있는 존재를 넘어서 소비자가 태도를 형성하는 태도의 대상일 뿐만 아니라 소비자와 대등한 관계를 구축할 수 있는 주체로 성장할 수 있다고 하였으며, 임지훈은 소비자와 브랜드의 관계를 리더(브랜드)와 조직 구성원(소비자)의 관계로 설정하기도 하였다. 이상의 개념들을 종합하여 보았을 때, 소비자-브랜드 관계는 소비자가 브랜드를 인지하고, 구매하고, 사용 및 경험하는 전 과정에 걸쳐 관계를 맺는 것으로, 소비자와 브랜드가 동등한 당사자로서 브랜드에 대한 소비자 태도와 소비자에 대한 브랜드 태도 사이에 주고받는 상호작용이라고 정의할 수 있다.

소비자-브랜드 관계와 광고

소비자-브랜드 관계와 광고의 역할

커뮤니케이션은 사람들을 연결시키고 관계를 가능하게 하는 활동이다. Schramm은 사회는 정보를 공유하는 관계들의 집합체라고 정의하였으며 사람들의 커뮤니케이션을 이해하기 위해서는 사람들이 어떻게 관계를 형성하고 있는지를 이해하여야 한다고 하였다. 결론적으로 관계는 커뮤니케이션 없이는 지속될 수 없는 것이다. 이러한 개념은 소비자와 브랜드 또는 기업과의 관계에서도 적용되며 커뮤니케이션이 브랜드 관계를 형성하고 유지하는데 중요한 역할을 한다는 것을 알 수 있다. 소비자와 브랜드의 관계를 구성하는 주요한 요인 중의 하나는 소비자에 대한 브랜드의 태도이다. 이는 고정된 것이 아니고 끊임없이 소비자의 반응을 기초로 브랜드가 소비자에게 커뮤니케이션함으로써 구축된다. 이러한 면에서 소비자와 브랜드의 관계에 있어 광고의 중요성이 부각된다고 할 수 있다.

브랜드가 소비자와의 관계에서 진정한 파트너로 기능하기 위해서는 실제로 관계의 능동적인 파트너로서 행동하여야 한다. 광고와 같은 커뮤니케이션 활동을 통하여 브랜드는 능동적이고 상호호혜적인 파트너로서 자격을 부여 받게 된다. 광고와 같은 브랜드와 관련된 커뮤니케이션 및 마케팅 활동을 관계 파트너로서의 일상적인 행동으로 간주할 수 있다. 브랜드가 취하는 이러한 활동을 통하여 소비자는 관계 파트너로서 브랜드를 이해하고 평가할 수 있으며, 이러한 활동을 통하여 관계 파트너로서 브랜드의 개성이 구체화되는 것이다. 광고와 같은 브랜드의 커뮤니케이션 및 마케팅 활동이 관계 파트너로서 브랜드의 행동을 대신한다는 것은 소비자와 브랜드의 관계에 있어서 중요한 관점이다. 이러한 브랜드의 활동에 초점을 맞춤으로써, 어떻게 소비자와 브랜드의 관계가 형성되는지 이해할 수 있으며, 관계의 생동감 있는 파트너로서 브랜드가 소비자와 브랜드 관계의 시작과 유지와 해체에 있어서 어떤 역할을 하는지를 이해할 수 있다.

소비자에 대한 브랜드의 커뮤니케이션 활동 중에서도 광고는 브랜드에 생기를 불어넣고 활성화시켜서 관계의 파트너로서 기능하게 하는데 중요한 역할을 한다. 기업 입장에서 보면 광고는 소비자-브랜드 관계를 설정하고 발전시키는 주요한 커뮤니케이션 수단이다. 또한 광고는 소비자-브랜드 관계에서의 문제점을 해결하고, 브랜드가 소비자에게 취해야 하는 태도의 방향을 제공한다. 아무리 브랜드가 좋은 이미지를 가지고 있다고 하더라도, 광고에서 소비자의 반응이나 소비자와의 관계를 고려하지 않은 채 일방적인 이미지만 전달한다면 지겹게 자기 자랑만 하는 것과 같으며, 소비자는 '저 브랜드는 좋은 것은 알지만 나와 맞지 않아, 저 브랜드는 거만하게 느껴져서 싫어' 라고 생각하며 그 브랜드를 멀리 할 수도 있다.

앞에서 소개한 Blackstone은 소비자-브랜드 관계는 브랜드 이미지와 브랜드 태도라는 2가지 차원으로 구성된다고 하였다. 여기서 브랜드 이미지는 사람들이 동의(consensus)하는 객관적인 브랜드이며, 브랜드 태도는 소비자 개인이 가지는 주관적인 브랜드라고 하였다. 여기서 중요한 관점이 도출되는데 기업의 마케터에게 중요한 것은 자기 브랜드가 객관적으로 어떤 이미지를 가지고 있느냐이기도 하지만, 소비자 개인이 주관적으로 그 브랜드와 어떤 관계를 가지고 있느냐일 수 있다. 그 소비자가 그 브랜드를 향후 구매하고 사용하느냐 여부는 전자보다 후자에 더 달려 있다고 할 수 있다. 따라서 광고를 통하여 객관적인 이미지를 만드는 것도 중요하지만, 궁극적으로는 광고를 통하여 관계의 파트너로서 소비자에게 커뮤니케이션하고 소비자에 대한 브랜드의 태도를 보여주는 역할을 하여야 한다. 인간 사이의 관계가 항상 유기적으로 변화하듯이 이러한 커뮤니케이션도 소비자라는 관계 파트너의 상황이나 반응에 따라 변화하여야 한다.

기업은 광고를 통하여 원하는 브랜드와 소비자와의 관계를 구체화할 수 있으며, 이러한 관점에서 광고를 통하여 전달되는 브랜드의 태도나 행동은 전략적으로 정교하게 관리되어져야 한다. 구체적으로 소비자에게 전달되어지기 원하는 관계의 방향이 광고에 녹아들어 있어야 한다는 것이다.

Blackstone이 지적하였듯이 광고는 무생물인 브랜드에 생동감 있는 관계의 파트너로서 이미지를 부여한다. 즉 광고는 브랜드 관계를 구축하고 강화하기도 하며 손상시키기도 한다. 특히 시장에 새롭게 등장하는 브랜드의 경우, 주로 광고를 통하여 관계가 시작된다고 할 수 있다. 즉 브랜드 출시 초기에는 광고를 통해 받아들인 브랜드에 대한 이미지가 중요하게 되는 것이다. 광고는 또한 기존에 구축되어 있던 소비자와 브랜드의 관계를 변화시키는 역할을 할 수 있다. 이는 여러 가지 이유로 브랜드와 개별 소비자와의 관계가 썩 좋지 않았더라도, 광고를 통하여 이를 개선시킬 수 있다는 것을 의미하는 것으로 브랜드 재활성화(Revitalization)를 추진하는 브랜드 매니저의 입장에서는 주목할 만하다고 할 수 있다.

관계를 만드는 광고

Hotel.com의 게임 앱을 이용한 "Trip Your Face" 캠페인. 페이스북 이용자와 함께 가상의 여행을 갈 수 있으며, 그 내용을 담은 영상은 소셜미디어를 이용하여 다른 친구들과 공유할 수 있다.

관계 마케팅 개념이 중요시되면서 제품 구매 후 광고의 역할이 중요시되고 있다. 구매 후 광고는 관계 유지에 필요한 정보를 지속적으로 제공함으로써 소비자들에게 긍정적이고 반복적인 강화를 효과적으로 제공하게 된다. 소비자는 자신이 구매한 브랜드에 대한 긍정적인 소식을 지속적으로 접함으로써, 브랜드와의 관계 고리가 더 강화되는 것이다.

광고의 관계 설정 과정

근래에 들어와서 브랜드들이 광고에 이러한 소비자와의 관계 관점을 도입하고 있으며, 이와 관련하여 타나카와 마루오카는 기존의'설득'개념을 중심으로 한 광고효과 과정에 관한 이론을 비판하면서 광고의 '관계 설정' 기능이라는 새로운 관점을 제공하였다.

타나카와 마루오카가 관계 설정 측면에서 본 광고의 기능이란 본래는 자연스럽게 결부되지 않는 개념들을 소비자의 기억 속에서 연결시켜, 여러 가지 구매상황과 경쟁상황 속에서 그 브랜드의 구매에 유리한 상태를 창출하는 것이다. 보다 구체적으로 말하면, 어떤 브랜드의 제품군과 브랜드명을 결부시키거나 또는 어떤 브랜드명과 어떤 모델을 결부시키는 것이며, 소비자는 이 결합관계를 이용하여 구매결정 과정에 있어서 해당 제품을 검색하고 상기하여, 그 브랜드의 구매를 결정하게 된다. 광고에 의하여 소비자와 상품의 관계가 설정되는 과정을 살펴보면 그림 3-1과 같다.

소비자는 우선 물건으로서의 제품 그 자체에 접하기 이전에 광고에 의하여 매개된 의미나 이미지에 접한다. 즉 소비자는 광고에 의해 매개된 의미를 통해서 자기 자신과 제품과의 의미라는 고리를 통해 관계를 부여하게 된다. 여기서 중요한 것은 소비자는 광고로부터 생성된 제품 이미지

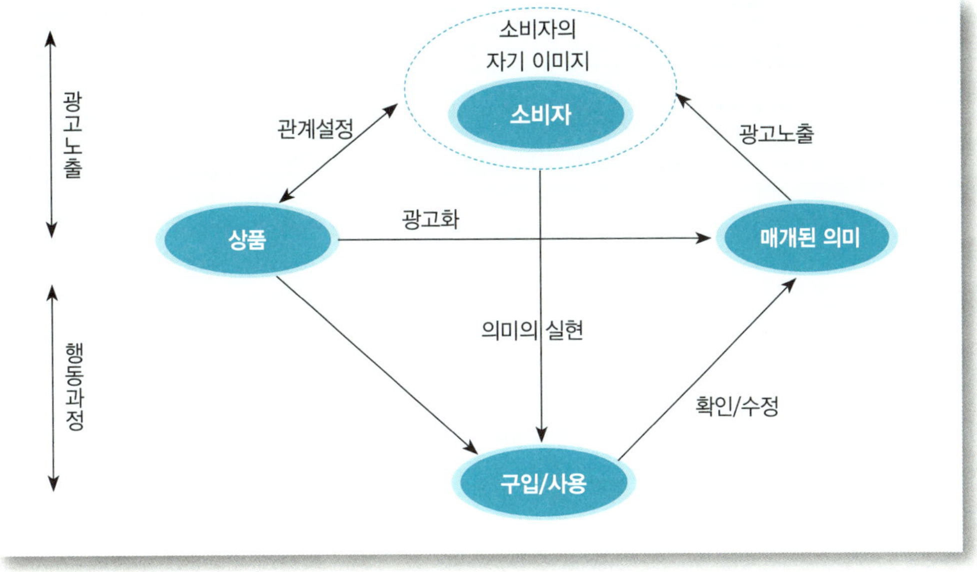

그림 3.1 ● 광고에 의한 소비자와 상품의 관계 설정의 과정
출처: 신광고심리(LG애드)

를 매개로 자기와 제품과의 관계를 부여한다는 것이다. 결국 소비자는 자기와 어떤 의미를 통하여 제품에 관계를 부여할 뿐 아니라, 자기 자신도 그 제품을 통하여 새로운 의미를 부여해가는 것이다. 즉, 광고에 의한 제품과 소비자의 관계 설정이란 모든 광고에서 일어나고 있는 결과이다.

자기 자신과 제품이 무엇인가의 의미로 결부된 소비자는 여러 가지 계기에 의해서 이 의미를 실현하려고 한다. 그 가장 유력한 수단은 그 제품을 구매, 소유, 사용하는 것이다. 그 의미의 실현이란 그 제품이 지닌 물리적 기능과 제품이 지닌 물리적 속성과 직접 관계가 없는 의미를 포함하고 있다. 광고에 의해서 의미가 부여된 제품은 실제 구매를 통하여 의미실현으로 진행된다. 소비자는 일단 실현된 구매와 그 후의 소유, 사용을 통하여 광고에 의해 관계가 부여된 자기 자신과 제품 간의 의미를 재확인한다. 그 결과가 광고에 의해 의미된 것을 실현하지 못한다면, 즉 기대에 어긋나는 것으로 끝났을 때 그 구매는 한 번의 시도로 끝난다. 반대로 그 제품에서 그 이상의 것을 찾아냈다면, 그 소비자는 그 브랜드를 재구매할 것이다. 결국 소비자는 제품 구매와 사용이라는 과정을 거쳐 광고에 의해 획득한 의미를 확인하고 수정하는 것이다. 이때 소비자는 제품 이미지를 수정함과 동시에 자기 자신의 의미부여 혹은 포지셔닝을 수정한다.

이상과 같은 광고와 소비자, 브랜드의 관계 설정 과정은 저관여 상황에 있어서는 소비자 자신이 의식하지 않는 수준에서 이루어지며, 고관여 상황에 있어서는 소비자는 자신의 정보 처리 자원을 더 많이 투입함으로써 소비자의 의지를 결정하게 되는 것이다.

관계 구축 관련 광고 요소

광고가 브랜드 관계를 구축하는데 있어서 광고의 여러 세부 관련 요소들이 작용을 하게 된다. 먼저 광고의 브랜드 관계 구축 및 강화에 있어서 광고 모델의 역할을 들 수 있다. 무생물인 브랜드가 생동감 있는 파트너로서 소비자와 커뮤니케이션 하는데 있어서 광고의 모델은 중요한 역할을 하게 된다. 소비자는 자신을 광고에 등장하는 모델과 동일시하는 경우가 있는데, 광고모델과의 동일시가 광고에 의한 소비자 태도 변화의 중요한 과정이라고 할 수 있다. 이러한 광고모델과의 동일시를 통하여 브랜드와 소비자 자신을 동일시하는 과정을 거친다고 할 수 있다. 또한 유명인의 개성이 광고하는 브랜드의 개성과 일치하는 경우 장기적이고 반복적인 연상에 의하여 브랜드가 곧 유명인이 될 수 있다. 이는 광고모델 효과는 그 모델이 추천하고 있는 제품속성과 적합한가의 여부에 따라 달라질 수 있다는 모델-제품의 일치(match-up)가설과 관련이 있다고 할 수 있다.

광고 배경음악은 광고에 있어서 전체 아이디어를 통합해주는 강력한 인출단서로 작용을 한다. 따라서 광고에 사용된 음악도 브랜드와의 관계 구축에 중요한 역할을 한다고 할 수 있다.

'우루사' 광고의 '간때문이야' 라는 CM Song (2012)은 모델인 축구선수 차두리와 함께 소비자의 감성을 자극함으로써 제품과 친근한 관계를 맺는 데 도움을 준다.

광고에 사용된 음악은 관계의 파트너로서 브랜드에 생동감을 부여하고 특히 감성적인 측면에서 브랜드와의 관계 구축에 역할을 할 수 있다. 따라서 광고에 사용되는 음악도 소비자가 브랜드와 동일시하는데 있어서 중요한 역할을 한다고 할 수 있다. 특히 모델이나 광고 분위기와 적절히 어울리는 음악을 사용하였을 때 관계 구축효과는 배가될 수 있을 것이다.

광고를 통한 소비자-브랜드 관계 구축 사례: 삼성전자 '또 하나의 가족' 캠페인

지금까지 살펴본 소비자-브랜드 관계와 광고에 관한 논의를 구체화하기 위하여 광고 캠페인을 통한 소비자-브랜드 관계 구축 사례를 살펴볼 필요가 있다. 1997년부터 시작된 삼성전자의 기업 이미지 광고 캠페인인 '또 하나의 가족'은 광고를 통한 소비자-브랜드 관계 구축의 대표적인 사례라고 할 수 있다.

'또 하나의 가족' 이전 삼성전자 기업 이미지 광고는 '휴먼테크(1986년)', '월드베스트(1994년)'에서 알 수 있듯이 기술 우위 이미지의 강화/유지에 초점을 맞추어왔다(조윤장, 1998). 이러한 캠페인 접근은 기존의 삼성 그룹 이미지와 맞물려 소비자들로 하여금 삼성전자를 '첨단기술의 상징', 'NO. 1', '똑똑한 기업', '신뢰할 수 있는 기업'으로 인식하도록 하였다. 그러나 조사결과 이러한 이미지 외에 '친근한 기업' '환경보호' 등의 이미지에서는 경쟁사에 비하여 열세인 결과를 보여 주었다. 기업 이미지를 이성적인 측면과 감성적인 측면으로 분류해본다면 삼성전자의 이미지 구조는 이성적 측면인 신뢰도 면에서는 경쟁사에 비해 앞섰으나 감성적 측면에서는 전통적인 열세를 보이고 있었다고 할 수 있다.

당시 기업 이미지 속성 관련 조사 결과, 변화된 소비자의 마인드가 나타나고 있었다. 이전의 소비자와 달리 당시 소비자들은 기술력이란 이제 기업의 생존을 위한 기본 조건일 뿐이라고 생각하는 경향을 보였으며, 이와 관련 국내 전자회사들 간의 기술력과 제품력은 대동소이할 정도로 평준화되었다고 인식하는 추세가 확산되고 있었다. 오히려 고객에 대한 노력과 환경보호, 이윤의 사회 환원, 도덕성과 같은 소비자에 대한 기업의 자세, 철학 등을 중요시하는 비중이 높아졌다. 이는 이제 실력은 비슷하니 얼마나 믿을만하고 친근감 있게 행동하는 기업인가를 중시하겠다는 의미로 해석할 수 있는 것이다.

이러한 소비자의 변화는 소비자–브랜드 관계 관점에서 살펴볼 필요가 있다. 과거에는 브랜드의 차별화와 관련 기술력과 같은 물리적 차별화나 브랜드가 가지고 있는 객관적 이미지에 의한 차별화가 중요시되었다면, 최근에는 소비자 개인이 특정 브랜드와 장기적으로 가지고 가는 주관적인 브랜드와의 관계에 의한 차별화가 강조되고 있다. 브랜드가 소비자와 장기적이고 긍정적인 관계를 유지하기 위해서는 소비자와 브랜드와의 일체화, 밀착화와 같은 감성적인 친근감이 구축되어야 한다. 최근 사회공헌 마케팅이 중요시되고 있는 것도 제품 기술력을 바탕으로 한 객관적 이미지보다 그 브랜드가 관계의 파트너로서 개별 소비자에게 어떻게 느껴지고 행동하는가가 중요시되기 때문이다.

당시 삼성전자의 입장에서는 자사의 기업 이미지와 변화하고 있는 소비자 트렌드 사이의 거리감을 느꼈을 수 있다. 이러한 상황에서 삼성전자는 기업 이미지 광고의 방향에 큰 변화를 주게 된다. 그동안 광고에서 'NO. 1', '세계 최초', '첨단기술'과 같은 똑똑한 기업이라는 이미지를 추구하였다면 새로운 광고에서는 소비자를 위해 노력하는 기업, 친근감과 인간미가 느껴지는 기업이라는 이미지를 추구하기로 한 것이다. 즉 오래된 친구나 정겨운 이웃에서 느끼는 따뜻하고 정감 있는 이미지를 전달하여 소비자와의 관계를 긍정적인 방향으로 강화하고자 한 것이다. 우리 사회의 리더로서, 소비자 생활의 주연으로서 세계 최초로 기술이나 제품을 개발하고, 국가경제를 선도하는 등의 일방적 자기과시형 커뮤니케이션이 아니라 소비자의 생활 속에 존재하면서 생활이 행복하게 되도록 도와주는 조연으로서 삼성전자를 느끼도록 커뮤니케이션 방향을 바꾼 것이다. 미래를 선도하는 첨단기업보다는 소비자의 생활과 마음을 알고 소비자와 정이 느껴지는, 즉 소비자에게 사랑받는 기업이 되고자 한 것이다. 이러한 배경에서 새로운 기업 이미지 광고캠페인에 무조건적인 사랑과 이해를 바탕으로 맺어진 가장 친근한 대상인 가족을 캠페인의 소재로 활용하였다. 따라서 광고캠페인 컨셉트는 행복한 가족의 생활 조연으로서 소비자에게 가족같은 기업이 되겠다는 의미로 '가족같은 기업-삼성전자'로 설정되었다.

삼성전자의 '또 하나의 가족' 캠페인은 소비자–브랜드 관계 관점을 광고에 적극 활용한 사례라고 할 수 있다. 기존 광고는 브랜드의 물리적 특성과 관련된 차별점을 소구하거나 브랜드의 객관적 이미지를 제공하는 것이 주 목적이었다. 그러나 삼성전자 '또 하나의 가족' 캠페인에서는 브랜드의 객관적인 이미지를 전달하기보다 항상 개개인의 소비자 옆에서 함께 하고 도움을 주겠다는 브랜드의 태도를 보여주고 있다. 이는 소비자와 브랜드라는 관계의 파트너로서 다른 파트너에게 커뮤니케이션을 하는 것이라고 볼 수 있다.

삼성전자는 '또 하나의 가족' 캠페인이 시작된 지 10년이 지난 2007년, 참여, 공유, 개방을 기본 개념으로 하는 웹 2.0 환경을 맞아 '또 하나의 가족' 2기 캠페인을 통하여 소비자–브랜드 관계 구축을 위한 새로운 시도를 한다. 소비자–브랜드 관계 구축을 위한 광고 제작을 넘어 소비자 참여에 의한 광고 제작 및 집행을 통하여 소비자–브랜드 관계를 더욱 강화시키는 시도를 하고 있는 것이다.

삼성전자는 '또 하나의 가족' 캠페인 시즌2라는 이름으로 '또 하나의 가족' 캠페인'이 시작된 1997년 4월에 태어난 훈이라는 캐릭터를 소비자 2만여 명이 참가한 투표를 통해 선정함으로써 2기 캠페인을 시작하였다. TV 광고에서 약 한달 간 훈이를 통해 벌어지는 에피소드를 소개하며, 각자가 광고 속 상황에 처해 있다면 어떻게 생각할 지를 묻는 질문형식으로 소비자들의 참여를 받는다. 이후 광고 사이트(www.gohoon.com)를 통해 소비자들이 보내준 다양한 아이디어를 광고에 반영해서 완결된 형태로 광고를 제작, 집행한다.

삼성전자의 이러한 광고캠페인 전략은 기업이나 브랜드의 이미지를 일방적으로 전달하기 위해 노력하기보다는 소비자의 생각과 바람이 어우

러진 광고를 통해 소비자와의 공감을 높이기 위한 시도라고 할 수 있다. 소비자들은 광고 제작 과정에 자신의 의사를 반영하거나 광고에 대한 반응을 적극적으로 표현하는 과정에서 브랜드와의 관계가 더욱 깊어질 수 있다. 이는 광고의 수동적인 접촉이라는 기존 광고 관점에서 벗어나 능동적인 광고 참여라는 새로운 관점을 필요로 하며 소비자는 이러한 능동적 광고 참여를 통하여 어떤 상황에서보다도 브랜드와의 관계가 강화되는 경험을 할 수 있다.

• 참고문헌

김유경(2002), 소비자-브랜드 관계 유형과 영향요인에 관한 실증연구, **광고연구**, 54, 7-32.

김재휘(2003). 광고와 소비자 심리/ 3.구매 후에는 광고가 필요 없다? 광고정보, 270, 52-59.

김학현, 이상빈, 리대룡(2001). 광고 소구유형 및 모델 유명도에 따른 TV 커머셜 길이의 커뮤니케이션 효과, **광고문화론집**, 7(2), 1-15.

이학식, 최재익, 임지훈(2004), 소비자 구매행동에 대한 브랜드의 태도: 소비자-브랜드 관계에서의 역할, **소비자학연구**, 15(2), 85-109.

임동빈(2011). 스마트폰 광고 효과적 활용하기. 디지털타임스, 2011. 5. 31.

임지훈(2003), 브랜드 카리스마, 형성요인, 그리고 효과: 상징적/기능적 관여도의 조정적 작용. 홍익대학교 박사학위 논문.

장지영(2011). 스마트폰 티핑 포인트 온다... 한 · 미 · 영 연내 점유율 50% 돌파. ETNEWS, 2011. 7. 15.

조윤장(1998). 생활행복의 조연-삼성전자 '또 하나의 가족' 캠페인. 제일기획 사보 1998년 1월, 83-86

타나카 히로시, 마루오카 요시토(1991), 신광고심리, 김성원 외 역, LG애드, 1993.

허윤경(1994). 방송광고 배경음악에 관한 일 연구. 광고정보, 156, 62-70.

Belk, R.W.(1988), Possessions and extended self. *Journal of Consumer Research*, 15, 139-169.

Berry, L.L.(1983), *Relationship Marketing in Emerging Perspectives on Services Marketing*, Chicago: AMA.

Blackstone, M.(1993), *Brand Equity and Advertising: Advertising Role in Building Strong Brands*, NJ: Hillsdale.

Blackstone, M.(1995), The qualitative dimension of brand equity. *Journal of Advertising Research*, 35(4).

Blackstone, M.(2000), Observations: Building brand equity by managing the brand's relationships. *Journal of Advertising Research*, 40(6), 101-105.

Brown, D. E.(1991), *Human Universals*, New York: McGraw-Hill.

Duncan, T. and Moriarty, S.E.(1998), A communication-based marketing model for managing relationships. *Journal of Marketing*, 62(2), 1-13.

Fournier, S. (1998), Consumers and their brands: Developing relationship theory in consumer research. *Journal of Consumer Research*, 24(4), 343-373.

Nida, E. and Smalley, W.(1959), *Introducing Animism*. New York: Friendship.

Palmer, A.J.(1996), Integrating brand development and relationship marketing. *Journal of Retailing and Customer Service*, 3(4), 251-257.

Peppers, D. and Rogers, M.(1993), *The One-to-One Future: Building Relationships One Customer at a Time*. New York: Currency/Doubleday.

Schramm, W.(1973), *Men, Message, Media: A Look at Human Communication*. New York: Harper & Row.

Reichheld, F.F.(1994), Loyalty-based management. National Data and Lifestyle Summit '94, Denver (July).

04 참여, 공유, 개방

디지털 미디어 환경과 참여, 공유, 개방

디지털 미디어 시대의 커뮤니케이션 특징을 잘 표현하는 개념이 참여, 공유, 개방이라고 할 수 있다. 참여, 공유, 개방은 정보를 개방, 공유하고 일반 대중이 정보의 생산에 참여하는 인터넷 서비스의 새로운 흐름인 웹 2.0의 바탕이 되는 개념이자, 오늘날 우리들의 일상생활을 변화시키고 있는 SNS의 빠른 성장을 가능하게 한 개념이라고 할 수 있다. 디지털 미디어의 개방적인 네트워크에서 개인은 적극적으로 커뮤니케이션 과정에 참여하며, 자신의 생각과 다양한 콘텐츠를 다른 사람들과 공유하고 있다. 따라서 과거와 차별화된 디지털 미디어 시대의 기업 커뮤니케이션 환경의 본질을 이해하기 위해서는 커뮤니케이션 과정에 있어서 참여, 공유, 개방의 의미와 그 영향에 대하여 살펴볼 필요가 있다.

디지털 미디어 환경에서 능동적인 송신자로서 개인의 커뮤니케이션 활동은 사회 네트워킹(social networking) 개념으로 특징지워질 수 있다. 과거 지식과 정보의 생산이 소수의 전문가들에 의하여 독점되던 수직적 사회구조에서 네트워크화된 커뮤니케이션 체제로의 전환은 사회 전 분야에 새로운 변화를 야기하고 있으며, 특히 이러한 변화의 중심에는 '연결된 개인'이 존재한다고 할 수 있다. 네트워크화된 환경에서 커뮤니케이션 행위를 하는 개인들은, 물리적 공간에서 사회적 관계를 맺고 커뮤니케이션 행위를 하듯이, 심리적이고 정서적인 욕구를 가지고 사회적 관계를 맺고 만족을 추구하게 된다. 디지털 미디어 환경에서의 이러한 사회적 관계는 물리적 공간에서보다 더 쉽고 더 빠르며 공간적 제약도 없게 된다. 즉 개인들은 참여라는 개념을 기본으로 능동적이고 활동적으로 사회적 관계를 맺으며 정보를 생산하고 교환한다고 할 수 있다.

개인들은 이렇게 네트워크 내에서 사회적 관계를 맺고 활발히 커뮤니케이션을 하게 되며 그 결과 하나의 공동체가 형성되게 된다. 이러한 공동체 내에서의 커뮤니케이션 활동은 다음과 같은 몇 가지 특성을 가지게 된다.

능동성

먼저 커뮤니케이션 행위에 있어서 능동성을 들 수 있다. 매스 커뮤니케이션 환경에 비하여 디지털 미디어 환경에서는 개인이 원하는 메시지를, 원하는 시간에, 선택적으로 접촉할 수 있을 뿐만 아니라, 개인이 생산한 콘텐츠를 올리거나 개인의 생각을 표현할 수 있으므로 능동성이 보장된다고 할 수 있다.

상호작용성

공동체의 활성화에 필수적이라고 할 수 있는 구성원 사이의 활발한 커뮤니케이션을 전제로 하는 상호작용성을 들 수 있다. 웹 2.0 환경을 대표하는 사이트들인 미국의 마이스페이스, 국내의 싸이월드 등은 사회적 관계를 구축하고 이를 통하여 만족을 추구하는 사회적 관계 동기가 주요한 이용동기라고 할 수 있다. 따라서 오프라인에서의 개인적인 인간관계에서와 같은 활발한 커뮤니케이션을 통한 구성원 사이의 상호작용성이 나타난다.

협동성

디지털 미디어 시대 네트워크 환경의 사회적 관계에서 나타나는 커뮤니케이션의 또 하나 특성은 신뢰와 공유를 바탕으로 하는 구성원 간의 협동성이라고 할 수 있다. 이러한 개념은 누구나 편집할 수 있는 웹페이지의 개념인 wikis에 잘 나타나 있다.

Wikis(위키)란?

웹 브라우저에서 간단한 마크업 언어(markup language)를 이용해 공동 문서를 작성할 수 있고, 사용자들이 내용을 추가하거나 수정, 편집할 수 있는 웹페이지를 말한다. 위키피디아(Wikipedia)가 대표적 사례이다. 위키란 하와이어로 '빨리빨리란 뜻. 사진은 위키피디아의 홈페이지 이미지와 창립자 와드 커닝햄(Ward Cunningham)이다.

사이트를 방문하는 사람은 누구든지 콘텐츠를 추가하거나 보완할 수 있는데 이는 웹 2.0의 기본 개념 중의 하나인 공유된 지식 개념을 발전시키는데 큰 힘이 되었다. 특정 출판사나 저자가 아닌 불특정 다수가 참여하여 만드는 백과사전인 위키디피아도 공유를 바탕으로 한 구성원 간의 협동성에 의하여 지식과 정보가 생산되는 대표적 예이다.

마케팅 활동에서도 소비자 간 적극적 커뮤니케이션을 통한 협동은 활발히 일어나고 있다. 디지털 미디어 환경에서는 '기업과 소비자의 대화'보다도 '다수의 소비자들 사이에 자연스럽게 발생하는 커뮤니케이션'의 영향력이 더 커지고 있다고도 할 수 있다. 또한 소비자들은 제품 구입 시 생각과 취향이 비슷한 소비자들의 사용후기를 참조하고 신뢰하여 구매결정을 내린다.

사용자들이 웹 상의 자료에 자발적인 참여를 통해 태그를 달고 이를 유통시키는 행위인 태깅(tagging)도 상호작용을 통한 협동성이 잘 발휘되는 예라고 할 수 있다. 전문성이 부족한 개인의 지적 여력은 상호 보완을 통하여 전문가 수준의 정제된 정보로 새롭게 태어난다. 분산되었지만 고유한 가치를 함축하는 정보를 한 장소에 모으고 공유함으로써 보다 풍부하고 신뢰성이 높은 고급의 정보와 기회가 탄생하는 것이다.

여러 커뮤니케이션 모형에 의하면 커뮤니케이션이란 송신자, 미디어, 수신자 등으로 구성된 일련의 과정이라고 할 수 있다. 참여, 공유, 개방 관점에서 디지털 미디어 환경에서 일어나고 있는 커뮤니케이션 주체들의 역할 변화를 송신자, 미디어, 수신자로 구분하여 파악해봄으로써 디지털 미디어 환경에서의 참여, 공유, 개방의 의미와 그 영향을 파악할 수 있을 것이다.

입체화된 커뮤니케이션 네트워크

참여, 공유, 개방으로 대변되는 디지털 미디어 시대의 커뮤니케이션 환경은 입체화된 커뮤니케이션 네트워크 개념으로 설명될 수 있다. 커뮤니케이션 환경의 입체화 개념에서 살펴볼 때, 단일 채널에 의하여 폐쇄적이고 일방향적으로 커뮤니케이션이 발생하는 선형적 커뮤니케이션 모델이 과거의 것이라면, 다채널에 의하여 양방향적이고 다차원적으로 활발한 커뮤니케이션이 발생하는 입체적 커뮤니케이션 모델이 디지털 미디어 시대의 커뮤니케이션 모델이라고 할 수 있다. 일본 광고회사 '덴츠'가 제안한 커뮤니케이션모델, AISAS가 이러한 개념을 담고 있는 사례이다.

덴츠사가 제안한 AISAS 모델. 커뮤니케이션 효과 과정에서 Search(탐색)와 Sharing(공유) 개념을 중시한다.

기존 매스 커뮤니케이션 환경에서 수신자였던 개인이 송신자로서 정보를 생산하며 유통시키고, 송신자였던 언론, 기업, 공공기관이 개인이 생산한 정보를 받아들이거나 개인의 의견을 주요 의사결정 과정에 적극 반영함으로써 송신자와 수신자의 경계 구분이 점차 모호해지고 있다. 이러한 현상은 송신자가 원하는 효과를 얻기 위하여 미디어를 통하여 메시지를 수신자에게 전달한다는 기존 커뮤니케이션 모델의 분절적 성격을 넘어 입체적 네트워크 안에서 상호 작용을 통하여 유기적으로 커뮤니케이션하는 융합적 관점을 필요로 한다.

전통적인 매스 커뮤니케이션 모델에 있어서 일반적인 커뮤니케이션은 언론사와 같은 소수의 매스 미디어가 불특정 다수에게 일방향적으로 메시지를 전달함으로써 발생한다. 그러나 디지털 미디어 시대의 커뮤니케이션 환경에서는 다수에 의하여 생산된 콘텐츠가 다수 또는 특정 주제에 관심을 가지는 소수에게 전달된다. 블로그, 미니홈피 등 1인 미디어로 인하여 과거에 비하여 미디어의 수가 훨씬 많아지게 되었다.

또한 시간적으로도 네트워크 환경 하에서의 커뮤니케이션은 동시 다발적으로 이루어지기도 하고, 시간이 흐르면서 메시지가 보완되어 지속적으로 일어나기도 한다. 새로운 환경에서의 이러한 커뮤니케이션 과정은 과거의 선형적 패러다임이 아닌, 다면적, 더 나아가 입체적 패러다임에서 생각해보아야 한다. 왜냐하면 다수의 송신자에 의하여, 다수의 채널을 통하여, 다수의 수신자에게, 서로의 상호작용에 의하여 지속적이고 유기적으로 커뮤니케이션이 일어나기 때문이다.

위에서 살펴본 바와 같이 디지털 미디어 시대의 입체화된 네트워크 환경에서 커뮤니케이션 활동을 통하여 많은 지식과 정보 그리고 문화적 콘텐츠가 생산되고 교류되고 있다. 여기서 주목해야 할 부분은 이러한 지식과 문화의 생산과 교류가 급속하게 확산되는 것은 자발적 협동의 기제가 작동하면서 스스로 창작하고 공유하는 거대한 '사회적 대화'가 확산되고 있다는 것을 의미한다. 또한 과거의 구조적인 조직과 과정을 통하여 콘텐츠가 생산되고 유통되는 것이 아니라, 다수의 참여를 바탕으로 역동적인 상호작용을 통하여 이루어진다는 것을 알 수 있다.

참여, 공유, 개방 관점에서 커뮤니케이션 주체들의 역할 변화

여러 커뮤니케이션 모형에 의하면 커뮤니케이션이란 송신자, 미디어, 수신자 등으로 구성된 일련의 과정이라고 할 수 있다. 참여, 공유, 개방 관점에서 디지털 미디어 환경에서 일어나고 있는 커뮤니케이션 주체들의 역할 변화를 송신자, 미디어, 수신자로 구분하여 파악해봄으로써 디지털 미디어 환경에서의 참여, 공유, 개방의 의미와 그 영향을 파악할 수 있을 것이다.

송신자 측면에서의 변화

기존의 매스커뮤니케이션 환경에서 정보의 생산자 및 송신자는 주로 언론, 기업, 공공기관 등 일정 규모 이상의 조직이었다. 그러나 디지털 미디어 환경에서는 기존 매스 커뮤니케이션 환경에서 수신자의 역할을 담당했던 일반 개인들도 송신자로서의 역할을 적극적으로 수행하고 있다. 즉 디지털 미디어 환경에서의 개인은 매스 커뮤니케이션 패러다임 하의 일방적으로 메시지를 전달받는 수동적인 수신자가 아니라, 메시지를 직접 생산하거나 메시지 생산과정에 적극적으로 참여하는 주체가 된다. 즉 커뮤니케이션 과정에서 수신자인 동시에 송신자 역할을 하게 되는 것이다. 따라서 그 동안 언론과 학계, 기업 등 권위와 전달력을 가진 소수의 주체들이 일방적으로 정보를 전달하던 것에서 벗어나 개인들이 커뮤니케이션 과정에 적극적으로 참여함으로서 스스로의 가치를 발견하고 공유할 수 있게 되었다.

이제 소비자도 기업이 전달하는 메시지의 일방적이고 수동적인 수용자가 아니라 광고를 비롯한 상업적 커뮤니케이션 메시지의 생산자로서 적극 참여하고 있다. 이는 웹 2.0의 근본정신인 참여, 공유, 개방의 개념이 상업적 커뮤니케이션 메시지에 적용되는 것이라고 할 수 있으며, 미래학자 앨빈 토플러가 저서 '제 3의 물결'에서 언급한 기업의 생산 활동에 직간접적으로 참여하는 프로슈머(Prosumer) 개념이 광고를 비롯한 상업적 커뮤니케이션에도 본격적으로 적용되는 것이라고 할 수 있다.

이제 소비자는 광고를 직접 제작함으로써 어떤 광고대행사 못지않게 효과적인 브랜드 커뮤니케이션 메시지를 생산하고 있다. 또한 많은 기업들이 UCC 공모전 등을 통하여 소비자의 참여를 높이고, 소비자가 제작한 콘텐츠를 기업의 커뮤니케이션 활동에 활용하고 있다. 이러한 소비자의 광고 제작 현상을 반영하여 미국의 광고전문 잡지는 소비자를 올해의 대행사로 선정하기도 하였다.

개인은 기업의 상업적 커뮤니케이션 메시지 생산과정에 참여하는 것에서 더 나아가 자신이 광고주로서 직접 메시지를 생산하기도 한다. 지금까지 매체를 통한 광고나 홍보는 주로 대기업의 전유물이었다고 해도 과언이 아니다. 그러나 이제 개인이나 소규모 창업자들은 UCC를 통하여 광고주로서 저렴한 비용으로 매체에 광고를 할 수 있게 되었다. 즉 판매자 제작 콘텐츠(Seller-Created Contents)를 통하여 자기가 파는 제품, 또는 서비스를 알리는 콘텐츠를 직접 제작하여 인터넷을 통하여 홍보하기가 쉬워졌다. 재미있고 창의적으로 제작된 SCC는 인터넷 홈쇼핑 채널, 동영상 UCC 사이트, 카페, 블로그 등을 통하여 순식간에 수많은 사람에게 전달된다.

웹 2.0 커뮤니케이션 환경에서는 전통적인 커뮤니케이션 환경에서 정보를 생산하고 전달하는 송신 기능을 주로 수행하여왔던 언론, 기업, 공공기관 등 조직의 커뮤니케이션 역할에도 변화가 일어나고 있다. 과거 조직이 정보를 비롯한 콘텐츠 생산의 독점을 통하여 권위를 유지하였다면, 새로운 커뮤니케이션 환경에서는 콘텐츠의 송신자 역할뿐만 아니라 수신자 역할을 병행하게 된다. 오늘날의 언론은 독자나 소비자가 생산한 콘텐츠를 수신하여 그대로, 또는 가공하여 다른 독자들에게 제공하는 역할을 하기도 한다. 이러한 환경에서는 상당수의 콘텐츠가 독자나 소비자가 제작한 콘텐츠를 바탕으로 상호 대화와 협력을 통하여 생산되게 된다.

최근 사회적 영향력이 증대하고 있는 인터넷 포털의 경우 콘텐츠의 많은 부분이 동영상, 사진, 글 등 개인 제작 콘텐츠, 이른바 UGC (User Generated Contents)로 이루어진다. 젊은 층이 많이 접촉하는 우리나라의 판도라 TV나 미국의 유튜브(Youtube) 등 동영상 UCC 전문 사이트의 경우 개인이 제공하는 콘텐츠로 구성된다. 이러한 흐름은 오프라인 미디어의 경우에도 해당된다. TV 프로그램에서는 소비자가 제작한 콘텐츠를 접할 수 있으며, 신문의 경우도 지면 및 온라인을 통하여 개인이 제작한 콘텐츠를 그대로 또는 일부 수정하여 제공한다. 정부 및 공공기관도 대부분의 정보를 시민에게 개방, 공유하고, 시민이 제안한 아이디어나 의견을 업무에 적극 반영하고 있다.

전통적인 마케팅 커뮤니케이션 상황 하에서는 기업이 생산한 메시지를 불특정 다수에게 일방적으로 전달하게 된다. 그러나 디지털 미디어 시대의 커뮤니케이션 환경에서 기업은 일방적인 송신자에서 벗어나 소비자에 의해 생산된 정보를 수신하는 수신자로서의 역할이 강화되고 있다. 기업은 소비자가 제작한 UCC를 광고로 활용하거나 소비자 UCC를 기반으로 제작된 광고를 집행하고 있다. 또한 인터넷에 브랜드 커뮤니티, 브랜드 채널을 개설하여 소비자가 브랜드와 마음껏 커뮤니케이션하게 하고, 소비자가 제작한 콘텐츠나 의견을 마케팅에 적극 활용하기도 한다. 기업은 이러한 마케팅 커뮤니케이션 과정에서뿐만 아니라 제품 개발 및 출시 단계에서부터 소비자에게 아이디어를 구한다. 이제 기업은 소비자의 이야기를 점점 더 많이 듣고 있으며 콘텐츠의 생산은 기업만 하는 것이 아니라 기업과 소비자가 같이 하게 된다.

미디어 측면에서의 변화

디지털 미디어 시대의 커뮤니케이션 환경에서는 기존 커뮤니케이션 패러다임에서의 미디어에 대한 개념의 수정을 필요하게 한다. 지금까지 메시지를 전달하는 전통적인 미디어는 일반적으로 규모가 큰 기업으로서 그 수도 적었다. 따라서 일반인이 메시지를 전달하는 미디어 역할을 한다는 것은 상상하기가 어려웠다. 그러나 새로운 커뮤니케이션 환경에서는 개인이 블로그, 미니홈피 등 1인 미디어를 운영한다. 개인들은 이와 같은 미디어를 통하여 본인이 생산한 콘텐츠를 올리거나 타인에 의하여 생산된 콘텐츠를 올리고, 이렇게 올려진 콘텐츠는 블로그, 미니홈피를 방문하는 다른 개인들이 보게 되고 이를 퍼가기도 한다. 이러한 1인 미디어는 콘텐츠의 확산 속도와 그 파급력에서 엄청난 위력을 발휘하게 된다. 이러한 1인 미디어가 다루는 콘텐츠는 오락, 정치, 경제, 사회, 문화 등 모든 분야를 망라한다. 인터넷에서 어떤 단어를 입력하여 검색하더라도 상당수가 블로그, 카페, 지식 등 일반인들에 의하여 운영되는 웹 2.0 환경의 미디어에 실린 콘텐츠들이다.

상업적 커뮤니케이션 분야에 있어서도 디지털 미디어 시대에는 일반 소비자들도 메시지를 전달하는 미디어 역할을 할 수 있게 되었다. 구체적으로 블로그, 미니홈피 등 1인 미디어나 카페의 콘텐츠에 광고를 게재하도록 하고 그에 대한 수익을 얻음으로써 광고 매체 역할을 하고 있는 것이다. 구체적으로 구글이 운영하는 인터넷 광고 서비스인 애드센스를 통하여 소비자는 자신의 블로그 등에 광고를 설치할 수 있고, 방문자가 광고를 클릭하면 수익을 얻게 된다. 이러한 광고 모델은 일본, 중국 등 전 세계적으로 운영되고 있으며, 국내의 인터넷 업체들도 이러한 모델을 운영하고 있다.

UCC는 또한 네티즌들로 하여금 상업적 메시지를 전달하는 미디어로서의 역할을 하게끔 한다. 예를 들어 네티즌들은 특정 광고를 패러디하여 자신의 미니홈피나 포털 사이트에 올림으로써, 해당 브랜드는 수많은 개인의 미니홈피와 주요 포털 사이트에 비용을 들이지 않고 노출되고 있는 셈이다. 또한 네티즌들이 영화에 관한 평이나 영화 관련 콘텐츠를 제작 또는 등록한 경우 미니홈피, 블로그 등도 효과적인 홍보매체 역할을 하게 된다.

UCC, 블로그와 같은 웹 2.0 시대의 미디어들은 커뮤니케이션 과정에서 수용자의 참여의지를 확장시키면서 미디어를 '재현 매체(representational media)'에서 '표현 매체(presentational media)'화 하고 있다. 즉 웹 2.0 미디어 환경은 콘텐츠의 생산자와 소비자의 경계를 허물게 하였다. 기존의 선형적이고 일방적인 커뮤니케이션 환경에서 수동적인 수신자의 위치에 머물러 있던 개인들은 웹 2.0 미디어 환경에서 블로그, 미니홈피 등 개인 미디어를 통하여 자신이 생산한 콘텐츠를 전달하고 있다.

> '재현 매체(representational media)'에서 '표현 매체(presentational media)'
>
> TV 등 전통매체는 재현매체의 성격이 강한 반면, SNS, 블로그, UCC와 같은 웹 2.0 시대의 미디어들은 개인의 표현성을 극대화하는 기제를 갖추고 있는 표현촉진적인 서비스라고 할 수 있다.

수신자 측면에서의 변화

디지털 미디어 시대의 커뮤니케이션 환경에서 수신자는 동질성을 가진 불특정 다수에서 세분화된 수용자로서의 특성을 가지게 된다. 디지털 미디어 환경은 다채널화를 수반하며, 이는 곧 채널의 분화 및 전문화를 통해 수용자의 차별화를 심화시켜 수용자들의 분화 현상을 초래한다. 이는 수용자가 더 이상 익명의 대중이 아니라, 자신의 취향에 맞춰 콘텐츠의 선택이 자유로운 보다 세분화된 공중으로의 변화를 의미한다. 이러한 변화는 커뮤니케이션 과정에 있어서 수용자의 탈대중화를 낳게 한다고 할 수 있다. 또한 이러한 변화는 인터넷의 발달 등으로 소비자의 정보취득 증대를 통한 선택의 폭이 넓어지면서 광고, 마케팅 환경에서 소비자의 능동성이 확대되고, 개별 마케팅(individual marketing)이 중요시되는 상황과도 맥을 같이한다고 할 수 있다.

이러한 수신자의 다원화를 통하여 정치, 경제, 사회, 문화 등 사회 여러 분야에 걸쳐서 특정 정보에 관심이 있는 특정 수신자를 대상으로 관련 메시지의 전달이 가능해진다. '롱테일'의 저자인 앤더슨이 앞으로 거시적인 뉴스보다 소수를 위한 뉴스가 각광을 받을 것이라고 주장한 것도 뉴스에 있어서 수용자의 세분화 현상을 반영한 것이라고 할 수 있다. 수용자의 세분화는 상업적 커뮤니케이션 분야에서도 적극적으로 활용될 수 있다. 매스 마케팅에서 차별적인 개별 마케팅으로의 변화에 맞추어 타깃의 특성을 고려한 맞춤형 광고를 집행할 수 있다. 기업은 이를 통하여 해당 제품에 관심이 많은 핵심 타깃을 선별하여 브랜드 메시지를 전달할 수 있게 된다. 또한 블로그, 미니홈피 등의 1인 미디어에 광고를 집행할 경우, 광고되는 제품이나 서비스에 관심이 많은 특정 소비자를 타깃으로 하여 메시지를 전달할 수 있다. 즉 디지털 미디어 시대의 커뮤니케이션 환경에서의 광고 메시지의 수용자는 기존의 불특정 다수의 소비자에서 일정한 특성을 가진 소수의 소비자로 변할 수 있는 것이다. 따라서 앞으로 광고는 다수의 대중을 겨냥한 집단광고보다 특정 소비자를 겨냥한 타깃 광고가 효과를 발휘할 수 있을 것이다.

새로운 커뮤니케이션 환경에서 수용자가 세분화됨에 따라 메시지에 해당하는 콘텐츠는 점점 다양화되는 현상을 보인다. 이는 언론, 출판, 오락, 취미 등 여러 분야에서 일어나고 있는 현상으로 과거에 비하여 훨씬 다양한 콘텐츠들이 생산되고 있으며 소비되고 있다. 이는 온라인 시장에서는 상대적으로 적은 상품들이 전체 매출에서 더 큰 비중을 차지한다는 롱테일 법칙과 연관시켜 생각해볼 수 있다. 온라인 공간에서는 수많은 콘텐츠들이 생산되고 유통되며 수신자들도 소량 생산된 콘텐츠에 관심이 커졌다고 할 수 있다.

기존의 매스 커뮤니케이션 패러다임에서는 이용자들이 소수의 콘텐츠를 집중적으로 이용하는 집중화 현상을 보여주고 있다. 하지만 디지털 미디어 시대의 커뮤니케이션 패러다임 하에서는 송신자, 미디어, 수신자, 콘텐츠가 다양해짐에 따라 이러한 집중화 현상이 약할 것이라고 예상해 볼 수 있다. 웹 2.0 기반의 커뮤니케이션 수단인 UCC 이용에 있어서 이용자들이 소수의 콘텐츠에 집중하는 경향을 보이는지 알아본 연구결과, 기존의 영상 미디어에서와는 달리 UCC 동영상의 선택에 있어서는 이용자들이 소수 콘텐츠에 과도한 집중을 보이지 않는 것으로 나타났다. 이러한 결과를 볼 때, 디지털 미디어 시대의 커뮤니케이션에 있어서 콘텐츠의 다원화가 이루어지고 있음을 알 수 있다.

• 참고문헌

권성미(2007). 위키디피아 활용 현황 및 활성화 요인.정보통신정책, 제*19*권 제*13*호, 18-21.

김도훈(2007). 웹 2.0에 대한 경제학적 접근, 제9회 경영관련학회 하계통합학술대회, 1-7.

김명준(2007). '자기표현'의 출구로서 사이버공간에 관한 연구: '사회자본(social capital)'과의 연관성을 중심으로. 사이버커뮤니케이션학보, 제*22*호, 5-38.

김일철(2001). 복잡계 이론에 기초한 IMC의 개념화에 관한 연구. 한국광고홍보학보, 제3권 제2호, 1-20.

문철수(2005). 디지털 미디어 환경 변화에 따른 새로운 홍보 전략. 한국광고홍보학보, 제7권 제5호, 252-277.

반현, 김수정(2007). 동영상 UCC 이용과 정치행태에 관한 연구: 대학생들의 UCC 이용과 정치 뉴스 이용을 중심으로. 사이버커뮤니케이션학보, 제22호, 123-166.

신헌철(2007). 온라인 시장은 8:2 법칙 안 통해. 매일경제, 2007.5.31. http://news.mk.co.kr/newsRead.php?year=2007&no=282018

은혜정, 나은영(2002). 인터넷에서 추구하는 충족(GS)과 획득된 충족(GO) 및 이용행동과의 관계. 한국언론학보, 제46권 제3호, 214-251.

이시훈, 최환진, 홍원의(2007). 웹 2.0 시대 인터넷 광고론. 한국광고학회.

임정수(2007). 초기 UCC 생산과 소비의 탈집중 현상: 판도라 TV를 중심으로. 한국방송학보, 제21권 제1호, 211-242.

차배근(1976). 커뮤니케이션학 개론. 세영사.

Andersen, K. E. (1968). Variant views of the communicative Act, in Martin, H. H. and Andersen, K. E. (Eds), *Speech Communication*, (pp. 16). Allyn & Bacon, Boston.

Eastman, D. (2007). Why this super bowl was no watershed for UGC advertising. New Media Age, Feb 15, 19

Hilton, A. (2007). PR still underrates web 2.0 potential. PR Week, Jan 19, 11

Schramm, W. (1971). The nature of communication between humans, in Schramm, W. and Roberts, D. F. (Eds), *The Process and Effects of Mass Communications*, (pp. 3-53). University of Illinois Press, Urbana, IL.

Shannon, C. F. & Weaver, W. (1949). *The Mathematical Theory of Communication*, University of Illinois Press, Urbana, IL.

05

감성 커뮤니케이션

오늘날 미디어 환경과 커뮤니케이션 환경은 하루가 다르게 디지털화 되어가고 있지만 대부분의 커뮤니케이션에서 감성은 더욱 중요해지고 있다. 이는 기술이 발달하여 사람들이 기계에 의존할수록 인간 본연의 감성을 찾게 되고 더 중요시하는 것이 그 이유가 아닐지 예측해 볼 수 있다. 이러한 현상은 기업과 소비자의 커뮤니케이션 과정에서도 찾아볼 수 있다. 과거 소비자 입장에서 브랜드 차별화의 주요 포인트가 제품의 물리적 속성의 차이였다고 한다면, 오늘날 브랜드 차별화의 주요 포인트는 소비자가 브랜드에 대해 느끼는 감성적 연대감이라고 할 수 있다. 이러한 감성적 연대가 브랜드와의 장기적 관계가 구축되고 유지되는 근간이라고 할 수 있기 때문이다.

이미 진부한 말이 되어 버렸지만 오늘날의 마케팅 상황에서 제품의 물리적 특성으로 경쟁자와 차별화하는 것은 점점 어려워지고 있다. 또한 객관적인 이미지만으로는 치열한 경쟁에서 소비자의 마음을 사로잡기에 부족하다. 세계적 광고 대행사 사치앤사치(Saatchi & Saatchi)의 최고경영자인 Kevin Roberts가 이야기하였듯이 이제 기업이나 브랜드는 소비자의 가슴에 러브마크를 새길 수 있도록 노력하여야 한다. 이성을 뛰어넘어 인간 본연의 감성에 호소하는 것이 강조되는 시대이다. 이러한 맥락에서 이 장에서는 최근의 기업 커뮤니케이션 과정에서 감성적 커뮤니케이션이 강조되는 개념들에 대하여 살펴보려고 한다.

체험 마케팅

점점 더 많은 기업들이 체험 마케팅을 이용하여 소비자들에게 특별한 체험을 제공하고 있다. 오늘날 많은 곳에서 체험 마케팅의 예를 볼 수 있다. 제품과 서비스의 기능적 특징과 편익에 초점을 두던 기존의 마케팅을 체험 마케팅이 대체하고 있는 것이다. 이제 고객은 기능적 편익, 제품의 품질, 그리고 긍정적인 브랜드 이미지를 당연시하며, 그 이상의 것을 기대한다. 자신의 감각에 호소하고 가슴에 와 닿으며 정서를 자극하는, 또한 관련성을 느낄 수 있고 라이프스타일에 맞는 제품을 원한다. 다시 말해 고객은 느낄 수 있고 체험할 수 있는 제품을 원하는 것이다. 같은 맥락에서 논리적이고 이성적인 구매의사 결정보다 소비 경험에 잠재된 오락과 즐거움이 반영된 정서적 소비 가치가 부각되고 있다.

체험이란 어떤 자극에 대해 반응하는 개인적인 사건(event)이다. 가령 우리가 물건을 구입하는 경우를 생각했을 때, 체험은 기업의 마케팅 노력에 의해 구매 전후에 제공받는 자극에 대한 반응이다. 체험은 대개 자동적으로 만들어지는 것이 아니라 유도되는 것이다. 마케터들은 고객 체험을 유도하는 자극을 제공해야 한다. 어떤 체험 제공수단을 선택하여 어떻게 실행하느냐에 따라 소비자들이 회사와 브랜드에 대해 느끼는 호감과 매력의 정도가 다를 수 있다. 체험마케팅은 또한 제품의 특징과 혜택보다 소비자의 감각, 정서, 인지적 경험, 행위 그리고 관계 등을 중요한 개념으로 다루고 있다. 무엇보다도 소비자의 경험을 중시하고 소비를 단일 행위로 규정하기보다 총체적인 경험으로 본다는 점이 다르다.

체함 마케팅은 제품이나 서비스의 특정한 소비상황에서 소비자들이 원하는 체험, 가치, 라이프스타일이 무엇인지를 파악하여 그것들을 최대한 활성화시킬 수 있도록 제품을 개발하거나 광고, 판촉활동을 펼치는 마케팅 활동이라고 할 수 있다. 이러한 체험 마케팅은 마케팅의 화두가 과학적 사고에서 인간의 체험으로 옮겨가고 있음을 보여주며 이미 다양한 산업에서 상당한 효과가 입증되고 있다.

체험 마케팅은 소비자가 브랜드 또는 기업과 맺는 관계와 여러 면에서 아래와 같은 이론적 틀을 공유하고 있다.

- 개별 소비자와 브랜드의 지속적인 관계를 중요시한다. 체험 마케팅적 관점에서는 다양한 특성을 가지고 있는 개별 소비자가 브랜드를 접촉하고 경험하며 장기적으로 관계를 유지하는 데 초점을 맞춘다.
- 브랜드와 관련된 소비자의 심리적 관점을 중요시한다. 두 개념 모두 브랜드의 기능적 측면보다는 브랜드와 관련된 소비자의 감성 및 라이프스타일에 초점을 맞추며, 브랜드와 관련된 구매 행동을 소비자의 사회적 배경으로 옮겨 놓는다.

체험마케팅은 단순히 일회성 이벤트가 아닌 고객과의 지속적인 관계를 유지하기 위한 수단으로 사용된다. 사진은 후지 제록스 프린터스의 '직장인 응원 프로젝트' 홍보 자료.

- 브랜드의 범위가 확대된다. 체험 마케팅적 개념에서 브랜드는 물리적인 제품 개념을 넘어서 소비자가 정서적으로 느끼고 경험하는 대상이

된다. 또한 브랜드와의 관계에 있어서 브랜드는 마케팅 행위상의 수동적인 객체가 아니라 소비자와의 관계에서 능동적인 역할을 하는 존재, 즉 관계에 있어서 파트너로 인식된다.

- 마케팅 과정상에서 구매 상황이나 구매 후의 과정에 초점을 맞춘다. 기존 마케팅적 관점은 제품을 소비자에게 판매하기까지 초점을 맞추었다면, 체험 마케팅과 브랜드 관계의 관점에서는 제품이나 서비스가 구매, 사용되는 상황이나 그 후의 과정에 초점을 맞춘다. 일시적으로 소비자의 선호를 얻는 것보다 소비자와의 지속적인 관계를 확립하는 것을 보다 중요시 하는 것이다. 이제 판매는 마케팅 목표 달성을 의미하는 것이 아니라 대 고객 관계의 시작을 의미하게 되었다. 그리고 고객에게 더 깊은 인상을 심어 주어 보다 지속적인 관계를 이끌어내기 위한 무엇인가가 필요하게 되었다.

스토리텔링 마케팅

현대 사회의 소비자들은 제품의 실용적 가치에 만족하지 않고, 브랜드 자체에서 발산한 상징적 가치를 통해 자신의 정체성을 추구하는 새로운 가치체계를 확립하려 한다. 이와 같은 맥락에서 최근 소비자의 구매 요인이 제품의 기능 중심에서 감성 중심으로 이동함에 따라 스토리텔링 마케팅의 중요성이 더욱 부각되고 있다. 스토리텔링 마케팅이란 제품에 얽힌 이야기를 소비자에게 적극적으로 알리는 마케팅 방법으로서, 제품 자체를 알리기보다 대중이 잘 모르는 그 제품에 숨어있는 이야기를 알림으로써 해당 브랜드에 대한 기억을 더 명확하게 만들어주며, 소비자와 브랜드의 교감을 유도하는 감성 마케팅 활동을 말한다. 즉 스토리텔링 마케팅은 상품 그 자체에 대해서 소개하는 것이 아니라 상품에 담겨있는 의미나 개인적인 이야기를 제시함으로써 몰입과 재미를 불러일으키는 주관적이고 감성적인 의사소통이다. 마케팅 활동에 이야기를 도입함으로써 단순히 물건을 사는 것이 아니라, 그 물건에 담겨있는 이야기를 즐기도록 하는 감성지향적 마케팅 활동인 것이다.

스토리텔링은 이야기 구조를 갖는 힘을 활용해 메시지를 전달하는 기법으로 널리 활용되고 있다. 문화 콘텐츠 분야에서 주로 적용되어온 스토리텔링 방식은 최근 다양한 분야에서 활발하게 적용되고 있는 추세이다. 최근 스토리텔링은 광고, 게임, 지역 마케팅, 관광 상품 개발 등 다양한 분야에서 마케팅 수단으로 활용되고 있다. 스토리텔링은 감성적이고 공상적인 성격을 지니고 있어 과거 경영과 마케팅과는 거리가 먼 것으로 인식되었으나, 최근 감성의 중요성이 인식되면서 고객 설득의 목적으로 이용되고 있으며, 기업 구성원들과 기업의 성장 배경이나 핵심가치를 공유하기 위한 커뮤니케이션 장치로도 활용되고 있다.

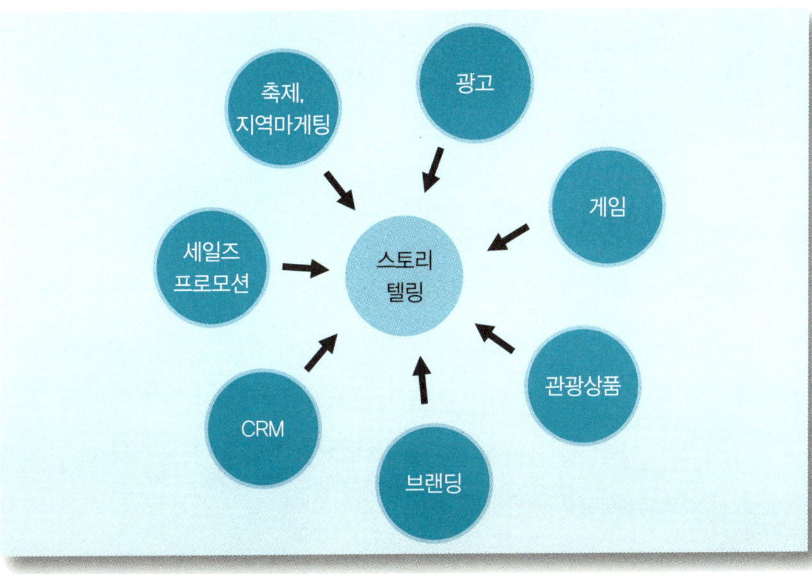

정보화시대가 지나면 소비자에게 꿈과 감성을 제공하는 것이 브랜드나 기업의 차별화의 핵심이 되는 시대가 올 것이라는 의견이다. 국내에서도 최근 들어 제품 자체에 대한 속성이나 이미지 중심의 마케팅에서 상업성을 드러내지 않으며, 소비자로부터 주목을 받고 호감을 얻는 브랜드에 내포된 이야기를 통해 감성과 의미에 호소하는 스토리텔링 마케팅에 주목하고 있으며, 사회, 문화, 예술 등의 분야에서 스토리텔링 마케팅을 이용한 광고나 홍보, 학문적 연구가 활발히 이루어지고 있다. 특히 최근 프리미엄 제품을 중심으로 차별화 수단으로 스토리텔링을 활용하는 경우가 늘고 있다.

스타 마케팅

최근 미디어 산업과 문화 산업이 발달하면서 대중 스타가 사회에 미치는 영향력은 갈수록 커지고 있으며, 스타 마케팅의 활용도 증가하고 있다. 스타 마케팅은 스타의 대중적 인기를 상품, 서비스, 이벤트, 사회봉사활동 등에 연계한 마케팅 전략으로, 그 영역은 상품 판매나 서비스는 물론 불우이웃돕기 등 사회봉사 활동, 정치인의 선거, 기업의 이미지 전략 등 모든 분야로 확대되고 있다. 이러한 스타 마케팅은 스타 모방심리를 이용한 간접광고효과가 뛰어나 최근에 특히 선호되고 있는 마케팅 수단이다.

대중스타는 유명세로 인하여 쉽게 관심의 대상이 될 뿐만 아니라 소비자 입장에서 브랜드에 대한 높은 회상률을 가져오기 때문에 마케팅 메시지를 전달하는데 효과적이다. 뿐만 아니라 소비자의 스타에 대한 호의적인 감정이 브랜드에 전이될 수 있기 때문에 오늘날 대중스타를 기용해 상품을 추천(endorsement)하게 하는 스타 마케팅은 마케팅에서 그 역할이 점점 커지고 있다. 특히 최근 제품의 물리적 기능에 의한 차별화가 점점 어려워지고, 상업적 메시지에 대한 소비자의 거부감이 증가하는 마케팅 및 커뮤니케이션 환경에서 소비자의 감성을 바탕으로 하는 스타 마케팅은 향후 전략적으로 활용될 경우 그 효과는 더욱 커지리라 예상된다. 특히 대중적인 스타들에 의하여 유지되고 성장하는 엔터테인먼트, 콘텐츠 산업이 비약적으로 성장하면서 기업 커뮤니케이션에서 스타 마케팅의 활용은 더욱 늘어날 것이다.

특히 우리나라의 경우 1990년대에 들어서면서 엔터테인먼트 산업이 비약적으로 발전하기 시작하여 연예계에서 연예산업으로 발돋움하기 시작하였다. 미디어의 영향력과 더불어 드라마와 음악, 그 주체가 되는 스타들이 본격적으로 등장하기 시작하였고, 스타들에 열광하는 고객들의 시장이 형성되었다. 이러한 소비자들은 스타들이 등장하는 쇼나 드라마, 영화에 열광하고 스타들이 입는 옷과 사용하는 액세서리, 물품 등을 찾기 시작하였다. 특히 최근 한류 붐이 일면서 스타들은 국내는 물론 해외의 소비자에게까지 인지도를 넓혀나가고 있다. 이렇게 엔터테인먼트 산업이 성장하고 스타들의 대중에 대한 영향력이 커지면서 기업들은 경쟁적으로 스타들을 제품이나 서비스의 마케팅 전략에 활용하게 되었다.

브랜디드 콘텐츠(Branded Contents), PPL

광고를 통한 소비자-브랜드 관계 구축과 관련하여 브랜디드 콘텐츠(Branded Contents)를 주목할 필요가 있다. 위키피디어에 의하면 브랜디드 엔터테인먼트(Branded Entertainment)라고도 알려진 브랜디드 콘텐츠는 이전에는 분리되어왔던 광고와 엔터테인먼트가 하나로 합쳐진 새로운 형태의 광고 미디어로서 비록 상업적 목적을 가지고 있지만 엔터테인먼트 콘텐츠 형식으로 유통되어지는 것이라고 하였다. 브랜디드 콘텐츠는 소비자의 흥미를 유발하는 감성적인 콘텐츠로서 소비자가 능동적으로 접촉하고 소비하는 특성을 가진다.

'게임(Game)광고'는 대표적인 브랜디드 콘텐츠이다. 사진은 BMW 'Mini'의 스마트폰 어플 게임(2011) 이미지 캡쳐(출처: youtube.com)
1)어플리케이션을 다운받아 2)가상 미니의 현재 위치를 확인하고, 반경 44m 내로 접근하여 미니를 소유한 후, 3) 4분 안에 반경 44 미터 밖으로 도망치지 않으면 이 어플을 다운받은 다른 참가자에 의해 미니를 빼앗기게 된다 4) 최종적으로 게임 종료 시점에 소유하고 있는 참가자가 우승자가 되어 실제 미니 컨트리맨의 주인이 된다.

전통적인 광고는 소비자가 보거나 듣고 싶어하는 콘텐츠(프로그램) 사이에 노출되는 형태를 취한다. 즉 소비자는 수동적으로 브랜드 관련 메시지에 노출되는 것이다. 그러나 브랜디드 콘텐츠의 경우 소비자가 보거나 듣기 원하는 콘텐츠 안에 브랜드 관련 메시지가 녹아 들어가게 된다. 즉 소비자가 좋아하는 콘텐츠와 브랜드 메시지가 융합되는 것이다. 이러한 상황에서 소비자는 과거의 광고 접촉 상황과 달리 스스로 원해서 능동적으로 브랜드 메시지를 접촉하게 된다.

또한 소비자들은 자기가 좋아하는 브랜디드 콘텐츠를 블로그나 미니홈피 등 1인 미디어에 올리고, 다른 소비자들이 이를 퍼감으로써 브랜드 관련 메시지가 빠르게 퍼져나가기도 한다. 소비자들은 이렇게 능동적으로 브랜드 메시지를 접촉하고 확산시키는 과정에서 과거의 수동적 광고 노출의 경우에서보다 브랜드와의 관계를 더 강화시키게 된다.

과거의 전통적인 마케팅 커뮤니케이션을 통해서 소비자들은 특정 브랜드의 물리적 특성과 효익에 관한 정보를 얻거나, 브랜드에 대한 이미지를 얻는 수준에 그쳤다고 할 수 있다. 그러나 오늘날의 소비자들은 자기가 보고싶어하는 브랜디드 콘텐츠를 접촉함으로써 즐거움을 추구한다. 브랜디드 콘텐츠에서의 브랜드는 물리적 효익을 주는 제품을 넘어 만나면 즐거운 친구나 가족과 같이 즐거움의 대상이 되는 것이다. 소비자들은 자기가 좋아하는 브랜디드 콘텐츠를 능동적으로 접촉함으로써 브랜드와의 강하고 긍정적인 관계가 구축되고 유지된다고 할 수 있다.

소비자의 능동성이 강화되고, 브랜드의 중요성이 증가하며, 거래가 아닌 장기적인 관계 구축이 중요시되고 있는 현재의 마케팅 환경에서 감성을 바탕으로 하는 소비자와 브랜드의 긍정적인 관계 구축 및 유지는 기업의 성공에 있어서 매우 중요한 요소가 되어가고 있다. 이러한 배경에서 브랜디드 콘텐츠는 감성적인 소비자와 브랜드의 관계를 구축하고 유지하는 중요한 수단이라고 할 수 있다.

소비자들이 보고 싶어하는 콘텐츠 안에 상업적 메시지를 노출시킨다는 점에서 PPL은 브랜디드 콘텐츠와 유사한 개념이라고 할 수 있다. PPL이 드라마나 영화 등 소비자들이 즐겨 보는 콘텐츠에 집행될 경우 드라마나 영화의 감성이 브랜드에 전이됨으로써 소비자와 감성적인 관계를 구축하고 강화할 수 있다.

PPL은 제품의 배치를 통해 간접적으로 광고효과를 내는 방법으로, 광고주가 판매증진이나 이미지 개선을 목적으로 영화, TV 프로그램, 게임 등의 콘텐츠 속에 자사의 상품이나 서비스를 삽입시키고 그에 대한 대가로 일정 금액을 지출하는 형태의 광고를 말한다. 특히 근래에 전통적 4대 광고매체의 영향력이 감소하고 새로운 형태의 광고들의 영향력이 커지면서 PPL 역시 전통적 광고 형태의 대안광고 가운데 하나로 사용되고 있다. PPL의 이러한 성장추세는 매체환경이 디지털화되면서 Tivo 등 PVR (Personal Video Recorder)을 통해 TV 프로그램의 광고를 회피하는 것이 얼마든지 가능한 상황에서 새로운 마케팅 툴로 더욱 주목받고 있다. 시청자가 능동적으로 몰입해서 시청하는 콘텐츠 속에 삽입되는 PPL은 브랜드 메시지의 회피에서 벗어날 수 있는 것은 물론, 맥락효과로 인하여 브랜드 메시지 전달효과 및 설득효과가 높아질 수 있다.

PPL 효과를 결정하는 요인은 크게 자극물에 기반한 실행요인과 프로그램 사용자 관점에서의 개인적 차이로 나누어 볼 수 있다. 이 중 PPL 효과에 영향을 주는 실행요인에는 '프로그램 유형과 그로 인해 촉발되는 무드', '제품삽입의 현저성', '노출시간', '브랜드가 캐릭터나 스토리같은 매체의 맥락적 요인과 관련된 정도' 등이 포함되며, 개인적 변인으로는 '브랜드와의 친숙성', '프로그램에 대해 느끼는 관련성' 등이 포함된다.

국내의 경우 간접광고(PPL)를 허용하는 방송법시행령이 개정된 뒤 드라마 등을 중심으로 PPL이 활발히 진행되고 있다. 특히 제작 지원 형태의 기업 마케팅 효과가 드라마의 인기와 연동돼 극대화될 가능성이 높다고 알려지면서 기업의 드라마 제작 지원은 더욱 활성화되고 있는 분위기이다. 기업들의 드라마 제작 지원에 대해 기업들의 지나친 광고 전략으로 드라마의 흐름을 깬다는 부정적인 인식도 있는 편이지만, 본질적으로 드라마 제작 환경을 개선시킬 수 있다는 측면으로 볼 때 대체적으로 긍정적이라는 반응을 보이고 있다.

카페베네 감성 커뮤니케이션 사례[1)]

최근 사회의 여러 흐름을 잘 반영하고 있는 커피전문점은 하나의 트렌드라고 할 수 있을 만큼 우리 주위에서 일상화되고 있다. 이렇듯 커피전문점 또는 커피전문점 문화가 빠르게 성장하는 데에는 여러 요인이 작용하고 있다고 할 수 있다. 우선 국내 커피시장의 성숙, 소득 및 교육수준 증대에 따른 고급 제품에 대한 수요 증가와 여유와 문화의 추구 요인들을 들 수 있다. 또한 카페문화의 성숙과 중장년층의 젊은 문화 수용 및 추구도 이러한 빠른 성장에 한 몫을 하고 있다고 할 수 있다. 또한 사무실과 집 중간 정도의 컨셉에서 휴식과 문화를 즐기려는 욕구와 이와 관련된 스마트폰, 노트북 등 개인 이동기기의 대중화, 최근 교류와 소통을 중요시하는 사회 분위기도 커피전문점 시장의 성장에 기여하고 있다고 할 수 있다.

이 같은 커피전문점의 급성장은 커피전문점이 커피를 판매하는 외식업체 이상의 문화로 자리 잡은 데서 비롯됐다. 특히 디지털 유목민으로 불리는 IT 세대와의 만남으로 커피전문점은 일상에 깊숙이 침투해 새로운 문화를 낳고 있다. 커피전문점을 사무실로 사용하는 '코피스(coffee + office)족', 혼자 시간을 즐기는 '글루미(gloomy)족' 등의 개념이 커피전문점 시장의 성장과 관련이 있다고 할 수 있다. 스마트폰, 노트북, 닌텐도 등 혼자 가지고 놀 수 있는 디지털 기기가 생기고 이를 중심으로 디지털 노마드(유목민) 문화가 생겼는데, 밝은 조명과 푹신한 의자 그리고 혼자서도 당당히 즐길 수 있는 열린 공간을 제공하는 커피전문점이 이런 문화를 지지하는 장소로 거듭났다고 할 수 있다. 그뿐만 아니라 최근에는 커

1) 본 사례는 광고학연구 22권 2호 '커피를 통해 보여진 광고와 마케팅의 힘: 카페베네 사례연구' 내용을 바탕으로 구성됨

피전문점이 젊은 층을 넘어 세대를 아우르는 대중화 단계에 접어들고 있다. 특히 중년층 이상의 남성 소비자가 눈에 띄게 늘고 있다.

이렇게 빠르게 성장하고 있는 국내 커피전문점 시장에서도 특히 그 성장이 눈에 띄는 브랜드가 있다. 카페베네는 2008년 4월 1호점이 문을 연 이후 현재 700개가 넘는 점포를 개설하며 매장 수 기준으로 업계 1위 자리에 올랐다. 또한 카페베네는 이러한 괄목할만한 성장으로 인해 여러 언론과 기관 등에서 선정한 여러 브랜드 관련 상들을 수상하였다.

카페베네는 외형 및 브랜드의 성장에 있어서 커피전문점뿐만 아니라 여러 업종을 통틀어서 보더라도 근래 보기드문 성공사례라고 할 수 있다. 특히 원산지로서 외국 이미지가 매우 강한 커피 시장에서 토종 브랜드로서 해외 유명 브랜드와 대기업 자본 브랜드들과의 경쟁 속에서 얻은 결과라는 점에서 그 의미가 크다고 할 수 있다. 그러나 카페베네의 성공이 처음부터 이루어진 것은 아니었다.

카페베네가 국내 커피전문점 시장에 진출할 당시 커피전문점 시장은 성장 중이었지만 여러 위협 요인도 존재하는 상황이었다. 당시에도 커피전문점 수가 많아져 경쟁 강도가 높은 상황인데다가 막강한 브랜드 파워를 가진 외국 브랜드가 시장에서 강력한 위치를 차지하고 있었다. 또한 저렴한 가격으로 커피를 즐길 수 있는 매장들이 늘어나고 있는 상황이었다. 이렇게 외국 브랜드와 대기업 자본의 브랜드가 활성화되어 있는 국내 커피전문점 시장에서 새로운 토종 브랜드인 카페베네의 초기시장 진입은 쉽지가 않았다. 카페베네 측에서는 메뉴, 서비스, 인테리어 등을 완벽하게 준비했다고 생각하였지만 소비자들이 매장 앞에서 멈칫하고는 발걸음을 돌리는 것이 다반사였으며 결국 매번 익숙한 브랜드의 커피 전문점으로 향했다. 명품 가방을 경품으로 내놓는 등 이벤트도 해보았지만 별

효과가 없었다. 결국 브랜드의 문제였다. 오늘날 모든 제품군에서 브랜드가 중요하지만 비교적 고가의 제품군이면서 감성적인 면이 중요한 커피전문점의 경우 브랜드의 중요성은 더욱 강조될 수 있다. 새로 시장에 진출한 토종 커피전문점 브랜드로서 이러한 상황을 절감한 카페베네는 새로운 기업 커뮤니케이션 활동을 하기 시작하였으며, 오늘날의 카베페네의 성공에는 이러한 기업 커뮤니케이션 활동이 큰 역할을 하였다고 할 수 있다. 특히 감성적인 특성이 강한 제품군인 커피전문점으로서 카페베네의 기업 커뮤니케이션 활동은 다음과 같은 감성 커뮤니케이션 차원에서 살펴볼 필요가 있다.

체험 마케팅

커피 전문점 브랜드로서 카페베네의 성공은 체험 마케팅 관점에서 살펴볼 수 있다. 제품으로서 커피 자체 못지않게 분위기, 인테리어, 음악, 향기 등 체험적 요소가 많은 커피전문점은 체험 마케팅을 펼치기에 좋은 제품군이라고 할 수 있다. 단지 커피만을 마시거나 테이크 아웃하는 곳이 아닌 시간과 공간을 파는 휴식공간으로서 포지셔닝하고자 했던 카페베네는 적극적으로 체험 마케팅을 진행하였다. 편안한 분위기와 다양한 디저트를 내세우고 커피 한잔도 편안한 공간에서 즐기고 싶어하는 진화된 소비자의 수요를 반영하였다. 정통 유럽풍 카페를 표방하면서 빈티지 스타일의 편안함과 도회적인 세련미를 동시에 느낄 수 있도록 인테리어를 꾸몄다. 프랑스의 랑스역 광장에 있던 대형시계를 사오고 기둥과 벽은 거친 시멘트의 질감을 살렸다. 아울러 자연미를 살리면서도 개성있는 소품들, 독특한 마감소재의 외벽, 북 카페 등 프라이버시를 침해하지 않는 공간 분할, 아늑함을 주는 조명이 아우러진 휴식공간으로서의 느낌을 주기 위하여 노력하였다. 또한 고객의 신청을 받아 전국 가맹점에 생방송으로 제공되는 음악방송은 카페베네를 다른 커피전문점과 차별화하는 주요한 문화 콘텐츠라고 할 수 있다.

또한 주요 소비층이라고 할 수 있는 20~30대를 대상으로 공모전, 대형공연, 영화, 뮤지컬, 연극 등 연중 이어지는 다양한 문화 이벤트를 통하여 브랜드를 몸소 체험함으로써 브랜드 충성도를 높이고자 하였다. 단지 공간으로 머무르는 것이 아니라 다양한 이벤트를 통해 창조하고 생성, 유통시키는 체험문화공간을 지향하는 카페베네는 고객이 소비자를 넘어서 자연스레 문화 아이콘 생성자가 되도록 유도하고 있다고 할 수 있다. 또한 커피전문점의 주 고객층이 인터넷을 기반으로 생활하는 젊은 층이라는 것을 감안하여 붙박이 의자마다 전원을 연결할 수 있게 하여 누구나 자유롭게 노트북 사용을 가능하게 하였으며, 매장 별로 2~3대의 PC도 설치하였다. 이러한 시도들을 통하여 소비자로 하여금 카페베네라는 브랜드를 접촉하는 순간이 좀 더 편안하고 따뜻한 순간이 되고 내게 맞는 장소라는 감정을 느낄 수 있도록 노력하였다.

스토리텔링 마케팅

이미 진부한 말이 되어 버렸지만 오늘날의 마케팅 상황에서 제품의 물리적 특성으로 경쟁자와 차별화하는 것은 점점 어려워지고 있다. 또한 객관적인 이미지만으로는 치열한 경쟁에서 소비자의 마음을 사로잡기에 부족하다. 케빈 로버츠가 이야기하였듯이 이제 기업이나 브랜드는 소비자읍 가슴에 러브마크를 새길 수 있도록 노력하여야 한다. 이성을 뛰어넘어 인간 본연의 감성에 호소하는 것이 강조되는 시대이다. 카페베네는 이러한 맥락에서 스토리텔링 마케팅을 효율적으로 진행하였다고 할 수 있다.

카페베네의 홈페이지나 판촉물들을 보면 '꿈', '상상력', '공감'이라는 단어를 자주 발견하게 된다, 모두 스토리텔링과 관련있는 단어들이다. 스토리텔링이라는 단어를 홈페이지에서 직접 발견할 수도 있다. 또한 카페베네 홈페이지를 보면 과거 역사적인 카페들에 대한 이야기를 엿볼 수 있다. 1652년 영국 런던 카페 '파스카 로제', 1686년 프랑스 파리 카페 '프로코프', 1720년 이탈리아 베네치아 카페 '플로리안', 1894년 대한제국 서울 '정동구락부' 등 스토리가 있는 카페들을 열거한 후, 2008년 대한민국 서울 '카페베네'로 연결하여 이야기(story)가 있는 카페로 포지셔닝 시키려고 노력하고 있는 것을 발견할 수 있다. 카페베네가 현대적인 이미지의 미국식 카페가 아닌 역사가 느껴지는 유럽풍 카페를 지향한 것도 스토리텔링과 관련지어 생각해볼 수 있는 부분이다. 실제로 프랑스의 랑스역 광장에 있던 대형시계를 사오고, 19세기 유럽의 노천카페에 온듯한 빈티지한 인테리어를 갖추고, 아기자기한 카페 분위기를 추구한 것에서도 브랜드에 무언가 감성적인 이야기를 담고자 하는 의지를 엿볼 수 있다.

카페베네의 스토리텔링적 요소는 메뉴에서도 발견할 수 있다. '영화 로마의 휴일에서 오드리 햅번이 손에 들고 다녔던 젤라토', '벨기에 와플', '프랑스식 브런치' 등 메뉴 하나에도 이야기를 담으려고 노력하고 있다. 브랜드를 상징하는 캐릭터를 통하여 브랜드와 관련된 이야기를 생성하고 전달하는 것도 스토리텔링의 효과적인 방법이다. 카페베네는 공모전을 통해 탄생한 카페베네 상징 캐릭터 베피(Befy)를 통하여 스토리텔링 활동을 펼쳐나가고 있다. 베피는 카페베네가 추구하는 자유와 꿈, 교감 등의 의미가 담긴 영어단어의 약자다. 카페베네와 자유(Free), 비상(Fly), 친구(Friend)의 단어가 만나 베피라는 단어가 탄생했으며, 또 다른 의미로는 '어디에나 있다, 존재한다'는 뜻의 Be와 자유(Free), 비상(Fly), 친구

(Friend)의 뜻도 담고 있다. 홈페이지를 방문하여 보면 베피의 탄생, 여행, 에피소드를 통하여 이야기를 만들어나가고 있다.

드라마와 같은 콘텐츠도 스토리텔링을 만들어나가는데 있어 효과적인 수단이 될 수 있다. 카페베네는 드라마 PPL을 통하여 스토리텔링 마케팅을 펼쳐나가고 있다. 예를 들면 드라마 '커피 하우스'의 실제 촬영장소였던 카페베네 로데오점 앞에는 '커피 하우스 촬영장 세트입니다'라는 안내표지가 있어 소비자의 시선을 끌고 있다. 또한 드라마 '시크릿 가든'이 인기를 끌고 드라마의 유명한 장면인 거품키스의 장소가 카페베네였다는 사실이 알려지면서 새로운 명소로 자리 잡아, 그 매장을 직접 찾는 사람들도 적지 않은 것으로 나타났다. 관련 기사의 소비자 인터뷰에 의하면 자주 보는 드라마에 나오는 제품이나 장소를 보면 제품을 사거나 그 장소에 가고 싶은 충동을 느끼는 경우가 많다고 한다. 여기에서 그치지 않고 카페베네는 이러한 상황을 반영하여 '시크릿 가든'의 배경이 되었던 매장에서 주인공들의 장면을 재연해 찍은 사진을 카페베네 홈페이지에 올리는 소비자 이벤트를 진행하기도 하였다.

스타 마케팅

카페베네는 인기 연예인인 한예슬과 최다니엘을 모델로 하여 국내에서 커피전문점 최초로 TV-CF를 집행하였다. 광고 특히 TV-CF는 신제품이 빠른 시간에 대중적인 인지도를 얻는 가장 확실한 방법이다. 카페베네가 처음 광고를 집행하였을 때 커피전문점으로서 연예인을 활용한 광고를 집행하는 것에 대한 부정적인 시각도 많았다. 그러나 스타를 활용한 카페베네의 TV-CF 집행은 기존의 발상을 깨는 과감한 시도로서, 커피 전문점 시장에서 외국 브랜드도 아닌 후발 주자로서 카페베네가 불리한 상황을 돌파하여 빠른 시간에 시장에 정착할 수 있었던 강력한 수단이었다고 할 수 있다.

카페베네는 스타를 모델로 기용한 광고 집행 외에 스타가 출연하는 인기 드라마에 PPL도 집행하였다. 또한 전략적으로 제휴한 기업 소속 연예인들도 카페베네를 많이 이용하였다. 스타들이 매니저와 기획사 관계자들과 만날 때 카페베네를 이용하면서 소비자들의 관심도 커졌다. 즉 카페베네가 많은 연예인, 스타들과 함께 하는 모습을 보이자 소비자들이 많은 관심을 보이게 된 것이다.

커피는 대표적인 감성적 제품이다. 게다가 커피전문점은 오늘날의 문화를 대변하는 트렌디한 제품군이라고 할 수 있다. 이러한 요소들이 커피전문점 브랜드로서 카페베네의 스타 마케팅 활용의 효과를 극대화시켰다고 할 수 있다. 자기가 좋아하는 스타, 현대 문화의 아이콘이라고 할 수 있는 스타가 카페베네를 이용하는 것으로 보고, 소비자들은 카페베네라는 브랜드를 머리 속에 쉽게 각인시키고, 더 나아가 카페베네라는 브랜드를 신뢰하고 호감을 가지게 되었으리라고 예상된다.

PPL

PPL이 드라마나 영화 등 소비자들이 즐겨 보는 콘텐츠에 집행될 경우 드라마나 영화의 감성이 브랜드에 전이됨으로써 소비자와 감성적인 관계를 구축하고 강화할 수 있다. 카페베네는 PPL (Product Placement)의 효과를 유감없이 보여준 사례라고 할 수 있다. 그동안 국내에서 PPL을 활발히 진행하는 기업들을 보면 통신, 가전, 자동차 등 대형 광고주들이 많은 상황에서 카페베네는 여러 드라마들을 통하여 활발한 PPL 활동을 전개하여왔다. 커피전문점 최초로 TV-CF 집행과 함께 '지붕 뚫고 하이킥'

PPL을 통해 브랜드 인지도를 높인 카페베네는 이후 '커피 하우스', '아테네', '시크릿 가든', '싸인', '마이 프린세스', 그리고 2012년 블랙스미스 브랜드의 PPL 사례에 이르기까지 다양한 PPL을 집행하여 큰 효과를 거두었다. 아래 사진은 인기드라마 '넝쿨째 굴러온 당신'에 집행되었던 사례를 소개하고 있는 카페베네(블랙 스미스) 홈페이지 내용 일부이다.

관련 연구에 의하면 PPL 효과를 결정하는 요인으로 '브랜드가 캐릭터나 스토리 같은 매체의 맥락적 요인과 관련된 정도'와 '프로그램 유형과 그로 인해 촉발되는 무드'가 중요하다는 것을 알 수 있다. 이런 점에서 커피전문점은 PPL이 효과적일 수 있는 제품군이라고 할 수 있다. 커피전문점은 감성적인 성격이 강한 제품군으로 역시 감성적인 특성이 강한 콘텐츠인 드라마와 잘 어울리는 제품군이라고 할 수 있다. 또한 많은 드라마에 남녀 주인공들이 카페에서 분위기 있게 커피를 마시거나 대화하는 장면들이 많이 나오는 상황에서 카페베네가 그 배경으로 사용됨으로써 드라마의 분위기가 브랜드로 자연스럽게 전이될 수 있는 개연성이 높아진다. 또한 오늘날과 같이 스타가 미치는 영향력이 큰 사회에서 자기가 좋아하는 스타가 드라마에서 카페베네를 이용한다는 상황은 브랜드로서 카페베네에 대한 호감도를 높이는 계기가 될 수 있다.

참고문헌

강혜승, 김현지(2009). 한국서 활짝 웃은 커피전문점… 시장규모 10년새 5배로. doongA.com, 2009. 7. 28.

김인수(2010). 2년 5개월만에 300호점 돌파한 커피전문점 카페베네 김선권 사장. 매일경제, 2010. 9. 10.

김태용, 안주아(2010). TV 광고 내 PPL의 설득효과와 실험가능성 검증을 위한 실 험연구. **광고학연구**, 21(3), 125-158.

김효경, 손수진(2010). 스타마케팅을 이용한 광고태도가 브랜드 태도 및 구매의향 에 미치는 영향: 대명리조트 비발디파크 오션월드를 중심으로. **관광연구**, 25(2), 229-251.

김효규, 최영균(2008). 게임내 간접광고(PPL)가 브랜드 회상과 재인에 미치는 효 과. **광고학연구**, 19(6), 211-225.

김흥규, 최원주(2005), 브랜드는 커뮤니케이션이다, 커뮤니케이션북스.

박유니(2010). 시크릿 가든 거품키스 장소로 화제 된 카페베네. 프라임경제, 2010. 12. 20.

박정미, 박광희(2008). 스타마케팅이 청소년 의복구매행동에 미치는 영향. **한국의류 산업학회지**, 10(2), 173-180.

박종민, 박재진, 한상필(2009). 우리나라 PPL 규제에 관헌 재논의 및 발전적인 방 향성 연구: 전문가 델파이 서베이 및 심층집단 인터뷰 결과를 중심으로. **광 고학연구**, 20(1), 7-27.

송영희, 허원무(2008). 후발 브랜드의 프리미엄 마케팅 전략: LG생활건강 후의 마 케팅 커뮤니케이션 전략 사례 연구. **광고학연구**, 19(2), 203-220.

신승호, 손명재, 장호중, 전찬수, 김도훈(2009). 스포츠 스토리텔링 광고에 대한 소 비자 반응이 브랜드 자산 및 구매의도에 미치는 영향. **한국체육학회지**, 48(2), 245-253.

양승훈(2008). 관광지 스타 마케팅 도입 가능성에 관한 연구: 한류스타의 한류관광상품 추천을 중심으로. **관광연구저널**, 22(2), 35-50.

연합뉴스(2010). 카페베네, 국내 커피전문점 톱 브랜드로 성장. 2010. 12. 27.

이상훈(2011). 카페베네 김선권 사장 차별화가 급성장 비결… 연내 700호점 열것. 서울경제, 2011. 1. 30.

이영희, 박경란(2002). 체험 수단으로서 광고 크리에이티브 개발 및 효과에 관한 연구. 광고학연구, 13(5), 283-300.

이정민, 황진숙(2010). 저가 화장품 브랜드 체험 제공수단과 체험마케팅 유형이 브 랜드자산에 미치는 영향. 복식, 60(8), 100-117.

이지은, 서창적(2011). 기업 연상을 강화하는 스토리텔링의 프레임웍 연구. 서비스경영학회지, 12(1), 237-256.

Schmitt, B. H.(1999), *Experiential Marketing: How to Get Customers to Sense, Feel, Think, Act and Relate to Your Company and Brands.* NY: The Free Press.

Wikipedia(2008), "Branded content", http://en.wikipedia.org/wiki/Branded_cont ent.

06

인게이지먼트

최근 미디어의 발달과 함께 인게이지먼트가 광고 효과의 주요 변인으로 인식되고 있다. 인게이지먼트는 온라인 미디어의 발전과 함께 소비자(시청자)와의 양방향성이 강조됨에 따라 부각된 개념이다. 온라인 미디어는 전통 매체에 비해 소비자와 브랜드 간의 소통에 유리한 환경을 조성함으로써 소비자를 브랜드에 '개입(engaging)되게' 한다. 인게이지먼트가 적용되는 대상은 미디어, 광고, 브랜드 등이 있다. 미디어에 관한 기존의 연구에 따르면, 소비자의 미디어 인게이지먼트는 광고 메시지에 대한 관여도를 높여 광고효과에 긍정적인 영향을 미치는 것으로 나타났다. 특히, 검색광고는 소비자의 자발적인 광고 검색, 즉 광고 노출이 자발적으로 이루어진다는 점에서 브랜드 아이디어에 대한 소비자의 인게이지먼트가 높은 환경으로 볼 수 있다.

인게이지먼트의 개념 정립

그 동안 가장 많이 사용되는 인게이지먼트의 정의는 미국 광고연구재단인 ARF (Advertising Research Foundation)에 의한 것이다. 2006년 ARF는 연례컨퍼런스에서 인게이지먼트를, 소비자를 "주변 맥락에 의해 강화된 특정 브랜드의 아이디어와 연결시키는 것"으로 정의하였다. 이러한 ARF의 정의를 Mollie Spillman은 재해석하여, "소비자로 하여금 브랜드 메시지에 공감하게 하고 기대감을 갖게 함으로써 최종적으로 의미 있는 어떤 행동을 하도록 유도하는 브랜드 메시지의 경향성 지표"라고 설명하고 있다. Spillman은 인게이지먼트를 도달율, 빈도, 그리고 상호작용성 (interactivity), 즉 자발적이고 의도적인 노출이 복합된 항목 및 사용시간 등으로 측정되어야 한다고 주장한다.

인터렉티브 미디어 환경에서 인게이지먼트의 대표적 사례는 맥락 광고를 제시하는 경우로서 이때 맥락은 특정한 의미를 갖게 된다고 본다. 예를 들어, 환경보호에 관한 기사 옆에 환경보호에 앞장서는 기업광고가 게재되었을 때, 기업광고의 주제가 원래의 기사 내용과 관련성이 있음으로 인해 그 기업광고에 흥미를 갖고 클릭하게 된다는 견해를 말한다.

인게이지먼트는 소비자와 미디어의 관계를 중시하는 연구에서 제시된 개념으로, 인터넷 등 온라인 미디어의 발전과 함께 독자(시청자)와의 양방향성이 강조됨에 따라 부각되었다. 대표적인 예로 "미디어와 소비자의 관련성이 높을수록 미디어에 실리는 광고 수용도가 증가한다"는 Wang (2006)의 연구를 들 수 있다. 국내 광고업계에서는 인게이지먼트를 첫째, 미디어와 메시지와의 관련성, 둘째 소비자의 참여유도, 셋째, 구매연결을 유도하기 위한 구매시점 노출 등으로 요약하여 활용하고 있다. 기존에 논의된 몇 가지 정의를 요약하면 다음과 같다.

연구자	정의
ARF(2006)	인게이지먼트의 정의(주변 맥락에 의해 강화된 특정 브랜드의 아이디어와 연결시키는 것)와 분류(아이디어, 미디어, 크리에이티브에서의 인게이지먼트)
Alex Wang(2006)	광고와 광고 맥락 간의 관련성 정도
Eric Peterson	인게이지먼트는 사이트 방문객이 컨텐츠에 대해 갖는 상호작용의 정도와 깊이
Richard Sedley	특정 브랜드에 대한 고객의 감정적, 심리적, 혹은 신체적 투자
Maddie Hamill, Market Evaluer	인게이지먼트는 우리의 커뮤니케이션에 대한 소비자의 집중도를 측정하는 것
Neg Norton, Yellow Pages Association	광고 메시지에 딱 들어맞는 부분을 받아들이도록 동기가 부여된 소비자에게 접근하는 것.

임재현(2006)의 자료를 재정리함.

한편, 인게이지먼트는 기존의 '맥락효과'에 뿌리를 둔 개념이다. 그 동안 많은 연구들이 미디어의 맥락효과(context effect)에 관해 연구하였다. 기존 연구들의 가장 일반적인 결론은 소비자들이 매체에 높게 'engaged' 되어 있을 때 광고에 대한 반응이 더 높아진다는 것이다. 즉 소비자의 정보 욕구는 지각된 관련성이 어느 정도냐에 따라 달라지며, 광고와 주변상황 간의 상황적 관련성이 높을수록 인게이지먼트가 높아진다고 주장하였다. 광고는 주변 상황에 맞게 상황적(문맥적) 관련성을 만들어 냄으로써, 증가된 메시지 관여도와 긍정적인 태도 형성을 야기시키는 촉매제 역할을 한다. 이러한 맥락적 관련성(contextual relevance)이 인게이지먼트에 어떠한 역할을 하는지를 연구한 것은 비교적 최근의 일이다.

커뮤니케이션 변인 중 인게이지먼트와 가장 밀접한 영역은 메시지 관여도(message involvement)이다. 메시지 관여도란 소비자가 메시지에 노출되었을 때 소비자의 정보 처리 동기에 영향을 주는 동기적 요소로서,

메시지 관여도가 높을수록 주의의 정도는 증가하며 광고를 이해하려는 인지적 노력도 증대된다. 또한 메시지 관여도는 광고의 특별한 측면에 주의를 기울이는 것, 또는 광고가 개인에게 갖는 개인적 관련성이라 주장하였다. 즉, 메시지 관여도란 광고 메시지에 의해 유발되는 각성, 또는 흥미의 양을 알려주는 개인적 변수이다.

이러한 메시지 관여도를 유발시키는 핵심 변인이 바로 인게이지먼트이다. 상황적 관련성에 의해 인게이지먼트가 유발되면, 이는 메시지에 대한 지각된 관련성에 영향을 주고, 이는 소비자의 주의의 방향 및 정보처리의 강도에 영향을 줌으로써, 관여도 수준과 태도 변인들의 결합에 의한 메시지 효과에 최종적으로 영향을 준다.

그 동안 인게이지먼트는 광고 메시지의 효과 과정에서 '우발적 역할'을 행하는 것으로 알려져 왔다. Alex Wang (2006)은 온라인 게임의 맥락효과로 유발되는 인게이지먼트 효과 연구를 통해, 인게이지먼트가 광고회상도, 메시지 관여도, 메시지 신뢰성, 메시지 태도, 광고태도를 증가시키는 것을 실증하였다. 구체적으로, 인게이지먼트는 메시지 관여도에 영향을 미치며,메시지 관여도는 매개변수로서 메시지 신뢰성에 영향을 미치는 것으로 나타났다. 또한, 메시지 신뢰성이 광고태도에 영향을 미치는 과정에 메시지 태도가 매개변수로 작용하는 것으로 나타났다. 이러한 결과를 통해, 인게이지먼트는 메시지 관여도를 높이는 중요한 역할을 하며 광고효과를 측정하는 척도로 사용될 수 있음을 알 수 있었다(Alex Wang, 2006). 아래는 알렉스왕이 제시한 인게이지먼트 효과 과정이다.

인게이지먼트 효과 과정

상황적 관련성 → 인게이지먼트 → 지각된 메시지 관련성 → 주의 방향/처리 강도 → 메시지 효과 ← 관여도/태도변인

알렉스왕의 인게이지먼트 효과 과정

인게이지먼트 → 메시지 관여도 → 메시지신뢰 → 메시지태도 → 광고태도

관여도 vs 인게이지먼트

전통적으로 관여도는 커뮤니케이션의 설득 효과를 조절하는 주요 변인으로 제안되고 연구되어 왔다. 관여도란 한 개인이 지각하는 대상물과의 개인적 관련성으로서, 소비자의 인지 및 행동과정을 활성화하고 추진하고 방향지우는 일종의 동기 상태이다. 정교화가능성 모형에서는, 관여도가 높은 소비자들은 정보처리 동기가 활성화되어 능동적으로 정보를 탐색하며 정교하게 추론하고 분석한다고 보았다. 이러한 관여도는 개인의 지각 혹은 주의가 광고를 향해 기울여질 때 관여도가 생겨난다. 즉, 관여도를 일으키는 주요 선행변인으로, 자기와 관련성이 있는(relevant) 정보에 대한 지각된 욕구를 들 수 있다.

즉, 커뮤니케이션 영역에서의 선행연구들은 인게이지먼트를, 메시지의 태도형성 효과에 영향을 주는 관여도의 정도를 결정하는 선행변인으로 파악한다. 반면, 최근 마케팅 관점에서의 선행연구들은 인게이지먼트와 관여 개념을 분리하여, 관여를 인게이지먼트를 촉진하는 조절변수로 파악하고 있다(이유재와 이수진, 2006). 이러한 정보참여행동을 설명하는 주요 선행변수는 만족, 몰입 등 관계지향적 개념들이 참여의 선행변수들로 지지되었다.

고객참여행동에서 행동요인으로서 인게이지먼트와 태도요인으로서 관여도를 분리하였다. 사회심리학적 관점에서도 태도(관여)와 행동(참여)은 인과적 관계로 분리된다. 이러한 태도와 행동 변수를 측정할 때 서로 척도를 포함할 가능성은 존재하지만 참여와 관여가 행동적 요인과 태도적 요인으로 구성되어 있으며 이 두 개념이 서로 독립적임을 나타내는 많은 선행연구를 찾아볼 수 있다.

참여행동은 행동이 개인에게 중요하거나 자신의 이익과 관련이 있다고 지각할 경우에 일어나기 쉽다. 이때 개인이 지각하는 중요성, 혹은 관련성이 바로 관여(involvement)이다. 따라서, 관여는 인게이지먼트를 일으키는 조절적 역할을 한다고 볼 수 있다. 일반적으로 관여와 같은 개인적인 기질이나 상황을 대변하는 변수들은 독립변수와 종속변수 사이의 관계를 체계적으로 변화시키는 일종의 조절변수의 역할을 하는 것으로 설정된다(Suh and Yi 2006).

이와 관련하여, Andrews and Shimp (1990)는 관여도에 관한 4단계 위계모형을 주장하였다. preattention(주의전), focal attention(초점적 집중), comprehension(이해), elaboration(정교화)이 그것이다. 이 이론에 따르면 소비자들의 관여도가 높은 단계로 옮겨갈수록 메시지에 할당되는 능력이 늘어난다. 낮은 단계에서는 비교적 적은 능력을 사용하며, 더 높은 단계가 필요한지를 결정하기 위해 정보를 수집한다. 높은 단계에서는 더 많은 관여가 요구되며, 인지적, 태도적 효과가 훨씬 증가한다. 이러한 단계를 거쳐 정보는 소비자의 기억 속에 저장된다 관여도와 인게이지먼트의 관계는 관여도의 4단계 중 특히 '주의전 단계'와 '초점주의(focal attention) 단계'에서 중요한 의미를 갖는다. 주의전단계에서 소비자들은 메시지 처리를 위해(주의를) 할당할 능력이 부족하다. 이 단계에서는 부각단서들이 감지되고 부각단서가 포함된 메시지들 쪽으로 주의가 이동하게 된다.

한편, 맥락적 관련성에 의해 야기된 인게이지먼트로 인해 메시지에 주의를 기울이게 되고, 메시지 관여도와 정보처리 동기 등을 증가시키게 된다. 또한 맥락적 관련성에 의해 생겨난 인게이지먼트는 주의를 증가시킬 뿐 아니라 메시지 신뢰성도 높이게 된다. 알렉스의 연구 결과 광고 속 게임 내용이 주변상황(온라인 게임)과 결합되어 인게이지먼트를 높이고, 이는 메시지 효과에 영향을 주는 것으로 나타났다.

Dahlen (2005)은 인게이지먼트가 광고반응에 영향을 주는 3가지 이유를 제안하였다. 첫째, 무드일치-접근(mood congruency-accessibility) 가설이다. 광고맥락은 특정 mood(분위기)나 감정을 더 쉽게 일으키고, 자극물에 대해서도 비슷한 mood나 affect를 만들어낸다는 것이다. 둘째, 일치성으로 인한 것이다. 매체와 광고 브랜드는 서로 융합하여 소비자의 마음 속에 서로 비슷한 것으로 느껴지게 한다. 셋째, 맥락이 일으키는 인지적 점화 작용 때문이다. context는 관련된 사물의 의미망을 활성화하여 광고에 주의를 갖게 하고 광고 해석에 영향을 준다.

engagement의 구성변인

경험으로서의 engagement

인게이지먼트는 '콘텐츠와 결합한 총체적인 정량적 경험'으로 정의된다. 인게이지먼트가 "행동 습관, 감정, 광고에 대한 반응 등과 같은 결과물 이전에 나타나는 선행요소"로 파악되거나, 인게이지먼트가 경험이라는 관점에서 파악되고 다양한 경험의 총합으로 측정된다는 주장도 있다. 이때 경험은 노출된 매체에 대해 소비자들이 갖는 유용성 또는 내재적 즐거움 등과 같은 구체적인 소비자 신념들을 말한다. 이러한 관점에서 '경험' 요인은, 온라인에서의 인게이지먼트를 구성하는 하부 요인으로 파악하고 온라인 경험에 관한 목록을 추출하여 인게이지먼트의 척도로 사용하였다. 이들이 사용한 척도를 "Calder-Malthouse (CM)의 8개 미디어 경험

Calder-Malthouse(CM)의 8개 미디어 경험군

경험	항목
자극과 영감	이 사이트는 내 삶에 영감을 준다 이 사이트는 사 물을 새로운 방식으로 생각하게 한다 이 사이트는 나를 자극하여 다양한 주제를 떠오르게 한다 이 사이트는 나를 재미있는 사람으로 만든다 이 사이트 속의 이야기들은 매우 감동적이다
사회적 소통	이 사이트에서 봤던 것을 다른 사람들과 대화 중에 꺼낸다 이 사이트에서 가끔 대화 거리들을 얻는다 이 사이트에 나오는 것들을 토론이나 논쟁시 써먹는다
세속성	이 사이트는 내 일상생활의 일부이다 이 사이트는 내가 인터넷 검색을 할 때마다 들르는 곳이다 이 사이트를 하루의 뉴스를 만나는 곳으로 이용한다 이 사이트에서 하루를 시작하는 힘을 얻는다
자아 존중과 공중의식	이 사이트를 이용하면 더 나은 시민이 되는 것 같다 이 사이트를 이용하는 것이 내 인생을 다르게 한다 이 사이트는 내가 생각하는 가치를 반영해준다 이 사이트는 내가 속한 사회에 소속감을 준다 이 사이트를 이용하면서 더 나은 사람이 되었다
내적 즐거움	이 사이트에 가면 대접받는 기분이다 이 사이트에 가면 기분이 좋아지고 행복해진다. 이 사이트에 가서 스트레스를 푼다 식사 때나 휴식시간에 이 사이트를 즐겨 방문한다 이 사이트에 있으면 다른 사이트에 갈 생각이 들지 않는다
실용성	이 사이트는 물건을 구매할 때 도움이 된다 이 사이트에서 자신을 개발하는 법을 배운다 중요한 결정을 내릴 때 도움이 되는 정보를 얻는다 이 사이트는 내 돈을 관리하는 데에 도움이 된다 지인들에게 조언할 때 이 사이트 내용을 바탕으로 한다
참여와 사교	나는 이 사이트에서 매우 사교적이다 이 사이트에서의 대화에 기여한다 사람들과 시간을 많이 보낸 것에 가끔 죄책감이 든다 사람들과 어울리는 시간을 좀 줄여야 할 것 같다
커뮤니티	이 사이트의 내용만큼이나 이용하는 사람들도 흥미롭다 내가 이 사이트를 좋아하는 이유는 다른 사람들로부터 뭔가를 얻기 때문이다 사이트 방문자들이 서로 열심히 피드백을 주고 받는다 이 사이트 이용자들을 만나보고 싶다 사이트 사람들 덕분에 관심 없던 일에 관심을 갖게 되었다 대체로 방문자들의 지식수준이 높아 배울 것이 있다

군"이라 한다. 8개 미디어 경험군의 하부 요인은 ① 자극과 영감, ② 사회적 소통, ③ 세속성, ④ 자아존중과 공중의식, ⑤ 내적 즐거움, ⑥ 실용성, ⑦ 참여와 사교, ⑧ 커뮤니티이다.

프로그램 인게이지먼트-집중도, 만족도, 관심도

이종선과 장준천(2009)은 TV프로그램에 대한 인게이지먼트가 광고 효과에 미치는 영향에 관한 연구에서 인게이지먼트를, "TV프로그램 내용의 중요 요인들(흥미성, 유익성, 몰입도, 친숙도)에 대한 시청자의 집중도와 관심도, 만족도의 총합 측정치의 고저"라고 정의하였다. 이들에 따르면, 인게이지먼트는 집중도, 만족도, 관심도의 세 가지 변수로 구성된다. 이들이 추출한 변수들은 비록 광고 매체가 아닌 방송 프로그램에 관한 평가 지수에 근거하지만, 온라인 매체를 이용하는 주요 동기로도 이해될 수 있을 것으로 판단하였다. 이들의 정의를 검색 광고에 적용하면, 검색 광고에 대한 인게이지먼트는 "현재 검색한 사이트에 얼마나 집중하였는가?"(집중도), "현재 검색 사이트에 대해 얼마나 만족하는가?"(만족도), "평소 검색 사이트에 대해 얼마나 관심을 가지는가?(관심도)"의 세 가지 변수가 추출될 수 있을 것이다.

> **engagement 효과**
> 인게이지먼트가 매개변인인 메시지 관여도를 유발하여 영향력 있는 추동변인의 역할을 하는 것. 인게이지먼트는 메시지 관여도는 높은 상관관계에 있다.

이 밖에 ARF의 정의를 발전시켜, 인게이지먼트는 브랜드와의 상호작용 및 개인적이고 심도 있는 브랜드 의미를 느끼게 됨으로써 주의를 집중하고 탐색역량을 증가시키는 것이라고 정의하였다. 이들 주장에 따르면, 인게이지먼트는 일반적인 주요성과지표, 즉 클릭수나 구매, 회원가입 등의 전환율이라든가, 브랜드 호의도, 구매의도 등의 지표들을 전달하는 조절변수 역할을 한다고 하였다.

인게이지먼트의 기업커뮤니케이션에의 적용

대표적으로 상황적 맥락을 사용하여 engagement를 높이는 방법이 유효하다. 세부적인 방안은 다음과 같이 제안될 수 있다.

- 상황적 여건에 적합한 타깃을 선정한다.
- 맥락적 관련성을 높인다. 인터넷 현재 보고 있는 기사와 연관된 광고 노출을 하는 것이 한 방법이다. 산부인과 병원에 붙여진 여성 영양제 광고나 분유광고도 맥락적 관련성을 높이는 예이다.
- 행동적 개입(behavioral engagement) 방안을 강구한다.
  맥락적 관련성은 개인의 경험과도 연관되어 있다. 개인이 사전에 경험한 것을 토대로 이후 광고 메시지 등을 평가한다는 것이다. 게임이나 퀴즈, 이벤트 등을 활용해 개인의 경험을 높이면, 이 경험이 하나의 맥락이 되어 나중의 광고 평가가 달라질 수 있다.

경험은 인게이지먼트를 높이는 주요 방안: 먼저 이벤트를 열어라.

이벤트를 열고 참여한 사람들을 대상으로 광고를 하는 것도 좋은 방법이다. 예컨대, American Express는 U.S 오픈 테니스대회때 TV광고를 통해 "Roddick vs. Pong" 테니스 게임 이벤트를 소개하였다. 테니스 팬들이 그 웹사이트에 참여해서 게임을 하자 American Express 자사의 광고 및 상품정보가 쭉 나타난다.

현재까지 인게이지먼트는 미디어 맥락 등 주로 '상황적 관련성'을 검토하였으나, 감정(affect) 변인 등에 관한 연구가 추후 필요하다. 또한 메시지 관여도, 메시지 신뢰도, 메시지 태도 간의 관계성을 검토하는 연구가 필요하다.

• 참고문헌

임재현(2006). Media Trend-3. GRPs를 넘어 Engagement의 세계로. HSAD Webzine, 11-12.

Alex Wang (2006). Advertising Engagement: A Driver of Message Involvement on Message Effects, Journal of Advertising, 355-368.

Askwith (2007). TV as an Engagement Medium. Master of Science in Comparative Media Studies at the Massachusetts Institute of Technology.

Calder, Malthouse, Schaedel(2008). An Experimental Study of the Relationship between Online Engagement and Advertising Effectiveness. Journal of Interactive Marketing, 23(4), 321-331.

Enid Burns (2006). Marketers Mulling ARF's 'Engagement' Definition.

Greenwald and Leavitt (1984). Audience involvement in advertising: Four levels. Journal of Consumer Research, 11, 581.

Suh, Jung-Chae and Youjae Yi (2006). "When Brand Attitudes Affect the Customer Satisfaction-Loyalty Relation: The Moderating Role of Product Involvement." Journal of Consumer Psychology, 16(2), 145-155.

Part 2

디지털 미디어 시대의 기업 커뮤니케이션 미디어

"디지털 미디어가 기업 커뮤니케이션의 주요 수단으로 주목받는 이유는 많다. 시간과 공간의 제약을 대폭 뛰어넘는 네트워크 접속성을 바탕으로 수용자의 수, 특성을 세부적으로 조절하여 완전한 타깃 맞춤 정보를 자유롭게 제공할 수 있기 때문이다. 이로 인해 단순히 광고물만이 아닌 게임, 영화 등 다양한 콘텐츠와 결합된 마케팅 커뮤니케이션의 장이 마련되고 있다. 스마트폰, IPTV, SNS, UCC, 디지털 사이니지, 기타 1인 미디어 등 미디어가 기업 커뮤니케이션의 주요 Tool로 다루어지고 있는 이유도 이와 관련이 있다."

01
스마트폰

미디어로서의 스마트폰

업계에 따르면 2012년 5월을 기준으로 국내 스마트폰 가입자는 2600백만명을 돌파했다고 한다. 이러한 이용자의 수뿐만 아니라 현재 스마트폰이 개인의 일상 및 사회에 미치는 영향력은 엄청나다고 할 수 있다. 신세대는 하루 24시간 스마트폰을 옆에 두고 있다고 해도 과언이 아니다. 이렇듯 스마트폰은 네트워크 접속성에 있어 시간과 공간의 제약을 대폭 뛰어넘어 사용자가 언제 어디서든 필요한 서비스나 정보를 자유롭게 이용할 수 있다는 점에서 그동안 PC와 유선 인터넷 위주로 형성된 IT 생태계를 모바일 중심으로 변화시키고 있으며, 이러한 스마트폰의 개인적, 사회적 파급력은 점점 커지고 있다.

스마트폰이란 기존 음성통화 중심의 휴대전화 기능에 본격적인 네트워크 기능과 개인 정보관리 기능 등 다양한 기능을 가진 단말기를 말한다. 즉 휴대전화 단말기에 PDA와 컴퓨터의 기능이 부가되어 인터넷 정보 검색, 콘텐츠 감상, 일정관리 등 수 많은 기능을 활용할 수 있게 된 것이다. 2004년 Research in Motion (RIM)이 출시한 블랙베리가 미국 대도시 사무직을 중심으로 보급되기 시작하였고, 국내에서는 2009년 하반기 이동통신사업자의 스마트폰 출시 경쟁으로 보급이 급속히 확산되었다.

"스마트폰으로 하루를 시작하여 스마트폰으로 마감한다"라는 말이 있을 정도로 이제 스마트폰은 24시간 우리의 일상과 함께하고 있다고 할 수 있다. 스마트폰은 실시간(real time), 정보와 소통의 무한 확장(reach), 공간 제약을 극복한 실재감(reality) 등 '3R'을 통해 개인, 기업, 사회를 변화시키고 있다.

스마트폰은 기존의 시간, 공간, 장소의 제약 극복은 물론 증강현실(augmented reality)부터 3D 기술, 그리고 인터넷 등 정보의 무제한(limitless) 접근 및 이용을 가능케 하고 있다. '손 안의 PC'라고 불릴 만큼 우수한 정보처리능력과 네트워크 연결기술을 가진 스마트폰의 확산으로 인하여 기존의 정보 및 미디어 이용행태도 급격히 바뀌고, 이는 사회 전반에 많은 변화를 야기할 것으로 예측된다.

스마트폰 광고

이렇듯 스마트폰이 급속히 확산되고 영향력이 커짐에 따라 스마트폰을 활용한 광고시장도 주목받고 있다. 스마트폰을 활용한 어플리케이션 광고, QR코드 활용 광고, SNS 마케팅 등은 광고 시장에 큰 변화를 일으키고 있다. 또한 스마트폰이 급속히 대중화되고 소비자들이 스마트폰과 함께 하는 시간이 크게 늘어나면서 스마트폰 광고시장도 빠른 성장이 예상된다. 이러한 스마트폰 광고 시장의 성장에 힘입어 모바일 광고 시장의 빠른 성장이 예상되며, 모바일 광고 시장이 조만간 PC 광고 시장을 넘볼 것이라는 기대가 계속되고 있다. 이와 관련 방송통신위원회는 2010년 발표한 '인터넷 광고 시장 활성화 종합계획'을 통해 2014년까지 모바일 광고 시장 활성화를 통하여 모바일 광고 시장이 최대 2조 원 규모로까지 성장할 수 있을 것으로 기대하고 있다.

스마트폰에서의 광고홍보는 어플리케이션, QR코드, SNS의 활용 등 다양한 형태로 이루어지고 있다. 대기업들과 유통업체들을 중심으로 어플리케이션을 활용한 광고가 활발히 진행되고 있다. 또한 스마트폰이 급속히 확산되면서 트위터 등 SNS를 활용한 기업 및 브랜드 홍보도 적극적으로 이용되고 있다. 기업 전용 트위터를 개설해 고객들과 양방향 커뮤니케이션을 나누면서 적극적으로 소비자와 소통하는 것이다. 소비자는 SNS를 통하여 개인의 의견을 기업에 직접적으로 전달할 수 있고, 기업은 이러한 SNS 마케팅을 활용함으로써 소비자 개인과 친밀한 관계를 구축할 수 있다. 최근에는 스마트폰을 활용한 QR코드 마케팅이 활성화되고 있다. 스마트폰에 QR코드 인식 어플리케이션을 이용해 옥외광고, 인쇄광고, 제품 포장에 포함된 QR코드를 찍으면 해당 기업이나 브랜드의 웹페이지로 바로 연결돼 제품정보를 확인할 수 있다.

스마트폰이 확산되고 새로운 기능들이 추가되면서 스마트폰 광고의 효과도 높아지고 있다. 스마트폰 광고는 다음과 같은 면에서 광고 미디어로서의 장점을 가지고 있다.

- 기존 휴대폰 광고처럼 24시간 어디에서든 연결되므로 장소와 시간에 구애받지 않는 마케팅적 장점을 가지고 있다.
- 인터넷 네트워크 연결로 인하여 대량의 제품 및 서비스 정보 접촉이 가능하고 구매 등 다양한 광고 상호작용 행동이 가능하다.
- TV-CF의 경우처럼 고화질의 동영상 감상이 가능하다.

- 소비자의 기호, 성향, 위치 등을 파악할 수 있어 광고주들이 광고 대상자의 관심을 끄는 차별화된 맞춤형 광고를 집행할 수 있다.
- 스마트폰에서 가능한 새로운 기술의 도입으로 위치기반 서비스(LBS), 증강현실 등을 활용한 새로운 광고 서비스가 가능하다.

> **위치기반 서비스(LBS: Location-based Service)**
> 위치기반서비스(LBS)란 휴대폰이나 PDA와 같은 이동통신망과 IT기술을 종합적으로 활용한 위치정보 기반의 시스템 및 서비스를 말한다. 이 서비스는 고객의 위치정보를 기반으로 상품정보뿐만 아니라 교통정보, 위치추적정보 등 생활 전반에 걸쳐 다양한 정보제공에 활용될 수 있다.

> **증강현실(AR: Augmented Reality)**
> 현실 세계에 컴퓨터 기술로 만든 가상물체 및 정보를 융합, 보완해 주는 기술을 말한다. 현실 세계에 실시간으로 부가정보를 갖는 가상 세계를 더해 하나의 영상으로 보여주므로 혼합현실(MR: mixed reality)이라고도 한다.

이러한 광고 미디어로서 스마트폰의 장점들은 스마트폰 광고의 효과를 예측할 수 있는 요소들이다. 실제로 디지털 광고 솔루션 업체 미디어마인드(MediaMind)의 분석에 따르면 2011년 1분기 북미 지역의 모바일 배너 클릭률(CTR: clickthrough rate: 배너광고의 노출 대비 실제 클릭으로 연결되는 비율)은 0.61%로 PC 온라인 배너(0.07%)의 8배에 달하는 것으로 나타났다. 또한 국내 현대자동차의 경우 신차를 출시하면서 옥외광고와 인쇄광고에 스마트폰을 통하여 활용할 수 있는 QR코드를 적용시킨 캠페인을 진행한 결과, 평상 시 신차 출시 이후 브랜드 사이트를 개설한 것에 비해 페이지뷰가 4~5배 가까이 급증하였다고 한다.

스마트폰 광고의 수용

스마트폰 광고와 같이 소비자의 능동성이 강조되는 뉴미디어 광고환경에서는 광고수용(advertising acceptance) 개념이 중요하게 부각된다. 전통적인 광고환경에서는 소비자가 광고에 수동적으로 노출되는 상황인데 반하여, 오늘날의 뉴미디어 광고환경에서는 소비자의 능동적인 광고수용 행동 없이는 광고 메시지의 본격적인 노출이 발생하기 어려우며 따라서 원하는 광고효과도 발생하기 어렵다. 스마트폰 광고 역시 최초 메시지 노출 후 소비자가 추가정보를 얻기 위한 수용행동이 없이는 원하는 광고효과를 얻기 어렵다.

기존 모바일광고의 대표적인 유형은 SMS 광고이고, SMS 광고를 수신한 후 추가적인 정보를 원하는 소비자는 콜백(call back: 사전에 선별된 타깃 이용자에게 회신전화번호가 입력된 문자 메시지를 발송하고 메시지를 받은 타깃 이용자가 메시지에 포함된 회신 전화번호로 다시 전화를 거는 방식) 기능을 통해서 통화 연결 및 무선인터넷 페이지로 이동할 수 있다. 따라서 모바일광고의 효과에 있어서 소비자의 SMS 광고 수용이 매우 중요해진다. 모바일 배너광고의 경우에도 소비자가 배너광고 클릭이라는 능동적인 광고 수용 행동 없이는 광고효과가 발생하기 어렵다. 뿐만 아니라 QR코드를 활용한 광고와 같이 스마트폰에 고유한 광고에서도 소비자의 광고 수용은 광고효과가 발생하기 위한 필수 과정이다. 소비자가 스마트폰으로 옥외광고 등에 존재하는 QR코드를 가져다 대는 능동적인 광고 수용행동이 있어야만 자세한 광고정보에 노출되고 이후의 광고 상호작용 행동이 발생할 수 있기 때문이다.

이렇듯 새로운 광고환경에서는 소비자의 메시지 통제성을 바탕으로 기존 광고환경에서의 수동적 노출이 아닌 상업적 메시지의 능동적인 선택 및 수용을 통하여 광고효과가 주로 발생하기 때문에 이러한 소비자의 능동적인 광고수용 개념은 더욱 중요해지리라 예상되며, 향후 광고연구에 있어서도 소비자의 광고수용 관점의 중요성이 부각되리라 예상된다.

스마트폰 광고의 특성으로 인하여 소비자의 광고수용과 관련된 연구는 스마트폰 광고 관련 연구에서 특히 중요하다고 할 수 있다.

광고의 수용에 대하여 연구할 때 광고의 회피 관점도 함께 고려할 필요가 있다. 결국 광고를 수용할 의사가 없는 소비자는 적극적이건 소극적이건 광고를 회피하려 할 것이기 때문이다. 스마트폰 광고와 같은 모바일 광고도 광고회피가 심하게 나타날 수 있는 미디어 광고라고 할 수 있으며, 이러한 광고회피를 어떻게 극복하느냐가 모바일 광고의 효과에 있어서 매우 중요한 요소이다. 모바일광고 회피를 인지적, 기계적, 물리적 회피로 분류하여 그 차이를 살펴보고, 광고회피행동에 영향을 미칠 것으로 예측되는 변인들의 영향력과 상대적 중요도를 분석한 연구결과, 전체적인 모바일광고의 회피 수준은 TV나 신문의 광고회피에 비해 크게 높은 것으로 나타났다. 또한 광고회피 예측변인들 중 광고에 대한 태도, 지각된 침입성, 모바일 이용동기가 모바일 이용자들의 광고회피 행동에 유의미한 영향을 미치는 것으로 나타났다.

스마트폰 광고의 수용에 영향을 미치는 요인 및 광고 방향

스마트폰 광고는 소비자의 능동적인 광고 수용행동 없이는 광고효과가 나타나기 어려우며, 따라서 스마트폰 광고의 효과를 높이기 위해서는 이러한 스마트폰 광고 수용에 영향을 미치는 요인의 파악이 중요해진다. 실제 연구결과를 바탕으로 스마트폰 광고의 수용에 영향을 요인들을 살펴보기로 한다.

스마트폰 사용 다양성

스마트폰 및 스마트폰 광고는 현재 사회에서 한창 확산되고 있는 새로운 미디어 및 서비스라고 할 수 있다. 다른 어떤 제품보다도 기능과 용도가 다양하고 '위치기반 서비스', '증강현실' 등 새로운 기술 및 서비스가 계속 개발되고 있으며, 스마트폰을 활용한 새로운 광고 기법도 지속적으로 활용되고 있다. 특히 다른 신제품과 달리 제품을 구입함으로써 혁신의 수용이 끝나는 것이 아니라, 새로운 응용 기능의 채택을 통하여 지속적인 혁신의 수용이 일어난다는 점이 특이하다고 할 수 있다. 따라서 혁신확산 관점에서 스마트폰 광고 수용에 대하여 살펴볼 필요가 있다.

지금까지 혁신확산이론에 바탕을 둔 광고 및 커뮤니케이션 연구들에 주로 활용된 수용–확산(Acceptance-Diffusion) 관점은 수용자의 인식을 바탕으로 신기술의 채택에 초점을 맞춤으로써, 새로운 기술이나 서비스의 구체적인 확산과정을 설명하지 못한다는 비판이 제기되기도 하였으며, 확산과정을 완전히 이해하기 위해서는 사용자를 대상으로 새로운 기술에 대한 사용자의 수용경향, 지속적인 사용, 기술에 대한 체험을 중요시하는 사용–확산(Use-Diffusion) 관점의 도입이 필요하다는 주장이 제기되었다.

특히 정보기술의 발전으로 기술수명주기가 상당히 짧아지고 있는 새로운 융합 제품에 대한 수용은 소비자의 현재 제품에 대한 사용체험에서 상당히 설명될 수 있다고 하였다. 따라서 제품을 구입함으로써 혁신의 수용이 끝나는 것이 아니라, 제품을 사용하는 동안 새로운 응용 기능의 채택을 통하여 지속적인 혁신의 수용이 일어나는 스마트폰이나 스마트폰 광고의 경우 사용–확산 모델의 활용이 필요하다고 할 수 있다. 사용–확산 모델에 따르면 현재 사용자들이 사용하고 있는 제품 또는 서비스의 사용 다양성과 사용량이 신규 제품이나 서비스의 채택과 확산을 가져온다고 보았다.

국내 대학생을 대상으로 진행된 연구결과 사용–확산 요인 중 사용 다양성이 스마트폰 광고 수용의도에 긍정적인 영향을 미치는 것으로 나타났다. 이러한 결과는 스마트폰과 같은 다양한 기능의 혁신적인 제품을 다양한 용도로 사용하고 있는 소비자일수록 해당 미디어를 통하여 집행되는 광고에도 적극적으로 반응한다는 것을 의미한다. 이러한 결과는 스마트폰과 같이 다양한 기능을 가지고 있는 새로운 융합제품의 미디어 이용 행태가 해당 미디어 광고의 수용을 예측할 수 있다는 시사점을 제공한다. 이러한 발견점은 소비자의 능동적 광고 수용이 필요한 뉴미디어 광고 실무 진행 시 참고할 필요가 있다. 즉 개인 소비자의 미디어 이용 프로파일 자료가 있을 경우 다양한 용도로 미디어를 사용하고 있는 사용자에게 광고를 집행하는 것이 상대적으로 효과가 크다고 예상해볼 수 있다.

혁신성향

혁신확산 관점에서 소비자의 스마트폰 광고 수용을 살펴볼 때 개인이 가지고 있는 혁신성향의 영향력도 고려해볼 수 있다. 혁신성향이 강한 사람들은 새로운 기술이나 서비스를 빨리 채택할 뿐만 아니라 이러한 기술이나 서비스를 능동적으로 사용한다고 한다. 또한 혁신자는 새로운 개념, 아이디어, 제품, 서비스 등에 대해서 정보를 처리할 수 있는 능력을 가지고 있고, 이를 응용할 수 있는 방법을 쉽게 생각해낼 수 있는 능력을 가진 사람이다. 혁신성은 개인의 타고난 성격(personality)특성이라고 보는 측면이 많으며, 이것이 소비자의 다양한 의사결정 및 행동에 중요한 영향을 미친다는 것이다. 개인의 혁신성은 새로운 제품에 대한 광고의 수용에 있어서도 중요한 역할을 하는 것으로 나타나고 있다.

혁신성향이란?

사회체계 내의 한 구성원이 다른 구성원보다 혁신을 먼저 수용하는 정도를 말한다. 혁신성이 높은 소비자는 신제품이나 자신에게 익숙하지 않은 제품에 대해 개방적인 반면, 혁신성이 낮은 소비자는 변화를 싫어하고 신제품을 위협적인 것으로 본다.

뉴미디어로서 스마트폰은 제품 자체가 혁신적인 특성을 가지고 있을 뿐만 아니라, 스마트폰을 활용한 광고 및 홍보에 있어서 QR코드의 활용, 어플리케이션의 활용, SNS의 활용 등 새로운 기능들이 활용되고 있다. 또한 혁신성향이 높은 소비자는 새로운 미디어를 능동적으로 사용하는 경향이 있고, 광고에 있어서도 자극으로서의 새로운 정보에 대한 관심과 반응이 높다는 사실이 관련 연구결과에서도 나타났다. 이러한 점들을 고려해볼 때, 개인이 가지고 있는 혁신성향이 새로운 광고로서의 특성을 가지고 있는 스마트폰 광고 수용에 영향을 미친다고 예상해볼 수 있다. 국내 대학생을 대상으로 진행된 연구결과 개인의 지속적인 성향으로서 혁신성향이 스마트폰 광고의 능동적 수용에 영향을 미치는 강력한 예측변인임이 입증되었다. 이는 새로운 제품이나 새로운 미디어를 수용하는데 있어서 중요한 역할을 하는 것으로 알려진 개인의 혁신성향이 스마트폰 광고와 같은 뉴미디어 광고의 수용에도 영향을 미친다는 것을 말해주고 있다. 이러한 연구결과를 고려해볼 때, 스마트폰 광고는 혁신성향이 높은 소비자에게 집행될 때, 최초 광고 메시지 노출 후 광고 관련 상호작용행동이 일어날 가능성이 상대적으로 크다고 할 수 있다. 따라서 혁신성향이 높을 것으로 예상되는 집단 구성원에게 스마트폰 광고를 집행하는 것도 실무적으로 고려해볼만 하다.

인지욕구

개인의 인지욕구는 광고정보 처리 과정에 영향을 미치는 변수로서 연구에 많이 활용되어 왔다. 인지욕구가 높은 사람은 설득 메시지를 받아들였을 때 그것을 적극적으로 처리할 동기화가 더 잘된 사람으로 적극적인 인지활동을 많이 하고 즐겨하는 반면, 인지욕구가 낮은 사람은 복잡한 과제보다는 단순한 과제를 좋아한다. 인터넷 배너광고 클릭의향에 영향을 미치는 변인을 분석한 이경렬과 김상훈의 2011년 연구결과 인지욕구가 광고 클릭의향에 유의미하게 영향을 미치는 것으로 나타났다.

인지욕구(need for cognition)란?

주위의 정보를 찾고 처리하려는 개인의 내재된 성향으로, 주변의 사물이나 상황을 파악하고 이해하려는 개인의 동기의 정도를 반영한 것이다. 일반적으로 인지욕구가 높은 사람은 설득 메시지를 받아들였을 때 그것을 적극적으로 처리할 동기화가 더 잘된 사람이라 할 수 있다.

수동적인 광고 노출이라는 전통적 광고 환경과 달리 스마트폰 광고는 SMS 메시지에 대한 콜백(call back) 행동, 모바일 배너광고 클릭 행동, QR코드 접속 행동 등과 같은 능동적인 수용행동으로 인하여 광고효과가 발생하게 된다. 따라서 SMS 메시지, 모바일 배너광고, QR코드라는 자극에 대하여 인지욕구가 높은 수용자가 콜백이나 클릭행동을 통하여 자세한 정보를 알고 싶어 한다고 예측해볼 수 있다. 인지욕구가 높은 사람은 설득 메시지를 받아들였을 때 그것을 적극적으로 처리할 동기화가 더 잘된 사람이라는 연구 결과나, 인지욕구가 높은 사람일수록 인터넷 배너광고 클릭의향이 높다는 연구 결과도 이러한 예측을 뒷받침한다고 할 수 있다.

국내 대학생을 대상으로 진행된 연구결과 개인의 지속적인 성향으로서 인지욕구가 스마트폰 광고 수용의도에 긍정적인 영향을 미치는 것으로 나타났다. 이러한 결과는 개인의 능동적 의사에 따라 광고 메시지 노출 및 처리가 이루어지는 새로운 광고 환경에 시사하는 바가 크다고 할 수 있다. 이러한 결과는 인지욕구가 높은 사람은 설득 메시지를 받아들였을 때 그것을 적극적으로 처리할 동기화가 더 잘된 사람으로서 적극적인 인지활동을 많이 하고 즐겨한다는 기존 연구결과와 일치하는 것으로, 주위의 사물이나 상황을 이해하려는 노력이나 정보검색 의도와 관련이 많은 인지욕구가 높은 소비자일수록 소비자 능동성을 전제로 하는 뉴미디어 광고의 수용에 적극적이라는 가정을 뒷받침한다고 할 수 있다.

광고에 대한 전반적인 태도

소비자들이 평상시 광고에 대해 가지고 있는 전반적인 태도는 스마트폰과 같은 새로운 미디어에 집행되는 광고의 수용에 영향을 미칠 수 있다. 광고에 대한 태도는 사람들이 일반적으로 광고에 대해 갖고 있는 긍정적 혹은 부정적 감정을 말한다. 관련 연구들에 의하면 소비자들이 가진 전반적인 광고태도가 소비자들이 가진 개별 광고에 대한 태도에 영향을 미친다고 주장되고 있다. 즉 광고에 관하여 전반적으로 호의적인 태도를 가진 소비자가 개별적인 광고를 더 적극적으로 수용하며, 광고에 대한 태도가 부정적인 소비자일수록 광고회피 경향이 커진다고 한다. 또한 이용자의 능동적 노출 및 클릭에 의하여 적극적인 광고수용이 일어나는 인터넷 광고 관련 연구들에 의하면, 미디어 이용자들의 광고에 대한 태도가 광고에 대한 능동적 노출 및 광고 클릭 수준, 광고 회피에 영향을 미치는 것으로 나타났다.

미디어로서의 스마트폰이나 스마트폰 광고 모두 이용자의 통제성이 높아 소비자가 원하지 않으면 광고 노출이나 설득이 발생하기 어려운 면이 강하기 때문에, 광고에 대한 전반적인 태도가 광고수용에 영향을 더욱 영향을 미치리라고 예상할 수 있다. 또한 스마트폰을 통한 QR코드의 광고에의 활용이나 어플리케이션을 활용한 광고 등은 모두 새로운 형태의 광고이기 때문에 광고에 대한 호기심이나 긍정적 태도가 광고수용에 영향을 미칠 수 있을 것이다.

국내 대학생을 대상으로 진행된 연구결과 개인이 가지고 있는 광고에 관한 전반적인 태도가 스마트폰 광고의 수용에도 긍정적인 영향을 미치는 것으로 나타났다. 이러한 결과는 광고에 관하여 전반적으로 호의적인 태도를 가진 소비자가 개별적인 광고를 더 적극적으로 수용하며, 인터넷 광고에 있어서 미디어 이용자들의 광고에 대한 태도가 광고에 대한 능동적 노출 및 광고 클릭 수준, 광고 회피에 영향을 미친다는 연구결과들과도 맥을 같이 한다고 할 수 있다. 이러한 연구결과를 고려해볼 때 스마트폰에 광고 집행 시, 특정 소비자의 과거 다른 미디어 광고의 반응 자료가 있다면 이를 적극적으로 활용할 필요가 있다고 할 수 있다.

• 참고문헌

김기원, 김영민(2008). 위성 DMB 사용자들의 매체이용동기와 광고에 대한 태도. **광고학연구**, 19(1), 99-133.

김미라(2006). HDTV 조기 수용자의 능동적 미디어 이용행태에 관한 연구. 한국언론학보, 50(2), 33-59.

김수현, 이상훈, 황현석(2011) 스마트폰 수용에 영향을 미치는 요인에 관한 연구. *Entrue Journal of Information Technology*, 10(1), 29-39.

김승호, 이덕로, 송영화(2009). IPTV 서비스의 확산전략: 수용확산과 사용확산의 통합적 접근. 한국경영학회 통합학술대회

김영민(2012). 국내 이동전화 가입자 2명 중 1명 '스마트폰'. 아시아투데이, 2012. 5. 14.

김지호, 김재휘(2003). 인터넷 광고의 효과과정에 관한 연구: 자극성과 효과성을 중심으로. 광고연구, 60, 7-35.

박은아(2008). 뉴미디어 초기수용의 영향요인에 관한 연구: 혁신성, 과시성향, 기기인식을 중심으로 . 소비자학연구, 19(1), 93-113.

박인곤, 신동희(2010). 스마트폰 이용자들의 이용과 충족, 의존도, 수용자 혁신성이 스마트폰 이용만족에 미치는 영향에 관한 연구. 언론과학연구, 10(4), 192-225.

성영신, 이영철(1992). 인지욕구와 메시지 주장의 유형에 따른 공익광고의 효과. 광고연구, 16. 55-79.

이경렬(2001). 텔레비전 방송광고 회피행동에 영향을 미치는 예측변인들에 관한 연구. 광고학연구, 12(2), 165-189.

이경렬, 김상훈(2001). 인터넷 배너광고 정보처리 과정에서 조정변인으로서 관여도 및 인지욕구의 역할에 관한 연구. 광고연구, 52, 73-90.

이문규, 김나민(2002). 국내 인터넷 이용자의 시장 세분화 연구. 소비자학연구, 13(4), 1-30.

이윤재(2010). 스마트폰, 광고판을 뒤집어라. 아시아경제, 2010. 8. 1.

이정아, 류지연(2005). 인터넷 광고 회피에 대한 연구: 회피 수준과 회피 예측변인들의 영향력을 중심으로. 광고학연구, 16(1), 203-223.

임동빈(2011). 스마트폰 광고 효과적 활용하기. 디지털타임스, 2011. 5. 31.

정헌수(2003). 신제품 프리어나운싱 광고에 관한 연구: 개념적 고찰 및 소비자 혁신성과 광고반응에 관한 실증분석. 광고학연구, 14(2), 185-208.

최인규, 한상필(2008). 모바일 광고 회피 행동에 영향을 미치는 요인에 관한 연구. 한국심리학회지: 소비자 · 광고, 9(3), 523-547.

하헌국(1998). 인터넷광고에서 노출의 결정요인에 관한 연구. 광고연구, 38, 153-183.

헤럴드경제(2011). 스마트폰 보급 증가... 모바일 광고효과 급증. 2011. 7. 15.

Anderson, R. L. & Ortinau D. J.(1988). Exploring consumers' postadoption attitudes and use behaviors in monitoring the diffusion of a technological-based discontinuous innovation. Journal of Business Research, 17(3), 283-298.

Cacioppo, J. T. & Petty, R. E.(1982). The need for cognition. Journal of Personality and Social Psychology, 42(1), 116-131.

Haugtvadt, C. P., Petty, R. E., & Cacioppo, J. T.(1992). Need for cognition and advertising: understanding the role of personality variables in consumer behavior. *Journal of consumer Psychology*, 1(3), 239-260. Golder, P. N. & Mackenize, S. B. & Lutz, R. J.(1989). An empirical examination of the structural antecedents of attitude toward the ad in an advertising pretesting context. *Journal of Marketing*, 53(2), 48-65.

Tellis, G. H.(1998). Beyond diffusion: An affordability model of the growth of new consumer durables. *Journal of Forecasting*, 17(3-4), 259-280.

Lee, S. & Lumpkin, J. R.(1992). Differences in attitudes toward TV advertising: VCR usage as a moderator. *International Journal of Advertising*, 11(4), 333-342.

Lewis, L. K. & Seibold D. R.(1993). Innovation modification during intraorganizational adoption. *Academy of Management Review*, 18(2), 322-354.

Speck, P. S. & Elliott, M. T.(1997). Predictors of advertising avoidance in print and broadcast media. *Journal of Advertising*, 26(3), 61-76.

02

IPTV

미디어로서의 IPTV

IPTV (Internet Protocol Television)란 방송 프로그램과 같은 멀티콘텐츠를 인터넷망(IP 망)을 이용해 공중에게 제공하는 종합 디지털 방송통신 서비스로서 TV를 통하여 보아오던 콘텐츠를 개인적인 IP network를 통하여 소비자에게 전송하는 방식이라고 할 수 있다. 따라서 많은 채널들로부터 공급되는 콘텐츠를 TV 화면을 통하여 보게 한다는 목적에 있어서 위성 TV, 케이블 TV와 직접적인 경쟁관계에 있다고 할 수 있다. IPTV는 방송으로서 TV가 주는 편안함과 신뢰감, 통신으로서 온라인이 주는 양방향 커뮤니케이션을 동시에 제공함으로써 방송통신융합으로 대변되는 현재와 미래의 미디어 환경에서 그 성장성이 높게 평가되고 있다.

IPTV란 인터넷을 통해 제공되는 텔레비전 서비스로서, 소비자가 광고 시청 중 광고물에 대한 평가를 하거나, 카탈로그 등 추가 상품정보를 요청할 수 있으며, 주문 결제는 물론 할인권 등 프로모션 활동까지 리모콘으로 가능하다.

IPTV는 수용자로 하여금 직접적인 상호작용을 통하여 TV 화면을 통한 콘텐츠의 능동적 이용을 가능하게 한다는 점에서 TV의 특성과 인터넷의 특성을 동시에 가지고 있는 미디어라고 할 수 있다. IPTV 환경에서 수용자는 콘텐츠 공급자와 양방향(two-way) 커뮤니케이션을 할 수 있을 뿐만 아니라, 원하는 시간에 원하는 방법으로 콘텐츠를 이용할 수 있어 기존의 TV에 비하여 향상된 수용자의 능동성을 보장받을 수 있다. 2000년대 초반 서비스가 시작되어 수용자로 하여금 디지털 TV를 새로운 방식으로 볼 수 있게끔 한 IPTV는 진정한 VOD (Video on Demand) 서비스를 제공할 수 있다는 장점 등으로 빠르게 성장하여왔다.

IPTV 광고

IPTV가 성장함에 따라 관련 업계에서는 IPTV 광고에 대한 관심이 커지고 있다. IPTV 광고는 대표적인 양방향 TV 광고라고 할 수 있다. 양방향 TV 광고는 "소비자가 광고 시청 중 광고물에 대한 평가, 브로슈어, 카탈로그 등 추가정보의 요청, 상품견본, 할인권 등 프로모션 활동에의 참여 등을 TV 리모컨을 통해 할 수 있게 하는 새로운 광고기법"이라고 할 수 있다. 양방향 TV 광고가 가능한 이유는 방송의 디지털화에 따라서 여유 주파수 안에서 시청자들이 상호작용할 수 있는 데이터를 추가적으로 송출할 수 있기 때문이다. 국내에서는 디지털 위성방송인 스카이 라이프가 2007년 양방향 TV 광고의 상업적 서비스를 실시한 이후 IPTV와 디지털 케이블 TV를 통하여 실시되고 있다.

현재 IPTV 광고로는 프로그램을 보기위해 시청자가 기다리는 동안 노출되는 동영상 광고인 로딩 광고, 광고 시청 시 노출되는 버튼의 클릭을 통해 더 자세한 제품정보를 얻거나 프로모션에 참여할 수 있는 클릭 광고, 방송 프로그램 내 장면의 어떤 부분을 리모콘으로 클릭할 때 광고가 등장하는 프로그램 삽입광고, IPTV 내 입점된 광고주 전용 채널을 통해 소비자들이 원하는 시간에 자세한 브랜드 정보를 얻거나 프로모션 참여가 가능한 DAL (Dedicated Advertiser Location) 등이 활용되고 있다.

DAL

IPTV에서는 UI (User Interface)가 중요하다. 지니만화의 경우 만화 원본 파일을 시청자의 시선 이동에 따라 프레임으로 구분해 실제 만화를 보는 듯한 느낌을 주었다(사진). DAL의 경우 수익모델 개발을 위해 양방향 특성을 활용한 CIC (CM IN CM)와 DAL을 통해 플랫폼으로부터 일정금액의 수신료를 받는 구조와 함께, 정액 상품권을 구매하여 이용하는 유료형 서비스를 제공하고 있다. 출처: 콘텐츠 산업정보 포탈(www.kocca.kr)

이러한 다양한 IPTV 광고의 기능을 살펴볼 때, IPTV 광고는 IPTV 자체가 그러하듯이 기존 TV 광고의 장점과 인터넷 광고의 장점을 합친

형태라고도 볼 수 있다. 즉 편안한 상태에서 몰입할 수 있다는 TV 광고의 장점에 상호작용성이라는 인터넷 광고의 장점이 더해진 광고형태라고 할 수 있다. 이러한 IPTV 광고는 전통적인 TV 광고의 브랜드 구축 효과와 온라인 광고의 양방향적 특성을 모두 접목할 수 있다는 측면에서 광고 시장에 큰 변화를 주리라 예상된다. IPTV 광고를 통하여 광고주는 불특정 다수에게 광고를 노출시키는 데서 벗어나 특정 타깃을 대상으로 다양한 마케팅 활동을 펼칠 수 있으며, 소비자는 수동적으로 광고에 노출되는 것에서 벗어나 관심 있는 제품의 정보를 능동적으로 탐색하고 구매까지 할 수 있게 된다.

전통적인 광고와 비교한 IPTV 광고의 주요 특성을 구체적으로 살펴보면 다음과 같다.

상호작용성

IPTV 광고의 최대 강점은 소비자의 능동성을 바탕으로 한 상호작용성에 있다고 해도 과언이 아니다. 이러한 상호작용성은 전통적인 노출 기반의 광고, push 형태의 광고에 큰 변화를 주어 광고의 패러다임 자체를 변화시킬 수도 있다. 전통적 광고는 제품이나 서비스 판매자가 잠재적인 소비자에게 메시지를 일방적으로 전하기 때문에 독백(monologue)과도 같은 반면, IPTV 광고환경과 같은 상호작용적 마케팅은 판매자와 구매자가 대화(dialogue)하는 것과 같다. 구체적으로 소비자는 광고를 보다가 제품에 대해 더 자세히 알고 싶으면 부가적인 정보를 리모콘으로 요청하여 볼 수 있으며, 프로모션에 참가할 수도 있고, 광고에 대한 의견을 제시할 수도 있다. 또한 원하는 광고 메시지를, 원하는 양만큼, 원하는 시간에 보는 것이 가능하다.

맞춤형 광고

광고 메시지를 전달할 수 있는 미디어가 다양해지고 소비자가 세분화되는 현대의 미디어 환경과 마케팅 환경에서 불특정 다수를 대상으로 실시간에 메시지를 전달하는 전통적인 매스 미디어 광고는 점차 그 영향력이 약화되고 있다. 이러한 환경에서 광고 메시지가 전달되는 수용자를 개별 가구까지 선택할 수 있는 IPTV 광고는 광고 메시지 수용자의 수, 특성을 세부적으로 조절하여 완전한 타깃 마케팅을 현실화시킬 수 있으며, 이러한 특성은 IPTV 광고 관련 산업이 성장하는데 있어 중요한 요인이 되고 있다. 즉 광고주 입장에서는 IPTV 광고를 통해 차별화된 광고 메시지를 원하는 개별 소비자에게 전달할 수 있으며, 이는 광고 집행의 효율성을 높일 수 있게 된다. 소비자 입장에서는 자신과 관련이 많은 제품이나 서비스의 광고를 접할 수 있게 되고, 따라서 광고에 대한 집중도도 높아질 개연성을 갖게 된다.

다양한 마케팅 시도

IPTV 광고의 또 다른 특성은 광고주의 입장에서 IPTV를 통해 다양한 광고, 다양한 마케팅을 시도할 수 있으며 제품 구매와 같은 다양한 효과를 추구할 수 있다는 것이다. IPTV에서는 방송광고와 인터넷 광고의 특성을 모두 활용하여 기존 TV-CF는 물론이고 배너형태의 광고, 카탈로그 같은 구체적인 제품정보의 제공, 소비자 프로모션 진행 등 다양한 형태의 광고와 프로모션을 진행할 수 있다. IPTV 광고와 관련하여 업계가 주목하고 있는 것은 광고를 통하여 T-Commerce로 바로 연결이 가능하다는 것이다. 소비자들이 광고를 보고 궁금한 사항을 바로 검색하여 알아보고 바로 주문 및 결재까지 진행될 경우 그 효과는 크다고 할 수 있다. IPTV 광고의 이러한 특성은 전통적인 광고의 개념을 확장시킬 수 있으며, 프로모션이나 판매와 같은 마케팅 영역과의 연계성을 높일 수 있다.

광고효과 측정 용이

IPTV 광고는 IPTV의 IP 기반 특성 때문에 광고효과의 측정이 용이하다는 장점을 가지고 있다. 기존 영상매체의 효과측정이 모집단을 대상으로 한 시청률 조사에 근거를 두는 것에 비해 IPTV에서는 광고효과를 디지털이라는 특성에서 파생되는 시청자의 실측 데이터를 통해 확인할 수 있기 때문이다. 즉 IPTV 광고를 집행하면서 도달률은 물론 광고 접촉 후 자세한 제품정보 요청, 프로모션 참여, 구매와 같은 광고 관련 구체적인 행동지표 자료도 얻을 수 있게 된다.

IPTV 광고에 대한 상호작용행동

기존의 TV광고 환경에서 수용자는 미디어로부터 전달되는 광고 메시지에 수동적으로 노출되는 상황이었다. 그러나 IPTV 광고 환경에서 수용자는 광고 노출 자체를 선택할 수 있을 뿐만 아니라, 광고를 보고 즉석에서 더 자세한 제품정보를 요청하거나 이벤트 참여, 광고에 대한 의견 제시 등 적극적인 상호작용행동을 할 수 있으며, 제품 구매행동까지 할 수 있다. 따라서 IPTV 광고에서는 수용자가 광고 메시지 접촉 후 행하게 되는 이러한 상호작용행동에 관심을 가질 필요가 있다. 기존 광고 환경에서는 수용자의 광고 메시지 노출이 중요시되었으며, 광고효과로 광고 메시지 노출 및 그에 따른 인지, 태도의 변화를 주로 측정하였다. 광고의 인지 및 이로 인한 태도 변화가 광고의 중요한 효과이기는 하지만, 인지 및 태도가 소비자의 기억 및 인식에 근거함으로써 측정의 부정확성 및 행동 예측 가능성 측면에서 태생적인 한계를 갖는 것도 사실이다. 그러나 IPTV 광고 환경에서는 TV광고 메시지 노출 후 수용자의 상호작용행동이 즉석에서 이루어지며 측정 또한 가능해짐으로써, 소비자 행동에 기반한 광고효과 측정 및 이와 관련된 연구가 활성화될 수 있다.

상호작용성은 뉴미디어의 주요 특성으로 관련 연구에서 중요시되는 개념이다. 기술적 의미에서 상호작용성은 상향(Upstream) 및 하향(Downstream) 전송이 가능해짐에 따라 공급자와 이용자 간의 기술적 커뮤니케이션이 가능한 상태를 말한다. 뉴미디어 관련 연구 시 상호작용성은 매체 특성이자 이용자 특성으로 이해된다. 매체의 속성 중에서 상호작용성은 디지털 미디어의 주요 속성 중 하나로 지목되면서 상대적으로 풍부한 연구가 진행되어 왔다. 상호작용성이 새롭게 등장한 매체의 속성인 만큼 초기에는 그 개념 규정이나 유형의 분류에 초점을 맞춘 연구가 주를 이루었다. 이후 2000년대에 이르러서 상호작용성 개념을 구체화하고 그 효과를 주로 실험을 통해 검증하여 그 인과관계를 보다 명확히 하는 구체적인 연구가 진행되어 왔다.

지금까지 진행된 뉴미디어의 상호작용성 관련 연구를 살펴보면 크게 두 갈래로 나누어진다. 하나는 상호작용성을 부여하는 매체 및 커뮤니케이션의 기능에 관한 연구로서 Rice의 1984년 연구, Rogers의 1986년 연구 등이 여기에 해당된다. 또 다른 하나는 기능적인 상호작용성보다 커뮤니케이션에 참여하는 개인 사용자가 인지하는 상호작용성에 대한 연구로서 McMillan의 2000년 연구, Newhagen의 1998년 연구 등이 여기에 해당된다. 이러한 구분은 상호작용성을 기술에 내재된 속성으로 볼 것인가 아니면 지각된 인식(perceived interactivity)으로 볼 것인가의 문제에 기인한다고 할 수 있다.

먼저 기능 중심의 상호작용성 연구는 상호작용성의 정의를 커뮤니케이션 시스템이 사용자에게 메시지를 전달하는 능력으로 보고 있으며, 따라서 매체가 사용자의 메시지에 반응할 수 있는 기능을 얼마나 갖추고 있는지에 초점을 맞추게 된다. 반면 수용자 인지 중심의 상호작용성 연구에서는 상호작용의 커뮤니케이션 프로세스를 규명하는 데에는 매체의 기능보다 개인이 매체에 대해 느끼는 경험의 내용 및 수준이 더 큰 설명력을 가진다고 주장한다. 그러나 어떤 연구들은 매체 기능 중심의 상호작용성과 인지된 상호작용성을 구분하지 않고 있거나 이 둘을 등가로 놓는 경우도 있다.

상호작용성을 커뮤니케이션 효과측면에서 살펴보면 커뮤니케이션 과정상의 상호작용은 수용자의 정보처리과정을 강화시킴으로써 사용자에게 커뮤니케이션 과정에 적극적으로 몰입하게 하는 효과를 낳는다. 광고와 마케팅 측면에서도 상호작용성은 정보처리를 증가시킴으로써 콘텐츠 내에 묘사된 대상물에 대한 설득효과를 증가시켜 호의적인 태도 형성에까지 영향을 미친다. 구체적으로 상호작용이 갖는 인지적 측면의 효과가 호의적인 태도 형성에까지 영향을 미치며, 상호작용적인 인터넷 광고의 이용이 상품에 대한 긍정적인 태도를 증가시킨다는 연구결과가 있다.

최근 상호작용성 관련 연구에서 특징 중의 하나는 상호작용성의 초점을 기존의 매체 특성이나 수용자의 인지정도가 아닌 수용자의 실제 행동에 두어야 한다는 관점이다. 상호작용성의 기존 정의는 모두 인간의 행동, 곧 매체와 수용자가 어떤 경우에 상호작용성을 할 수 있으며, 매체의 어떤 기능 혹은 수용자의 어떤 특성이 이 같은 가능성을 높일 수 있는가에 논의의 시발점을 두고 있기 때문에, 상호작용성의 정의는 단순히 매체의 특성이나 수용자의 인지정도가 아닌 수용자의 실제 행동에 기반을 두는 것이 타당하다는 주장이다. 관련 연구 결과 웹페이지에서의 상호작용 행동이 정보처리의 양과 인지정교화의 정도에 있어서 유의미한 영향을 끼친다는 것이 입증됨으로써, 상호작용성이 머리로 하는 정보처리뿐만 아니라 신체동작을 결부하는 새로운 속성을 가진다는 것이 조망되었다.

이러한 연구결과를 고려해볼 때 상호작용적인 매체 이용이 거의 대부분 이용자의 신체적 행동을 수반한다는 점에서, 앞으로 상호작용의 행동적 요소가 갖는 효과를 포함하는 연구들이 이루어질 필요가 있다.

기존 TV광고의 경우 광고 노출을 통한 인지 및 태도변화가 직접적인 목표이지만, IPTV 광고의 경우 광고를 보고 즉석에서 더 자세한 제품정보를 요청하거나 이벤트 참여, 광고에 대한 의견 제시 등 적극적인 상호작용행동을 할 수 있으며, 제품 구매행동까지 할 수 있다. 따라서 IPTV 광고에서는 수용자가 광고 메시지 접촉 후 행하게 되는 이러한 상호작용행동에 관심을 가질 필요가 있다. 즉 IPTV 광고의 효과를 높이기 위해서는 광고 수용자들의 상호작용행동을 높이는 것이 중요하다.

IPTV 광고에 대한 상호작용행동 영향요인 및 광고방향

IPTV 광고의 효과를 높이기 위해서는 광고 수용자들의 상호작용행동을 높이는 것이 중요하다는 맥락에서 IPTV 광고에 대한 상호작용행동에 영향을 미치는 요인의 파악은 IPTV 광고 연구는 물론 실무적으로도 중요하다고 할 수 있다. 연구결과를 통한 다음과 같은 IPTV 광고에 대한 상호작용행동 영향요인의 파악은 IPTV 광고 전략수립 및 집행에 있어 중요하다고 할 수 있다.

IPTV 사용 다양성

정보기술의 발전으로 기술수명주기가 상당히 짧아지고 있는 새로운 융합 제품에 대한 수용은 소비자의 현재 제품에 대한 사용체험에서 상당히 설명될 수 있다. 확산과정을 완전히 이해하기 위해서는 사용자를 대상으로 새로운 기술에 대한 사용자의 수용경향, 지속적인 사용, 기술에 대한 체험을 중요시하는 사용–확산(Use-Diffusion) 관점의 도입이 필요하다(전술한 2장-1(스마트폰)의 사용–확산에 관한 설명 참조).

따라서 제품을 구입함으로써 혁신의 수용이 끝나는 것이 아니라, 제품을 사용하는 동안 새로운 응용 기능의 채택을 통하여 지속적인 혁신의 수용이 일어나는 스마트폰이나 스마트폰 광고의 경우 사용–확산 모델의 활용이 필요하다고 할 수 있다.

신제품이나 새로운 서비스의 확산 과정을 설명하는 혁신확산이론에 바탕을 둔 사용–확산 모델에 따르면 현재 사용자들이 사용하고 있는 제품 또는 서비스의 사용 다양성과 사용량이 신규 제품이나 서비스의 채택과 확산을 가져온다고 보았다. IPTV는 현재 사회에 확산되고 있는 서비스이기 때문에 사용–확산 관점에서 살펴볼 필요가 있다. 구체적으로 IPTV의 다양한 기능을 이용하는 소비자일수록 IPTV 광고에 대한 상호작용행동도 활발할 것이라고 예측해볼 수 있다.

IPTV 시청자를 대상으로 진행된 연구결과 시청자의 IPTV 사용 다양성이 '콘텐츠를 보는 중 뜬 광고 팝업 창 클릭', '동영상 광고를 보는 중 뜬 팝업 창 클릭', '이벤트, 설문, 광고 평가에 참여', '제품구매'와 같은 IPTV 광고에 대한 상호작용행동을 예측하는 유의한 변인임이 발견되었다. 즉 IPTV의 다양한 기능을 사용하는 시청자일수록 IPTV 광고에 대한 상호작용행동을 활발히 한다는 것을 알 수 있다. 이러한 결과는 새로운 서비스의 확산과정을 이해하기 위해서는 사용자를 대상으로 하는 사용-확산 관점의 도입이 필요하며, 특히 정보기술의 발전으로 기술수명주기가 상당히 짧아지고 있는 새로운 융합 제품에 대한 수용은 소비자의 현재 제품에 대한 사용체험에서 상당히 설명될 수 있다는 주장을 뒷받침하는 결과라고 할 수 있다. 또한 사용-확산 관점을 구성하는 두 차원 중 IPTV 사용량은 상호작용행동에 영향을 미치지 못한 반면, IPTV 사용 다양성은 유의미한 영향을 미친 결과는 높은 사용 다양성이 신제품 가치의 발견과정을 의미하기 때문에 사용-확산 패턴을 구성하는 두 차원 중 사용량보다 사용의 다양성에 더 중요성을 부여한 Shih와 Venkatesh의 주장과도 일치한다고 할 수 있다.

이러한 연구의 결과는 실무적인 시사점을 제공한다. IPTV의 경우 소비자 개인의 특성을 고려한 맞춤형 광고가 가능하다. 따라서 IPTV 사용 다양성이 IPTV 광고에 대한 상호작용행동에 미치는 영향을 고려할 때, IPTV의 다양한 기능을 이용하는 소비자에게 상호작용행동을 기반으로 하는 IPTV 광고를 집행하는 것이 효율적이라고 할 수 있다.

혁신성향

개인의 혁신성향은 새로운 제품에 대한 광고의 수용에 있어서도 중요한 역할을 하는 것으로 나타나고 있다. 혁신성향이 강한 사람들은 새로운 기술이나 서비스를 빨리 채택할 뿐만 아니라 이러한 기술이나 서비스를 능동적으로 사용한다고 한다. 또한 혁신자는 새로운 개념, 아이디어, 제품, 서비스 등에 대해서 정보를 처리할 수 있는 능력을 가지고 있고, 이를 응용할 수 있는 방법을 쉽게 생각해낼 수 있는 능력을 가진 사람이다. 이렇게 사회체계 내의 한 구성원이 다른 구성원보다 혁신을 먼저 수용하는 정도를 말하는 개인의 혁신성향이 새로운 광고형태인 IPTV 광고에 대한 상호작용행동에 영향을 미친다고 예상해볼 수 있다.

IPTV 이용자를 대상으로 개인의 혁신성향이 IPTV 광고에 대한 상호작용행동에 미치는 영향을 살펴본 결과, 유의하게 영향을 미치는 것으로 나타났다. 구체적으로 혁신성향이 강한 소비자일수록 '콘텐츠를 보는 중 뜬 광고 팝업 창 클릭', '동영상 광고를 보는 중 뜬 팝업 창 클릭', '이벤트, 설문, 광고 평가에 참여'와 같은 상호작용행동을 활발히 하는 것으로 나타났다. IPTV 광고에 대한 상호작용행동에 앞서 언급된 미디어 사용 다양성과 개인의 혁신성향이 영향을 미친다는 연구결과는 그 동안 미디어 연구에 적용되어왔던 혁신확산 관점을 광고에도 적용가능하다는 점을 의미한다고 할 수 있다.

개인의 혁신성향이 IPTV 광고에 대한 상호작용행동에 영향을 미친다는 연구결과는 IPTV 광고 전략 수립 및 집행 시 고려할 필요가 있다. 즉 소비자 프로파일을 바탕으로 맞춤형 광고의 집행이 가능한 IPTV 광고의 특성을 고려하여, 신제품이나 새로운 서비스의 채택 및 사용이 활발한 소비자를 대상으로 IPTV 광고를 집행할 때 보다 높은 IPTV 광고효과를 얻을 수 있다고 추론해볼 수 있다. 또한 새로운 제품이나 서비스와 관련된 광고를 IPTV에 집행 시 보다 활발한 광고 상호작용행동을 얻을 수 있을 것이라는 점도 추론해볼 수 있다.

• 참고문헌

김은미, 임소혜, 함선혜(2008). 웹페이지의 상호작용성과 이용자 관여도가 정보처리와 정서적 반응에 끼치는 효과. **한국언론학보**, 52(4), 250-277.

김희경, 차영란(2009). 디지털시대 양방향광고 규제정책에 관한 연구. **광고학연구**, 20(2), 125-151.

박천성(2009). 양방향광고의 수익모델. T-com media 뉴스, 2009. 1. 28.

송민정(2002). 양방향 서비스의 주요 특징인 상호작용성(Interactivity)의 이론적 개념화. **한국언론학보**, 46(3), 116-152.

원우현, 이주현(2007). 상호작용성과 상호작용. **한국광고홍보학보**, 9(1), 223-249.

이시훈, 김세철(2001). 인터렉티브 TV 광고의 도입과 지상파 방송 광고의 위상. **광고연구**, 52, 217-240.

장창범(2008). IPTV 광고서비스 현황과 전망. 광고계동향, 211, 2.

한국광고단체연합회(2008). 방송통신융합시대의 광고산업-IPTV의 과거 현재 미래. 광고계 동향 211, 12-19.

Anderson, R. L. & Ortinau D. J.(1988). Exploring consumers postadoption attitudes and use behaviors in monitoring the diffusion of a technological-based discontinuous innovation. *Journal of Business Research*, 17(3), 283-298.

Golder, P. N. & Tellis, G. H.(1998). Beyond diffusion : An affordability model of the growth of new consumer durables. *Journal of Forecasting*, 17(3-4), 259-280.

Lewis, L. K. & Seibold D. R.(1993). Innovation modification during intraorganizational adoption. *Academy of Management Review*, 18(2), 322-354.

Benoit, H. (2007). Digital Television. Burlington, MA.: Focal Press.

Christian, P.(2005). Addressable IPTV advertising: Dramatically increasing advertising revenue per viewer. IP Television Magazine, 2005. 10.

Cotriss, D.(2010). IPTV advertising comes to life. Daily IPTV, 2010. 10. 10.

Datamonitor(2008). Addressible advertising poised for adoption in digital cable and IPTV services. June 2008, 7-8.

Hoffman, D. L., Novak, T. P., & Chatterjee, P.(1995). Commercial scenario for the web: Opportunities and challenges. *Journal of Computer mediated Communication*, 1(3).

Johnson, G.J., Bruner, II G.C. & Kumar, A. (2006). Interactivity and its facets revisited. *Journal of Advertising*, 35(4), 35-52.

Macias, W.(2003). A beginning look at the effects of interactivity, product involvement and web experience on comprehension: Brand web sites as interactive advertising. *Journal of Current Issues & Research in Advertising*, 25(2), 31-44.

McMillan, S. J.(2000). What is interactivity and what does it do? Paper presented at the Conference of Association for Education in Journalism and Mass Communication, Phoenix, AZ.

Newhagen, J. E.(1998). Hitting the agenda reset button for the internet: The problem of matching research with development. Paper presented at the International Communication Association Conference, Jerusalem, Israel.

Ramirez, D. (2008). *IPTV Security.* Chichester, West Sussex.: John Wiley & Sons.

Reister, J. (2008). IPTV: Advertising's new address? International Broadcast Engineer, January/February, 34-35.

Reister, J. (2009). Targeted advertising. International Broadcast Engineer, January/February. 24-26.

Rice, R. E.(1984). New media technology: Growth and integration. In R. Rice & Associates(Eds), *The New Media: Communication, Research, and Technology,* 33-54. Beverly Hills, CA: Sage.

Rogers, E. M.(1986). Communication Technology: The New Media in Society. New York: The Free Press.

Simpson, W. (2008). Video over IP. Burlington, MA.: Focal Press.

Shih, C. F. & Venkatesh, A.(2004). Beyond adoption : Development and application of use-diffusion model. Journal of Marketing 68, 59-72.

Sicilia, M., Ruiz, S., & Munuera, J. L.(2005). Effects of interactivity in a web site. Journal of Advertising, 34(3), 31-45.

03

SNS와 기업 커뮤니케이션

지난 2011년 알카에다의 수장 오사마 빈 라덴의 공식 사망소식이 워싱턴에서 발표되었다. 미국을 비롯한 세계의 국가들은 환호하였고 세계 주요 언론들도 떠들썩했다. 그러나 정작 놀라운 사실은 그를 체포 살상하는 당시의 상황이 기존 언론 매체들보다 앞서 발표되었다는 점이다. 더 놀라운 사실은 미 백악관의 버락 오바마대통령의 공식 발표보다 7시간이나 먼저 공식 사망소식이 발표되었다는 점이다. SNS라는, 이른바 소셜미디어가 이 시대의 정보 유통의 핵심임을 보여주는 사실이라 할 수 있다.

페이스북, 트위터, 미투데이 등의 SNS (Social Network Service)는 소셜미디어(Social Media)의 범주에 포함되는 것들이다. 본 장에서는 SNS와 소셜미디어를 크게 구분하지 않고 사용하기로 한다. 이미 알려진 것처럼, 소셜미디어는 리서치그룹인 '가이드와이어'의 창업자인 크리스 쉬플리(Chris Shipley)가 처음 사용한 용어이다. 위키피디아에 의하면, "사람들이 자신의 생각과 의견, 경험, 관점 등을 서로 공유하고 참여하기 위해 사용하는 개방화된 온라인 틀과 미디어 플랫폼"으로 SNS를 정의하였다고 한다. 그러한 정의가 암시하듯, 소셜미디어는 기업 커뮤니케이션이 추구하는 바를 잘 담아낼 핵심적 미디어라 할 수 있다. 기업과 소비자들이 함께 정보를 공유하고 확산해 갈 수 있도록 설계된 미디어인데다, 정보의 접근과 배포, 확산이 매우 용이하기 때문이다. 본 장에서는 기업 커뮤니케이션의 주요 도구로서 소셜미디어를 살펴보고 그 활용 방안을 모색하고자 한다. 추후 설명하겠지만 소셜미디어에서 정보의 주체는 기업이 아니라 소비자이고 이용자이다. 상업적 목적이 아닌, 이용자간 관계가 주목적이 되어야 한다. 기업 정보의 일방적인 전달이 아닌, 이용자 스스로가 콘텐츠를 만들거나 재창조하고 확산해 나가는 방식이 되어야 한다. SNS의 이러한 근본 속성을 이해하는 것이 기업 커뮤니케이션 전략 수립의 기본이자 핵심이다.

웹 시대의 분류와 SNS 태동

SNS (Social Network Service)가 기업의 마케팅 커뮤니케이션의 핵심 통로가 되고 있다. 현대 사회에서 핵심적인 소통의 도구로 여겨지고 있는 SNS는 기업 커뮤니케이션 영역에서 중요한 시사점을 갖는다. 기업과 소비자(고객)간의 위상을 바꾸어 놓고 있는 것이다. 이제 소비자는 정보를 일방적으로 전달받는 입장이 아니라, 정보를 재해석하고 자기의 생각을 추가하고 가공하여 많은 사람들에게 전달함으로써 정보창조 및 정보 전달자가 되게 되었다.

SNS, 혹은 소셜미디어가 더욱 주목받게 된 배경은 스마트폰을 중심으로 하는 디지털 통신기기의 변화와 맞물려 있다. 스마트폰 등 컨버전스(convergence) 모바일 디바이스가 증대되면서, 미디어 태블릿(media tablet) 기반의 자유로운 컴퓨터 이용(캐주얼 컴퓨팅: casual computing),

혹은 거실에서 컴퓨터를 이용하는 카우치 컴퓨팅(couch computing) 개념이 현실화 되었다. 애플의 스티브잡스가 생전에 말했던 것처럼, 케이블 없이, 부팅 없이, 기다림 없이, PC 없이 소파에 앉아서 이메일을 확인하고 웹 서핑을 하고 동영상을 보고 쇼핑도 하는 인터넷 디바이스가 된 것이다. 이로 인해 커뮤니케이션 활동이 더욱 더 사회적, 공중적으로 변모하였다. 즉, 기술 환경의 지원으로, 기존 미디어에 비해 이동 중 커뮤니케이션이 더 자유로워졌으며(mobile), 더 실시간적(real-time)이고 사회지향적인(social) 커뮤니케이션이 가능해짐에 따라, 미디어로서 SNS (Social Network Service)가 주목받게 되었다.

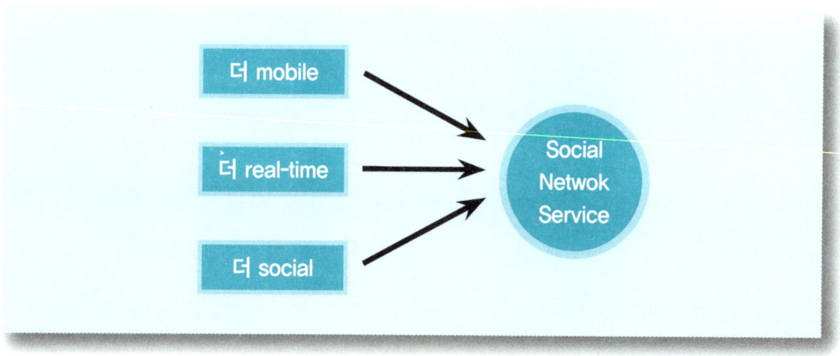

SNS 이용이 증가하는 것은 현대 소비자들의 속성 변화와 관련되어 있다. 즉, 더욱 다양해진 개성 있는 소비자들의 참여가 증대된 것을 계기로, 기업 커뮤니케이션은 소비자의 욕구에 대한 신속하게 대응하는 양방향적 커뮤니케이션이 필요하게 되었다. 또한 소비자들의 지식의 증대로 정보의 전문성은 증가하여 일방적인 전달 형식의 커뮤니케이션으로는 소비자를 만족시키기 어려웠다. SNS를 통해 하나의 기업으로서가 아니라, 소비자 자신과 동일한 '소비자의 이야기'를 나눔으로써 신뢰감을 증대시킬 수 있게 되었다.

한편, 소셜미디어 성격을 미디어 측면에서 살펴보면, 신문, 라디오, TV 등 전통적 미디어는 디지털 미디어 시대에 들어 웹을 중심으로 그 의미가 변화되고 있다. 전통적 미디어는 다음의 새로운 미디어 개념으로 진보하였다. 여기서는 웹 2.0과 웹 3.0의 개념을 중심으로 살펴보고자 한다.

웹 2.0

웹 1.0: 홈페이지, 전자우편, 토론방/커뮤니티
웹 2.0: 블로그, 미니홈페이지 등 1인 미디어, UCC 등 참여 촉진형 미디어, 웹TV, IPTV 등
웹 3.0: 웹서버, 데스크톱PC, 모바일의 경계가 사라진 미디어, 트위터를 비롯한 SNS 미디어
웹 4.0: 웹의 지능형 서비스를 활용한 미디어

웹 2.0은 특정한 기술을 말하는 것이 아니라 플랫폼으로써의 웹을 의미한다. 웹 1.0으로 일컬어지는 기존의 웹은 인터넷 상에 있는 정보를 이용자들에게 전달해주는 차원에 머물러 있었던 반면, 웹 2.0은 이용자들이 정보를 직접 제작하거나 가공하고 유출할 수 있는 플랫폼의 역할을 담당하고 있다. 즉, 웹 2.0은 이용자 중심의 서비스로, 정보나 콘텐츠를 누구나 직접 이용할 수 있는 인터넷 환경을 제공하여 주었다. 웹 2.0의 특징으로는 개방성, 전방위적 연결성, 참여지향 및 상호작용성을 들 수 있다. 이를 구체적으로 설명하면 다음과 같다.

개방성

웹 2.0은 어떤 누구도 데이터를 소유하지 않고, 모든 인터넷 환경에서 모든 사람들이 데이터를 사용할 수 있는 플랫폼을 제공한다. 따라서 웹 사이트에 올리거나 서비스되는 모든 데이터를 이용자가 자신의 편의에 따라 자유롭게 이동하거나 수정하여 활용이 가능하다.

전방위적 연결성

향상된 연결성(connectivity)은 '생태계형' 웹에서 사람과 정보는 타 요소들과 연결되지 못하면 생존이 불가능하다. 따라서 정보와 정보간의 연결성 및 사람과 사람간의 사회적 연결성이 자연스럽게 강화될 수밖에 없다. 이 밖에 정보가 개인의 참여와 이용자간 상호작용에 의해 생성되며, 이용자들이 직접 제작하는 콘텐츠(user created contents)와 이용자 집단의 능동적인 참여와 공유를 통해 새로운 가치를 창출하는 '집단지성'(collective intelligence)이 매우 중요한 특징이다.

웹 3.0

2010년을 기점으로 웹2.0 시대는 웹3.0시대로 진화하고 있다. 웹 2.0은 참여와 개방과 공유라는 성격을 가지며 데이터와 정보 중심의 상호작용에 의해 비롯되는 사회적, 경제적 조류를 지칭한다. 반면 웹 3.0은 지식과 네트워크 중심의 데이터와 정보를 주문제작하는 개인화 과정으로 웹 환경을 구축하기 위한 기술적 측면을 강조하고 있다.

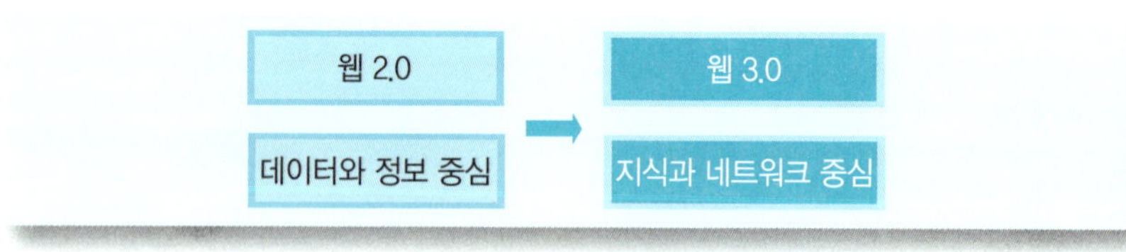

웹 3.0이란 용어는 2006년 뉴욕타임즈의 존 마르코프(John Markoff) 기자가 처음 사용하였다, 웹 3.0은 웹은 개인화, 지능호, 상황인식으로 수렴되어, 웹의 진화방향을 예측할 수 있다. 웹 3.0은 지능화된 웹이 시맨틱(semantic)기술을 이용하여 상황인식을 통해 이용자에게 맞춤형 콘텐츠

및 서비스를 제공한다.

SNS에서 이루어지는 의사소통과 인간관계의 특성은 한 개인이 모든 의사소통과 관계의 중심이 된다. 이것은 현실세계의 의사소통과 인간관계가 상호작용과 양방향적인 모습을 가지지만 SNS의 의사소통은 한 개인의 요구를 반영하고 개인이 원하는 관계의 형태로 이루어진다는 특성을 가진다. 또한 이러한 특성은 개인이 보이는 활동에 따라 사이트의 성격과 의사 소통 양식을 다르게 만들기도 한다. 이에 따라 시장의 주체는 업종특성이나 제품특성, 경쟁의 강도에 따라 정도의 차이는 있지만 기업에서 '고객주도형'으로 바뀌고 있다.

새로운 유형의 미디어는 웹사이트 혹은 여타의 정보채널로 기능하며 소비자들이 적극 참여하여 정보를 생성하거나 다른 소비자의 정보를 재소비하며 확산시킨다. 페이스북, 유튜브, 트위터 등의 뉴미디어 채널들은 소비자가 시장의 구성원으로서 좀 더 적극적인 역할을 수행할 수 있게 하고 시공을 초월하여 타깃 오디언스에 접근하거나 타깃 오디언스를 유인하고 있다.

SNS의 정의와 특성

SNS의 정의

SNS, 혹은 소셜 미디어란 사람들이 자신의 의견이나 생각 또는 직접 제작한 콘텐츠 등을 다른 사람들과 공유하기 위해 사용하는 온라인 틀과 플랫폼을 뜻한다. 소셜 미디어는 텍스트, 이미지, 오디오, 비디오 등의 다양한 형태를 활용할 수 있다는 장점을 가지고 있으며, 가장 대표적인 소셜

미디어로는 블로그(Blog), 소셜네트워크사이트(Social Network Site), 메시지 보드(Message Board), 팟캐스트(Potcast), 위키스(Wikies), 비디오블로그(Vlog) 등이 있다. 소셜 미디어의 주요 정의는 아래와 같다.

위키피디아(www.wikipedia.org)

- 소셜 미디어는 미디어 설계 자체가 인터넷을 통해 인간의 사회적 상호작용성을 충족시켜 줄 수 있게 디자인되었으며, 다대다(many to many) 형태로 콘텐츠 전송이 가능하며, 콘텐츠 생산을 위한 기술적 접근성이 높다.
- 이러한 소셜 미디어는 지식과 정보의 민주화를 지원하고, 사람들을 콘텐츠 이용자에서 콘텐츠 생산자로 전환시킨다.
- 비즈니스 영역에서도 이용자 중심의 콘텐츠나 소비자 중심의 콘텐츠에 주목시킨다.

Newson, Houghton, & Patten (2009)

소셜 미디어의 카테고리를 사이트의 기능을 중심으로 블로그, 전문적이고 사회적인 네트워크 사이트, 위키피디아, 팟캐스팅과 비디오캐스팅, 가상공간 서비스 사이트, 소셜 북마킹 등으로 분류

Safko & Brake (2009)

- 개별 사이트가 다루는 콘텐츠 형태나 내용 그리고 주된 기능을 중심으로 분류.
- 주요 영역: 사회적 네트워킹 사이트, 정보 공표 사이트, 사진 공유, 오디오, 비디오, 마이크로 블로그, 라이브캐스팅, 가상공간, 게임, 정보 집적 등

SNS의 특성과 기능

SNS의 특성은 참여, 공개, 대화, 커뮤니티, 연결의 크게 다섯 가지를 들 수 있다.

참여

소셜 미디어는 관심 있는 모든 사람들의 기여와 피드백을 촉진하여 직접 참여하게 함으로써 '미디어'와 '수용자'의 개념을 불명확하게 한다.

공개

누구나 소셜 미디어에 참여할 수 있도록 공개되어 있으며, 투표, 피드백, 코멘트, 정보 공유를 촉진함으로써 콘텐츠 접근과 사용에 대한 장벽이 거의 없다.

대화

전통적인 미디어가 콘텐츠를 일방적으로 수용자들에게 전달하는 반면, 소셜 미디어는 양방향적인 커뮤니케이션이 이루어진다.

커뮤니티

소셜 미디어는 빠르게 커뮤니티를 구성하고 커뮤니티에서 공통의 관심사에 대해 이야기하도록 한다.

연결

대부분의 소셜 미디어는 다양한 미디어의 조합이나 링크를 통한 연결을 특징으로 한다.

소셜 미디어의 특징을 표로 정리하면 아래 표와 같다. 블로그나 트위터와 같은 마이크로 블로그, 한국의 인터넷 카페와 같은 동아리 서비스는 소셜 미디어의 이러한 특징을 가장 잘 보여주고 있다.

소셜 미디어의 특성

구분	해설
참여(Participation)	소셜 미디어는 관심 있는 모든 사람들의 기여와 피드백을 촉진하며 미디어와 오디언스의 개념을 불명확하게 함
공개(Openness)	대부분의 소셜 미디어는 피드백과 참여가 공개되어 있으며, 투표, 피드백, 코멘트, 정보 공유를 촉진함으로써 콘텐츠 접근과 사용에 대한 장벽이 거의 없음
대화(Conversation)	전통적인 미디어가 'broadcast'이고 콘텐츠가 일방적으로 오디언스에게 유통되는 반면 소셜 미디어는 양방향성을 띰
커뮤니티(Community)	소셜 미디어는 빠르게 커뮤니티를 구성케 하고 커뮤니티로 하여금 공통의 관심사에 대해 이야기하게 함
연결(Connectedness)	대부분의 소셜 미디어는 다양한 미디어의 조합이나 링크를 통한 연결상에서 번성

출처: FKII 조사연구팀(2006. 12). 소셜 미디어(Social Media)란 무엇인가?. 「정보산업지」. p53.

지금까지 SNS는 가입자 확보와 영향력 확산에 중점을 두어 발전해왔다. 아직까지 비즈니스 모델로서 성공을 거둔 것은 페이스북의 광고 플랫폼 정도이다. 하지만 SNS의 파급력과 소셜 정보의 특성을 감안했을 때, 광고 모델로서의 발전의 여지는 무궁무진하다. 대기업들은 SNS를 통한 홍보효과 극대화에 주목하고 있고 중소기업, 자영업자 및 개인은 SNS 덕분에 보다 손쉽고 저렴하게 광고를 할 수 있게 되었다.

SNS광고 시장의 성장여건은 충분하다. 관건은 SNS 사용자의 편이를 최대한 해치지 않으면서 SNS의 장점을 살린 효과적인 광고 플랫폼을 제공하느냐의 여부이다. 이와 더불어 광고주, 플랫폼사, 개발자 간의 적절한 수익 배분을 통한 선순환 구조 창출이 생태계의 지속성을 위해 필요하다.

SNS의 기능

SNS는 오프라인에서 많은 기능들을 제공한다. 예를 들면, 복지 부분이나 정서적으로 도움을 줄 수 있고 정보자료를 제공하며, 다른 사람들과의 관계 형성을 가능하게 해준다. 소셜 네트워크 사이트는 온라인 커뮤니티에서도 이러한 기능들을 제공한다. 두 가지 모두 사람들에게 사회적 자본을 제공하는 것이다. SNS 기능과 관련하여 람페 등(Lampe, Ellison, Steinfield, 2006)의 Facebook에 관한 연구 내용을 소개한다. 그는 Facebook의 이용 행태와 관련하여, 온라인 소셜 네트워크 사이트가 새로운 관계를 발전시켜 나가는 데 도움을 주는 등 다음의 기능을 제공한다고 보았다.

사회적 검색(Social Searching) 기능

페이스북에서 오프라인에서의 함께 수강신청 할 학생이나 기숙사 룸메이트를 찾을 수 있다.

사회적 열람(Social Browsing) 기능

오프라인 회의에서 만날 사람을 사이트를 통해 만난다거나, 온라인 이벤트에 참여할 수 있다(우리나라의 경우 싸이월드 등 미니홈피를 통해 이러한 사회적 검색보다는 하루의 안부를 묻고 하루에 있었던 일을 공유하는 '친구만나기'를 하고 있다).

추적(surveillance) 기능

자신이 속한 그룹의 행위, 믿음, 흥미를 추적
만약 사회적 검색이 공익적 측면이라고 볼 때, 호혜적 규칙(recipro-city rule)이 적용되어 다른 사람이 나를 추적케함으로써 나도 집단내 다른 사람을 추적할 수 있게 된다.

프로필 공개를 통한 관계 확대 기능

자신의 소셜 네트워크 규모를 키우기 위해 일부러 프로필을 친구가 아닌 다른 사람들에게도 공개하며, 공통 관심사를 가진 더 많은 친구들을 만날 수 있게 해주고 각자의 경험을 토대로 유대관계를 이루어 더욱 발전할 수 있도록 해준다.

SNS의 이용 동기

미디어를 이해하기 위해서는 그 미디어를 이용하는 이용자들의 이용 동기가 무엇인지를 파악할 필요가 있다. 본 장에서는 특히 최근 뉴미디어에 대한 이용자들의 이용 동기를 연구하기 위해 가장 자주 이용되는 이용과 충족 이론을 중심으로 살펴보고자 한다.

새로운 매체가 등장함에 따라 그 동안 많은 연구들이 매체에 대한 이용과 충족을 대상으로 이루어졌다. 이용과 충족이론(The Theory of Uses and Gratification)은 주로 수용자가 특정 매체를 이용하는 동기가 무엇인지를 파악하고자 하는 연구이다. 구체적으로 이용과 충족 이론은 커뮤니케이션 과정에 있어 능동적인 수용자의 역할에 중점을 두고 전개된 이론이다. 이는 1959년에 E. Katz에 의해 처음으로 제시되었으며 "미디어가 사람들에게 무엇을 하느냐"라는 기존의 입장에서 탈피하여, "사람이 미디어를 가지고 무엇을 하느냐"라는 이용자의 입장에 초점을 맞추었다. 즉, 미디어 이용자가 미디어 내용을 어떻게 이용하며 미디어 내용으로부터 어떠한 충족을 얻고 있는가에 대해서 고찰하는데 본 이론이 주요하게 사용되었다.

이용과 충족이론의 가본 가정은 다음과 같다. 첫째, 이용자는 능동적인 존재로서 미디어 이용은 대부분이 목적 지향적이다. 이것은 대부분의 미디어 접촉 유형이 미디어 내용에 대한 이용자의 기대에 의해 결정된다는 것이다. 둘째, 커뮤니케이션 과정에서 이용자가 욕구 충족과 관련된 미디어 선택의 결정권을 갖는다. 셋째, 미디어는 욕구충족에 이용되는 다른 정보원들과 경쟁한다. 이는 미디어가 이용자에게 유일한 욕구 충족원이 아니므로 여러 다른 기능적 대안들이 고려되어야 한다는 것이다. 넷째, 미디어들은 이용자 자신에 의해 제공된 자료로부터 파생되어진 것일 수 있다. 즉, 이용자들은 자신들의 관심과 동기를 표현할 만큼 친숙한 언어로 표현할 수 있는 정보를 제공하고 있으며, 거기서 추출된 자료는 이용자들의 흥미나 동기를 불러일으킨다는 것이다. 이러한 가정을 골자로 이용과 충족이론은 수용자가 미디어를 왜 이용하는지에 관한 연구에서 활발하게 사용되어 왔다. 주요 학자들의 미디어의 이용과 충족에 관한 연구 결과는 다음과 같다. 이들 이론은 소셜미디어를 이용하는 동기를 파악하는 데 의미 있는 시사점을 제시할 것이다.

블럼러(Blumler, 1979)

미디어의 이용 동기를 인지적 동기, 오락적 동기, 개인적 정체성의 동기인 3가지로 분류하여 제시:

- 인지적 동기: 미디어를 통해 정보를 획득 동기

- 오락 동기: 기분전환과 현실로부터의 도피 동기
- 개인적 정체성 동기: 사회적 구성원으로서 타인과의 교류 동기

카츠(Katz, 1973)

미디어 이용 동기를 인지적 욕구, 감정적 욕구, 개인 통합적 욕구, 사회 통합적 욕구, 현실도피 욕구의 5가지로 분류

- 인지적 욕구: 외부정보의 검색과 환경을 이해하기 위한 것
- 감정적 욕구: 미의 추구와 오락 감정적 경험을 하기 위한 것
- 개인 통합적 욕구: 신뢰감, 자신감, 개인적 지위 등을 추구하는 것,
- 사회 통합적 욕구: 가족과 혈연이나 지연 집단에 교섭하고 하는 것
- 현실도피 욕구: 현실도피, 긴장완화와 같은 스트레스를 해소하고자 하는 목적을 가진 것

맥퀘일(McQuail, 1972)

사용자의 매체 이용 동기를 정보 추구적 동기, 자기 확인적 동기, 대인적 동기, 오락 동기의 4가지로 분류.

루빈(Rubin, 1993), 파파차리시와 루빈(Papacharissi & Rubin, 2000)

- 텔레비전 시청 동기 연구를 통해, 정보, 학습, 오락, 경제성, 편리성, 동반자의 역할, 휴식, 시간 때우기, 흥분, 대화거리, 습관적 이용, 행동의 지침, 도피, 광고시청, 사회적 상호작용을 제시
- 인터넷 이용자들의 이용동기에 관한 연구

- 대인간 효용요인, 시간 보내기, 정보추구, 편리성, 오락성의 5가지 요인 제시

남비산과 바론(Nambisan & Baron, 2007)

- 인터랙티브 마케팅(Interactive marketing)에 관한 연구
- 이용과 충족에 관한 변인들을 응용하여 가상 고객환경에서의 4가지 경험 유형을 제시: 인지적 경험, 사회적 융화 경험, 개인적 융화 경험, 쾌락적 경험

이용과 충족 이론의 확장: 미디어에서의 기대-가치이론

미디어에서의 기대-가치이론(Expectancy-value theory)의 핵심은 전통적인 이용과 충족 이론 중 충족(Gratification) 개념을 '추구된 충족'과 '획득된 충족'으로 구분한 것이다. 미디어에서의 기대-가치 이론은 태도와 행동관계를 설명하는 합리적 행동모형(Fishbein & Ajzen, 1975)에 미디어 이용과 충족이론을 결합한 이론이다.

이들 모델에 의하면, 대학생들의 미디어 소비에는 대학생들의 기대, 즉 미디어 소비를 통해 어떤 속성이 충족될(성공할) 것이라는 '기대'와 그 속성에 대해 개인이 부여하는 '가치'가 결합된 산물이라고 볼 수 있다. 페이스북 이용과 관련하여 설명하면, 대학생들의 페이스북 이용 의향은 페이스북을 이용함으로써 어떤 속성을 획득하는 데에 성공할 것이라는 기대와 그 속성에 부여하는 가치에 의해 영향을 받을 것으로 예측된다. 이때 추구된 충족은 기대-가치(신념 평가)값은 통계적으로 유의미한 관계를 갖는 것으로 나타났다.

미디어에서의 기대–가치이론

- 미디어 이용을 결정하는 요소가 기대–가치 판단에 기반을 두는 것으로 파악
- 합리적 행동모형에서의 태도 영향 요인(평가속성에 대한 신념x속성에 대한 평가)에 의해 '추구된 충족'이 영향을 받게 되며, 추구된 충족은 미디어 노출(소비)에 영향을 주고, 미디어 노출(소비, 이용)을 통해 최종 획득된 충족을 형성
- 이때 신념과 평가는 기대–가치를 결정하는 것. 즉, 미디어 소비를 통해 충족될(성공할) 것이라는 '기대'와 충족될 속성에 대해 개인이 부여하는 '가치'에 의해 충족 추구가 영향을 받음

한편, 이들은 이용자들이 미디어를 이용함으로써 충족될 것으로 기대하는 '추구된 충족'에 의해 이용이 발생할 수도 있는 반면, 이용을 통해 '획득된 충족'에 의해 기대(혹은 신념)가 달라지고 이러한 기대(혹은 신념)에 의해 이용이 다시 영향을 받을 수 있다고 보았다. 특히 특정 미디어가 도입 초기인 경우에는, 해당 미디어에 대한 지식이 부족함으로 인해 성공 가능성을 개인별로 다르게 지각함으로써 기대(expectancy)의 정도가 달라질 수 있다. 페이스북(Facebook)을 예로 들면, 페이스북 잠재 이용자에게 페이스북에 대한 사전지식이 부족한 상황에서는 페이스북을 이용함으로써 특정 동기(예를 들어, 오락추구)가 충족되기를 막연히 기대함으로써(추구된 충족) 이용이 일어날 수도 있으며, 실제 이용후 개인이 획득한 것으로 지각하는(획득된 충족) 정도에 의해 이용이 영향을 받을 수도 있다.

소셜 미디어와 기업 커뮤니케이션

최근 들어 SNS는 기업 커뮤니케이션의 중심으로 진입하고 있다. 필립코

틀러는 그의 저서 마켓 3.0에서 최근의 급변하는 환경이 기업의 커뮤니케이션 활동과 밀접한 연관이 되어 있으며, 이러한 환경 변화의 대표적 측면으로 '소셜 네트워크의 확대'를 들고 있다. 기업은 SNS를 제품과 브랜드이미지 향상, 고객관계 유지 및 발전, 소통을 통한 지식 창출과 조직의 학습 등 다양한 목적을 갖는다. 기업의 SNS 도입은 그 기업이 속한 산업에 따라 다른 양상을 보인다. 예컨대 통신, 컴퓨터, 유통 등 대중과 접촉이 빈번한 업종에 비해, 의료정보를 다루는 의료서비스와 제약업체의 경우 SNS 도입이 저조하다.

인터넷의 발달로 온라인 기반의 커뮤니케이션 툴이 확산되고 있다. 온라인 기반의 커뮤니케이션 도구란 블로그, 미니홈피, 팟캐스트, UCC 등을 말하며, 온라인과 연계되어 활용된다는 점에서 모바일이 이에 포함되기도 한다. 새로운 미디어 환경에서 소비자는 어떤 특정 집단이나 특정 미디어에 종속되지 않고 소비자들 스스로 생산한 콘텐츠 등을 공유하거나 커뮤니케이션을 함으로써 여론이 형성한다. 이러한 점에서 소비자는 미디어 그 자체이기도 하다. 이른바 1인미디어 시대가 도래한 것이다. 따라서 기업 커뮤니케이션 전략 수립시 1인미디어, 혹은 소비자 미디어 시대의 특성을 파악하고 대처해나가야 한다.

기업 커뮤니케이션의 변화

커뮤니케이션 내용 차원에서의 변화

기존의 커뮤니케이션 내용이 제품 마케팅 차원에 국한된 것 또는 제품 마케팅과 기업 홍보가 분리되었다고 한다면 이제는 마케팅과 경영 전반에 걸친 내용이 모두 동시에 고려되어야 한다.

커뮤니케이션 타깃 측면에서의 변화

커뮤니케이션 타깃이 더 이상 제품의 소비자에 국한되어서는 안 되며, 일반 공중과 내부 기업의 이해 관계자가 모두 포함되어야 한다.

델(Dell)의 사례를 보자. 네티즌이 델(Dell)의 제품 및 서비스에 대한 아이디어를 제시하면, 기업은 네티즌 투표를 통해 인기있는 아이디어를 선정한다. 당시 사이트 개설 5일만에 1,384개의 아이디어가 쇄도하였고, 채택된 의견을 제품 및 서비스 개선에 직접 적용하기도 하였다. 일반적으로 블로그 혹은 Viral을 이용한 커뮤니케이션의 목적은 아래와 같이 요약된다.

- 이슈콘텐츠 생성/확산
- 이슈성 동영상
- 이슈성 게시물
- 일반소비자 체험단
- 파워블로거 체험단
- 브랜드블로그/브랜드 카페
- SNS 채널 운영-브랜드채널 구축
- On/off 이벤트 프로모션
- 소비자그룹 운영(서포터즈)
- 여론 모니터링

국내의 경우 KT에서 2009년 7월부터 '올레(Olleh) KT'라는 아이디로 공식 마케팅 트위터 계정을 개설하고 온라인 홍보태스크 전담인력을 배치하여 KT 서비스 등에 대한 질문이나 건의사항을 트위터로 응대하고 있

다. 이들은 개별적인 질문에 대해 사무적인 답변이 아니라, 정성이 담긴 자세한 답변으로 트위터 이용자들의 호응을 얻고 있다.

요약하면, 소비자가 기업과 접촉, 개개인의 목소리를 낼 수 있는 상시적인 커뮤니케이션 채널을 생성하는 것이 중요하다. 이를 통해 소비자의 경영활동 참가를 통한 친밀도를 조성하거나 당면한 위기를 극복할 수 있어야 한다.

기업커뮤니케이션과 SNS 유형

현재 활발히 이용되고 있는 SNS를 이용동기, 이용자, 이용경향 중심으로 비교해보면 다음과 같다.

구분	왜 이용하나?	누가 이용하나?	어떻게 활용하나?
페이스북	서로 근황을 전하고 삽시다	학교 친구나 사회에서 알게된 지인	기존 지인과의 사회적 관계 유지 및 새 인맥 형성
미투데이	누군지 알고 싶고, 뭔지 보여주고 싶네	일상의 관심사에 대해 새로운 사람과 대화를 원하는 사람	낯설지만 공통의 관심사를 가진 사람과의 소통
트위터	나는 지금 뭐 해	단문 메시지나, 원하는 대상이 제공하는 정보의 구독에 매료된 사람	글쓰기 스트레스 없이 간결한 표현으로 신속 확산
야머	회사 생활과 업무 이야기 좀 더 편하게 해볼까	기업 및 단체 관계자	외부 공개 없이 전 세계 내부 관계자 간의 소통
링크드인	비즈니스를 위해서는 인맥이 중요하지	구직, 업무에 인맥을 활용하려는 사람	직종별, 직종 간 다양한 비즈니스 관계 구축
카카오톡	무료 문자가 필요해	스마트폰 사용자	무료 메시지 소통, 전화번호를 통해 자동으로 소셜네트워크 형성

출처: 이동훈 외(2010) 확산하는 소셜미디어와 기업의 신소통 전략(CEO Information 제 764호, 삼성경제연구소.

광고 미디어로서 SNS

최근 페이스북과 마이스페이스, 유튜브 등은 소셜미디어를 이용한 광고, 즉 '소셜 광고'를 위한 주요 매체로 인식되기 시작하였다. 닐슨(Nielson)의 조사에 따르면, 2009년 6월 미국에만 대략 1억 7,103만 명의 사람들이 세 개의 사이트를 방문하며, 이들은 미국 Top10 온라인 커뮤니티 이용 인구의 3분의 2를 차지하며 동시에 미국 전체 인구 대부분을 대표한다고 볼 수 있다(http://www.nielsen-online.com/pr/pr_090716.pdf).

SNS광고 시장의 급성장

SNS광고 시장의 성장세가 가파르다. 미국 시장조사기관인 eMarketer에 따르면, 전 세계 SNS 광고 시장 규모는 2011년 올해 60억 달러, 올해는 80억 달러에 이른다. 이러한 시장 규모 확대는 페이스북, 트위터 등이 글로벌 진출을 본격화하면서 급성장하고 있기 때문으로 풀이된다. 또한 eMarketer는 "대형 브랜드들이 소셜 미디어에 대한 마케팅 비용을 조정하면서 SNS광고 시장이 덩달아 성장하고 있다."고 밝혔다.(그림)
출처: eMarketer 2011년 2월.

SNS광고 시장규모

구분	2009	2010	2011	2012
SNS광고 시장 규모(역달러)	23.6	34.8	59.7	80.9
온라인광고 시장 비중	43%	5.6%	8.7%	10.2%

Source: eMarketer(2011. 2월)

광고미디어로서 소셜 사이트는 다른 전통적 미디어보다 비용이 저렴하고 타깃 마케팅이 가능한 점 등의 장점으로 매력적인 매체로 인식되고 있다. 최근 페이스북에서의 바이럴 마케팅에 대한 관심이 광고주, 광고대행사 등 광고 주체자들 사이에 증가하는 것도 이러한 맥락에서 이해된다. 페이스북에서는 지역, 나이, 흥미에 관한 자료를 바탕으로 정확한 타깃 오디언스를 선택하여 마케팅 커뮤니케이션 활동을 펼칠 수 있기 때문이다.

페이스북 이용에 관한 주요 통계자료

facebakers(**통계자료사이트**)

2010년 11월 국내 페이스북 이용자수는 2,113,500명으로 전체 인구의 4.35%인 것으로 나타났다. 이를 연령별로 살펴보면, 13~17세 8%, 18~24세 32%, 25~34세 44%, 35~44세 12%, 45~54 3%, 55세 이상 2%이었다. 즉, 일반적인 인식과는 달리 대학생 연령층(18세~24세)의 비율이 중년층보다 낮았으며, 페이스북을 가장 많이 이용하는 연령은 35세부터 30대 후반이다.

아이스트레티지랩스(iStrategy Labs)

온라인 마케팅 기업인 '아이스트레티지랩스(iStrategy Labs)'의 리서치 분석 결과, 18세에서 24세까지의 이용자 비중이 2009년 1월에는 40.8%였지만 6월에는 25.1%로 낮아진 반면 55세 이상 연령층에 속하는 이용자의 비중은 지난 6개월 동안 513.7% 증가하였다. (출처: http://www.kocca.kr/gallery/column/1216078_1381.html).

SNS를 이용한 기업 커뮤니케이션 전략

SNS에 대한 오해와 현실

SNS를 이용한 커뮤니케이션 전략 방향을 올바르게 수용하기 위해서는 SNS를 둘러싼 부정적인 인식이나 그릇된 오해를 직시하고 풀어야 한다. SNS와 관련한 오해를 삼성경제연구소(SERI) 경영노트에서는 "SNS에 대한 4가지 오해"로 설명하고 있다.

오해 1 SNS를 통해 쉽게 고객관계를 구축할 수 있을 것이다.

현실 장기적인 노력없이 불가하다. 기업과 고객의 관계는 단기간의 온라인 접촉보다는 장기간의 대면접촉을 통해 형성된다. 대면접촉의 아이디어를 생각하라.

오해 2 SNS를 이용하면 양방향 소통이 활발해질 것이다?

현실 실제 SNS 참여자는 대부분 단방향 소통에 익숙할 뿐이다. 인터넷 사용자의 90%는 관망하고 9%는 재전송이나 댓글로 콘텐츠에 기여하고(재생산), 1%만이 콘텐츠를 창출하는 경향이 있다.

오해 3 의도한 바를 공중이 잘 이해할 것이다.

현실 온라인에서는 난독증이 많다. 정보가 실시간이라 사고하지 않고 반응하는 경우가 많으며, 자신이 본 정보만 받아들인다. 콘텐츠에서 기업명만 봐도 맹목적인 비난을 하는 것도 비슷한 맥락. 글 자체의 신뢰성과 가치 있는 정보를 잘 보여줄 필요가 있다. 잘 보여준다는 것은 플랫폼에 대한 이해 및 라이팅 기술이 함께 고려되는 것.

오해 4 임직원들이 SNS에 자발적으로 참여할 것이다.

현실 큰 조직일수록 이해관계가 많아지므로 SNS 채널은 골치아픈 뜨거운 감자로 작용하고 있다. 경영자의 의지를 토대로 소통할 수 있는 분위기를 만드는 것이 중요하다.

기업 커뮤니케이션 방향수립의 전제

이러한 전제를 토대로 할 때, SNS를 이용한 기업 커뮤니케이션을 위한 방향은 다음과 같다.

소셜미디어는 관계를 나누는 것이라는 인식이 필요하다.

기업과 고객간 SNS 소통은 대중매체보다 더 실시간으로 지속적인 방법을 사용하여 접근할 필요가 있다. SNS 관리책임자(Ringmaster)를 두고,

고객의 SNS 사용행태뿐 아니라 유통 콘텐츠의 내용과 수준도 면밀히 파악하여야 한다.

이를 위해 일상적으로 SNS를 모니터링하여야 하며, 목표 고객층이 파악될 경우 토론에 전문가 직원이 참여할 필요가 있다.

관계의 양보다 질을 중요시하여야 한다.

트위터의 경우 '팔로우 수' 같은 규모에 집착하기보다는 '콘텐츠 재전송률', '긍정적/부정적 의견비율', 'SNS상에 제기된 이슈와 문의 해결률' 등을 파악하여, 고객과의 커뮤니케이션이 긍정적인 방향에서 이루어지고 있는지를 체크하여야 한다. 단순히 이벤트 참여자수, 댓글수, 회원가입수, 고객의 전화번호 DB를 모으기 위한 것이 아니라 고객으로 하여금 기업(브랜드) 이미지를 제고하고 신뢰할 수 있는 관계로 발전시키며 그 관계를 유지하는 것이 중요하다.

이와 관련하여, SNS 활용에 대한 성과를 평가함에 있어서도 소통되는 '정보의 질'을 지표로 이용하여 평가하여야 한다.

관계를 나누려면 콘텐츠를 선물하여야 한다.

무엇보다 소비자를 속이지 않고, 즐거운 마음으로 참여할 수 있도록 pull-in하는 방안을 모색하여야 한다. 소비자를 끌어들이는 대표적인 선물이 '콘텐츠'일 것이다. 광고를 시청하면 콘텐츠 이용자격을 부여하는 것도 좋은 선물이다.

SNS에서는 수많은 팬보다 1명의 열렬한 반대자가 더 무섭다. 고객관계 구축은 소통도구보다는 콘텐츠의 진정성을 높이는 것이 중요하다. 사안에 따라 온라인과 오프라인에서 고객관계를 강화, 보완, 대체할지 여부를 선택하여야 한다.

메시지 전략 수립방안

이처럼 SNS를 이용한 커뮤니케이션 메시지는 무엇보다 소비자와의 '관계' 지향적이어야 하며, 상업적이거나 마케팅 의도가 중심이 되어 구성되는 것은 바람직하지 않다. 특히 기업이 운용하는 트위터 혹은 기업 블로그에 노출되는 메시지를 중점으로 고려해야 할 점은 다음과 같다.

타깃 오디언스의 흥미꺼리를 연구하여 질 높은 정보를 제공하라.

- 타깃오디언스란 블로그 구독자, 소셜네트워크 회원 또는 친구
- 당신이 스킨케어 제품을 판매한다면, 안티에이징이라든가 여드름 등에 관한 정보/우수한 스킨케어 제품 리뷰 등 스킨케어에 관한 유용한 정보를 제공

마케팅 의도를 눈에 띄지 않게 하라. 최대한 드러내지 않아야 한다.

- 자기스스로 자랑하는 글은 환영받지 못한다.
- 메시지의 90%는 콘텐츠여야 하고, 광고는 최대 10% 이하여야 한다.
- 뉴스나 기사를 단순히 퍼와서 전달하는 것도 자제
- 일반인이 대화에 참여하도록 해야하며 제품과 무관한 얘기도 해야한다. 혼자 독백은 금물.
- 솔직성(transparency)과 진정성(authenticity)을 확보하라. 먼저 친밀감이 형성되어야 신뢰가 형성되고 어떤 관계를 갖고 싶어한다.

개인의 블로그 포스트를 만들거나 타인의 블로그에 글을 기고하라.
이는, 개인의 블로그를 갖는다는 것은 검색어에 노출되는 것을 의미하기 때문이다.

독특하고 호감이 가는 개성을 메시지(또는 포스트)에 불어넣어라.

- 소셜미디어 소비자들은 블로그 등의 주인을 알고 싶어한다.
- 그들에게 ①상품 등과 관련된 스토리를 제공하여 상상력과 감정을 유발하고, ②당신의 인간적이고 사회적인 면모를 보여주어라. 궁극적으로 브랜드 개성을 만들어내는 것이 중요하다.

그림(사진)은 소비자들의 흥미를 끌고 호기심을 불러일으킨다. 비디오도 정보를 제공하는 좋은 도구이다.

적당히 감추어 타깃의 호기심을 불러일으켜라.

- 자이가닉 효과(Zeigarnik effect): 해야할 이야기를 미완성을 제시하면 웹사이트를 다시 방문하고 싶게 만든다.

스팸광고가 생겨나지 않도록 관리하라.

- 본인 스스로 스팸성 블로그를 만들지도 않아야 한다.
- 블로그 규정을 지켜 커뮤니케이션한다. 분위기를 부드럽게 하고, 적절한 방식으로 주의를 끌고, 꼭 오고 싶게 만드는 초대 메시지를 개발, 제시해야 한다.

소셜미디어와 기업 커뮤니케이션의 미래

디지털 미디어의 환경에서 소비자의 역할이 중요시되게 된 데는 스마트폰의 공로가 크다. 스마트폰이 활용화되면서 SNS, 즉 소셜 네트워크 서비스의 사용은 더욱 활발해졌다. 이제는 실시간으로 자신의 상황을 온라인상의 상대에게 전달할 수 있으며, 상대방은 이에 즉각적인 반응을 보인다. 소셜미디어 이용자는 오프라인 친구뿐만 아니라 온라인 친구들을 사귀며 온라인상에 인맥을 구축하고 있다. 개인들은 정보의 소비자인 동시에 정보의 생산자의 역할까지 프로슈머 활동을 전개하고 있다.

온라인 상에서 정보의 생산, 유통, 소비의 전역에 걸친 개인들의 활발한 움직임으로 인해 사이버 커뮤니티가 활성화되었다. 이제는 개인들의 독자적인 활동들이 모여서 하나의 거대한 연결망(네트워크)을 구축하였고, 이는 새로운 사회적 관계 형성이라는 패러다임의 변화를 일으켰다. 일반적으로 소셜미디어란 사람들이 자신의 의견이나 생각 또는 직접 제작한 콘텐츠 등을 다른 사람들과 공유하기 위해 사용하는 온라인 틀과 플랫폼을 뜻하는데, 이러한 소셜 미디어는 텍스트, 이미지, 오디오, 비디오 등의 다양한 형태를 활용할 수 있다는 장점을 가지고 있으며, 가장 대표적인 소셜 미디어로는 블로그(Blog), 소셜네트워크사이트(Social Network Site), 메시지 보드(Message Board), 팟캐스트(Potcast), 위키스(Wikies), 비디오블로그(Vlog) 등이 있다.

앞으로 소셜 미디어는 모바일을 기반으로 더욱 확산될 전망이다. 스마트폰을 위시하여 모바일을 기반으로 하는 매체를 중심으로, 이제는 무선인터넷망만 있는 곳이라면 언제든지 네트워킹이 가능하게 되었다. ABI Research에 의하면 2006년 12월 기준으로 전 세계 모바일 SNS 이용자는 5000만명이며 2011년에는 1억 7400만 명에 이를 것으로 전망했다. 모바일 SNS를 주도하는 사업자로는 크게 기존 유선 SNS 사업, 이동통신사 자체 SNS, 신생모바일 전용 SNS 사업자로 구분된다. 다양한 사업자들이 모바일 SNS 시장에 관심을 두는 이유는 개인화, 이동성을 확보할 수 있는 모바일과 타켓 마케팅이 가능한 SNS를 통합한 광고수익 창출에 있다.

필립코틀러의 말을 빌리자면 오늘날은 '뉴 웨이브' 시대로서 이른바 소셜미디어가 발전하게 된 기반이 확대 조성되고 있다. 사진공유 사이트, 트위터, 유튜브, 페이스북 등의 표현형 소셜미디어, 위키미디어, 로튼토마토, 크레이그스리스트 등의 협력형 소셜미디어가 등장하게 되었다. 페이스북이나 마이스페이스(MySpace), 링키드인(LinkedIn) 등과 같은 소셜 네트워킹 사이트는 실제로 지난 몇 년간 크게 인기를 얻으며 성장하였다. 이들 SNS는 지금도 확산되고 있으며 가공할만한 파워를 지니게 되었다. 그러나 명심해야 할 점은 소셜미디어는 본질적으로 사람들의 사회적 연결과 소통, 관계를 위한 도구라는 점이다. 기업이 자사를 알리고 자기 목소리를 내는 도구로서가 아니라, 고객의 소리를 듣고 고객과 신뢰로운 관계를 형성하기 위해 무엇이 필요할지를 발견하는 통로가 되어야 한다. 마케팅의 도구가 아니라 관계의 도구가 되어야 한다. 기업의 진정성(authenticity) 있는 커뮤니케이션이 있을 때, SNS의 매력적인 전망성도 의미 있는 일이 될 것이다.

• 참고문헌

김강민(2006). 웹 2.0과 소셜네트워크 서울:한국인터넷진흥원:인터넷이슈리포트 2006-04.

김동진(2011). CHEIL WORLDWIDE(제일기획사보) 2011년 1월호.

박윤정(2009). 웹 3.0 정보 서비스의 사례와 시사점, 한국통신사업자연합회, 21(20), 473호.

FKII 조사연구팀(2006). 소셜 미디어(Social Media)란 무엇인가? 정보산업, 242호, 52-55.

심성욱, 김운한(2011). 대학생들의 소셜미디어 이용동기가 소셜미디어 광고 이용의향에 미치는 영향. 한국광고홍보학보, 13(2), 342-377.

심성욱, 김운한, 신일기(2011). 인터랙티브 광고론. 서울경제경영.

유지은(2008). 차세대 킬러앱, SNS. SNS 집중분석 및 기업활용사례. 소프트웨어진흥원.

정유진, 배국진(2007). 소셜 네트워킹 서비스(SNS)의 동향과 전망. Emerging Isuue Report, 1-59.

한국전산원(2005). 차세대 웹, 웹 2.0: 플랫폼으로서의 웹, 웹 2.0이란 무엇인가? IT신기술 이슈 분석.

최민욱(2007). 인터넷광고 이용동기에 관한 연구: 이용과 충족 관점에서. 광고학연구, 18(3), 229-254.

최민재(2009). 인터넷 소셜 미디어와 저널리즘. 한국언론재단. p.266.

Blackshaw, P., & Nazzaro, M. (2004). Consumer-Generated Media (CGM) 101: Word-of-mouth in the age of the Web-fortified consumer. Retrieved July 25, 2008, from http://www.nielsenbuzzmetrics.com/whitepapers.

Blumer, J. G. (1979). The role of theory in uses and gratifications studies; Communication Research, 6(1), 9-36.

Katz, D. H. (1973). Television as a horseless carriage. In G. Gerbner, et al. (Eds.), Communications technology and social policy. New York: Wiley.

Kotler (2010). Market 3.0 From product to customers to the human spirit, 타임비즈.

Lampe, C., Ellison, N., & Steinfield, C. (2007). A Familiar facebook: Profile elements as signals in an online social network. In Proc. CHI 2007, ACM Press, 435-444.

Mangold, W. G., & Faulds, D. J. (2009). Social media: The new hybrid element of the promotion mix. 52(4), 357-365.

McQuail, D. (1972). Sociology of mass communications: Selected readings, Penguin.

Papacharissi, Z. and Rubin, A. M. (2000). Predictors of Internet Use. Journal of Broadcasting and Electronic Media, 44(2), 175-196.

Rubin (1993). Audience Activity and Media Use. Communication Monographs, 60(1), 98-105.

Safko, L., & Brake, D.(2009). The social media bible: tactics, tools, and strategies for business success. NY: Wiley.

http://www.wikitree.co.kr/main/news_view.php?id=26131

04

UCC

기업 커뮤니케이션 수단으로서 UCC의 의미 및 특성

UCC의 개념 및 의미

정보의 공유와 개방이라는 거대한 사회적 흐름을 타고 사용자 제작 콘텐츠인 UCC (User-Created Contents)가 사회 전반에서 활발히 활용되고 있다. 많은 UCC가 미디어의 주요 뉴스 소재로 다루어지고 사회에 반향을 일으키곤 하였다. UCC를 통하여 하루아침에 무명의 가수가 세계의 주목을 받기도 한다. UCC의 파워는 정치분야에서도 나타나 이제 선거전에서 UCC의 활용은 보편적인 현상이 되었다. 이 같은 UCC의 열풍 및 그 영향은 사회의 여러 영역에서 근본적인 변화를 불러일으키고 있다.

UCC는 말 그대로 보통 사람들이 직접 콘텐츠의 생산 활동에 참여하는 것으로, UGC (User Generated Contents)라고도 한다. 인터넷이 발달하고 사회가 다양화되면서 매스 미디어의 영향력이 과거와 같지 않다. 이러한 상황에서 정보의 생산과 소비를 동시에 추구하는 프로슈머 개념이 본격화되었고 이러한 개념을 현실화시키는 도구로서 UCC가 적극적으로 활용되고 있다고 할 수 있다. 즉 그 동안 매체 수용자에만 머물던 보통 사람들이 직접 제작자가 되어 주변에서 일어나는 일들을 기록하고 인터넷에 올려 손쉽게 공유하고 있다. UCC는 엄청난 파급력을 가지고 있다. 미니홈피, 블로그, 카페, SNS 등 개인적인 미디어들이 보편화되면서 UCC를 퍼가는 것이 일상화되었고, 웹 2.0을 특징짓는 이러한 네트워크를 통하여 UCC가 사회에 퍼져 나가는 속도는 무척 빠르다. 거대 미디어가 아니라 개인들도 자신의 생각과 정보를 사회에 전달할 수 있는 장을 UCC가 제공하고 있는 것이다. 또한 UCC는 휴먼 미디어이다. 우리 주변 이웃의 이야기이고 자신과 같은 관점에서 제작된 콘텐츠이기 때문에 기존의 매스 미디어에서 상대적으로 느끼기 어려웠던 인간적인 면이 녹아들어 있는 것이다.

이제 개인들은 블로그와 미니홈피 등 1인 미디어와 커뮤니티 중심의 사이트를 이용하여 자신의 생각과 정보와 작품을 글과 동영상에 담아 표현하고 있으며, 정보의 생산 활동에 적극적으로 참여하고 있다. 특정 출판사나 저자가 아닌 불특정 다수가 참여하여 만드는 백과사전인 '위키디피아'가 그 한 예이다. 이 같은 변화는 여론과 문화측면에서도 다양한 소수 의견이 교환되고 문화의 저변이 넓어지는 효과를 가져오는 등 사회 전반의 다양성을 증대시키고 있다. 즉 소수의 매체들이 아닌 다수의 보통 사람들도 정보의 생산, 유통에 참여하는 힘을 나누어 가지게 된 것이다. 이제 공중들은 기존의 거대 미디어들의 시각뿐만 아니라 자기와 같은 보통 사람들의 시각으로 만들어진 정보와 콘텐츠에 관심을 가진다.

기업 커뮤니케이션 수단으로서 UCC와 이로 인한 변화

80년대 이후 마케팅 환경은 비차별적 대중 마케팅에서 일대일 마케팅, 관계 마케팅 등 소비자 개개인을 중요시하는 차별적 개인 마케팅 중심으로 변화하고 있으며 시장의 주도권이 공급자인 기업에서 소비자에게로 옮겨가고 있다. UCC는 이러한 마케팅 패러다임의 변화를 그대로 반영하는 기업 커뮤니케이션 수단이라고 할 수 있다. 과거, 기업에 의하여 일방적으로 소비자에게 퍼부어지던 커뮤니케이션이 아닌 소비자들의 참여와 협력으로 인하여 한 단계 도약된 새로운 형태의 커뮤니케이션 형태인 것이다. 즉 소비자 중심의 새로운 시장질서가 광고를 비롯한 마케팅 커뮤니케이션에 반영된 것이라고 할 수 있다. UCC와 웹 2.0을 기반으로 한 거대한 변화는 광고를 비롯한 기업 커뮤니케이션 영역에서도 패러다임의 변화를 낳고 있다. 이제 소비자도 기업이 전달하는 메시지의 일방적이고 수동적인 수용자가 아니라 광고를 비롯한 기업 커뮤니케이션 메시지의 생산자로서, 그리고 미디어로서 적극 참여하고 있다. 이는 UCC와 웹 2.0의 근본정신인 참여, 공유, 개방의 개념이 기업 커뮤니케이션 메시지에 적용되는 것이라고 할 수 있다.

UCC로 인한 기업 커뮤니케이션 패러다임의 변화 측면을 메시지 송신자, 메시지를 전달하는 매체, 메시지 수신자 측면에서 살펴볼 수 있다. 먼저 송신자로서 광고주와 광고 제작자 측면에서 살펴 볼 때, 기업에 의해서 일방적으로 소비자에게 콘텐츠가 전달되던 기존의 형태에서, UCC를 통하여 소비자가 콘텐츠를 직접 제작하거나 제작 과정에 참여하는 형태가 된다. 뿐만 아니라 광고를 패러디하거나 블로그 등을 통하여 광고와 브랜드에 대한 본인의 의견을 표현함으로써, 소비자들은 광고를 즐기며 광고되어지는 브랜드와 상호작용을 한다고 할 수 있다(Kilby, 2007). 기업의 입장에서도 개별 소비자가 생산한 콘텐츠에 초점을 맞추어 소비자의 창의적인 표현의 통로와 권한을 확보해줌으로써 이를 통해 자연스럽게 기업의 이미지를 부각시키고 제품을 홍보하는 방향으로 나아가고 있다.

이는 또한 광고 등에 있어서 진정한 양방향성을 이루는 것이라고 할 수 있다. 양방향성은 인터넷 광고의 중요한 잠재력이라고 이야기되어왔다. 하지만 인터넷 광고에 있어서 양방향성은 적극적으로 이루어져왔다고 보기 어려우며, 광고는 여전히 기업의 일방향적인 독백이라고까지 이야기되어왔다. 그러나 UCC를 통하여 소비자는 광고의 수용자이면서 동시에 생산자로서 양방향 커뮤니케이션을 수행할 수 있다.

지금까지 매체를 통한 광고나 홍보는 주로 대기업의 전유물이었다고 해도 과언이 아니다. 그러나 이제 개인들은 UCC를 통하여 광고주로서 저렴한 비용으로 매체에 광고를 할 수 있게 되었다. 즉 판매자 제작 콘텐츠(Seller-Created Contents)를 통하여 자기가 파는 제품, 또는 서비스를 알리는 콘텐츠를 직접 제작하여 인터넷을 통하여 홍보하기가 쉬워졌다. 재미있고 창의적으로 제작된 SCC는 인터넷 홈쇼핑 채널, 동영상 UCC 사이트, 카페, 블로그 등을 통하여 순식간에 수많은 사람에게 전달된다.

UCC는 광고를 전달하는 매체 측면에서도 커다란 변화를 가져온다. 전통적인 매체는 큰 기업으로서 그 수도 적었고, 일반인이 광고메시지를 전달하는 매체 역할을 한다는 것은 상상하기가 어려웠다. 그러나 UCC 기반의 웹 2.0 시대에는 일반 소비자들도 광고 메시지를 전달하는 미디어 역할을 할 수 있게 되었다. 구체적으로 블로그, 미니홈피 등 1인 미디어나 카페의 콘텐츠에 광고를 게재하도록 하고 그에 대한 수익을 얻음으로써 광고 매체 역할을 하고 있는 것이다. 구글이 운영하는 인터넷 광고 서비스인 애드센스를 통하여 소비자는 자신의 블로그 등에 광고를 설치할 수 있고, 방문자가 광고를 클릭하면 수익을 얻게 된다. 이러한 광고 모델은 일본, 중국 등 전 세계적으로 운영되고 있으며, 국내의 인터넷 업체들도 이러한 모델을 운영하고 있다.

UCC는 또한 네티즌들로 하여금 상업 메시지를 전달하는 미디어로서의 역할을 하게끔 한다. 예를 들어 네티즌들은 특정 광고를 패러디하여 자신의 미니홈피나 포털 사이트에 올림으로써, 해당 브랜드는 수많은 개인의 미니홈피와 주요 포털 사이트에 비용을 들이지 않고 노출되고 있는 셈이다. 또한 네티즌들이 영화에 관한 평이나 영화 관련 콘텐츠를 등록 또는 제작한 경우 미니홈피, 블로그 등도 효과적인 홍보매체 역할을 하게 된다.

UCC는 기업 커뮤니케이션 메시지의 수용자, 즉 소비자 측면에서도 패러다임의 변화를 야기시킨다. 매스 마케팅에서 차별적 개인 마케팅으로의 변화에 맞추어 타깃의 특성을 고려한 맞춤형 광고를 집행할 수 있다. 콘텐츠 자체를 기업의 커뮤니케이션 수단으로 활용 시 그 메시지는 해당 콘텐츠에 관심이 많은 소비자들이 보게 되어 핵심 타깃에 브랜드 메시지를 전달할 수 있다. 또한 블로그, 미니홈피 등의 1인 미디어의 콘텐츠에 광고를 집행할 경우, 광고되는 제품이나 서비스에 관심이 많은 소비자를 선별하여 메시지를 전달할 수 있다.

또한 UCC 광고의 경우 소비자의 광고몰입도가 높을 수 있다. TV광고의 경우 프로그램의 분량이 길기 때문에 여러 개의 광고가 집행되어 광고혼잡도가 높아질 수 있고, 이에 따라 광고회피 가능성도 증가할 수 있다. 인터넷 광고 관련 연구에서도 광고혼잡도가 광고회피에 영향을 미치는 것으로 나타났다. 반면 UCC는 콘텐츠 분량이 짧기 때문에 콘텐츠 앞뒤에 각각 1개만의 광고가 집행된다. 이러한 상황으로 특히 앞 광고의 경우 소비자의 광고몰입도가 높아지고 광고회피 가능성이 줄어들 가능성이 높다. UCC 자체가 상업적 메시지를 담고 있을 경우에도 콘텐츠 자체가 소비자가 관심을 가지는 내용이기 때문에 메시지몰입도가 높아질 수 있다.

기업 커뮤니케이션 수단으로서 UCC의 성장 배경

국내에서 UCC는 급속히 사회 여러 분야에서 확산되고 활용되고 있다. 이렇게 급속도로 UCC가 퍼지게 된 배경은 무엇인지 살펴볼 필요가 있다.

하드웨어와 인프라의 구축

우선 UCC의 생산 및 유통을 가능하게 하는 하드웨어와 인프라의 구축을 들 수 있다. 현재 디지털 카메라, 디지털 캠코더, 휴대폰에서 동영상을 찍을 수 있다. 이렇게 동영상 UCC의 생산을 가능하게 하는 디지털 장비를 보통 사람들도 갖추게 되었고 동영상 콘텐츠의 제작, 유통 비용이 낮아지면서 UCC의 성장은 가속화되었다. 또한 인프라 측면에서도 초고속 통신망을 통한 동영상 콘텐츠의 전송과 멀티미디어 기기를 통한 재생이 활성화된 것도 UCC의 성장을 가속화한 요인이다.

공급 측면

공급 측면에서 1인 미디어의 발달로 개인이 제작한 많은 UCC가 생산되고 있는 점을 들 수 있다. 개인들은 미니홈피나 블로그, SNS를 통하여 자신이 직접 콘텐츠를 만들어 유포하고 있다. 이렇게 제작된 UCC는 사회적 네트워크 기능이 강조된 커뮤니티형 서비스를 통하여 빠른 속도로 퍼지게 된다. 따라서 UCC는 콘텐츠의 공급 측면에서 과거 어떤 콘텐츠 유형과 비교할 수 없는 양의 콘텐츠를 공급하게 된다.

수요 측면

수요 측면에서 UCC를 올릴 공간이 많아졌다는 점을 들 수 있다. 현재 동영상 UCC 전문 포털은 물론이고 대부분의 인터넷 포털이 개인이 제작한

UCC를 자사 사이트에 올리게 하고 있으며, 가능한 많은 UCC를 자사 사이트에 등록하게 하기위해 노력하고 있다. 더 나아가 UCC의 수요는 인터넷뿐만 아니라 공중파 방송, 휴대폰으로까지 확장되고 있다.

우리나라의 독특한 인터넷 문화와 IT 기기의 높은 보급률

우리나라의 독특한 인터넷 문화와 IT 기기의 높은 보급률, 국민성도 UCC의 폭발적인 성장의 한 원인이라고 할 수 있다. 우리나라는 인터넷 강국이다. 또한 휴대폰과 디지털 카메라 보급률은 세계 최고 수준이다. 한국의 디지털 세대는 포터블 기기를 가지고 일상을 기록하는 것에 익숙해져 있다. 또한 적극적으로 새로운 트렌드를 받아들이는 속도가 빠른 한국의 네티즌들은 그 어떤 나라보다 빠른 속도로 UCC열풍을 만들어내고 있다.

기업 커뮤니케이션 수단으로서의 차별화

UCC는 기존의 여러 기업 커뮤니케이션 수단들과 차별화된 특성을 가지고 있다. 기업 커뮤니케이션 측면에서 이러한 빠른 성장을 가능하게 한 UCC의 특성을 다른 기업 커뮤니케이션 수단과의 비교 관점에서 살펴볼 필요가 있다. 먼저 UCC는 방송통신융합의 산물이며 향후 방송통신융합의 시대에 적합한 커뮤니케이션 수단이라고 할 수 있다. 실제 UCC는 인터넷과 TV를 넘나들며 사회적 주목을 받고 있다. 앞으로도 UCC는 매체를 넘나들며 소비자와 접촉하면서 방송통신융합시대에 있어서 여러 매체의 기업 커뮤니케이션 수단으로

> **UCC = TV광고 + 인터넷 광고**
>
> UCC는 동영상과 음성으로 특징지어지는 TV광고의 특성과 타깃 마케팅과 양방향성으로 특징지어지는 인터넷 광고의 특성을 동시에 가지고 있다. 또한 동영상광고를 보고 클릭하면 광고주 홈페이지나 프로모션 페이지로 이동하여 곧바로 구매도 할 수 있다.

활용되리라고 예상된다.

UCC는 다른 기업 커뮤니케이션 메시지에 비하여 메시지의 신뢰성이 높을 수 있다. 소비자는 이윤추구를 위하여 기업이 제작한 메시지보다 같은 소비자, 같은 네티즌의 입장에서 제작된 UCC의 메시지에 더 높은 신뢰성을 가진다고 예상해볼 수 있다.

다른 마케팅 커뮤니케이션 수단과 비교한 UCC의 특성으로 다양성을 들 수 있다. 우리나라의 대표적인 UCC 사이트 자료를 통하여 UCC의 생산과 이용양상을 살펴본 임정수(2007)의 연구결과, 기성 미디어에서 우려되어오던 생산과 소비의 집중현상이 UCC의 경우에는 일반화된 패턴으로 나타나지 않았다. 메시지가 전달되는 경로도 종합 포털 사이트, 동영상 UCC 사이트, 블로그, 카페, TV, 휴대폰 등 다양하므로 하나의 컨셉에 대해 다양한 형식으로 접근이 가능하다.

입소문 마케팅(Viral Marketing) 수단

최근 과거에 비하여 매스 마케팅의 영향력이 줄어들면서 입소문 마케팅(Viral Marketing)의 중요성이 대두되고 있다. UCC는 이러한 입소문 마케팅의 효과적인 수단이라고 할 수 있다. 예를 들어 블로그를 통해 브랜드를 홍보할 경우 링크를 통해 다른 블로그들로 광범위하게 빠른 속도로 이동하게 된다. 블로그 등 개인 미디어들은 사적이며 매스 미디어에 비하여 심리적 부담이 작기 때문에 입소문 마케팅에 효과적으로 활용될 수 있다. UCC의 이러한 특성을 간파한 기업들은 신제품 출시 시 동영상 UCC 사이트와 협의하여 UCC를 활용한 입소문 마케팅을 기획하는 사례가 늘어나고 있다.

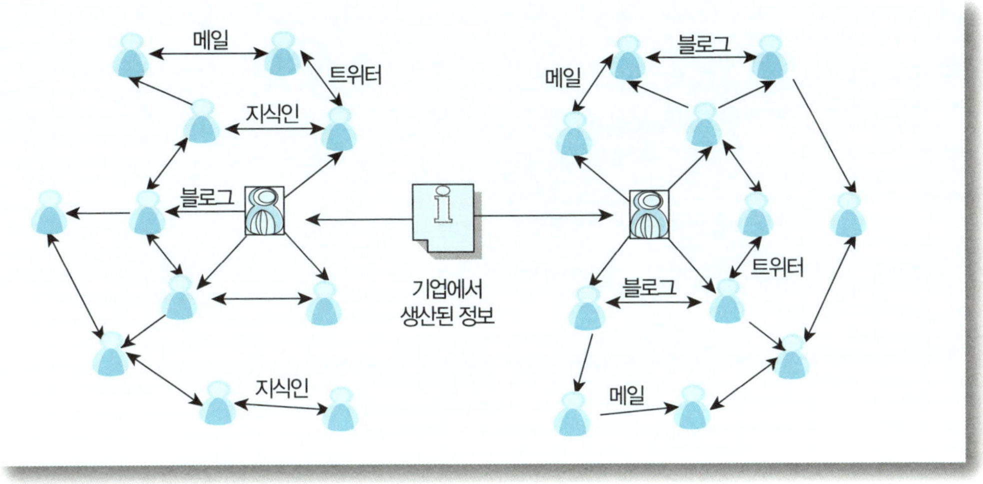

바이럴마케팅 개념도(출처: http://cafe.daum.net/bugangmo)

기업 커뮤니케이션 수단으로서 UCC 활용 현황

일반 개인이 제작하는 콘텐츠인 UCC는 사회 전반에서 많은 변화를 낳고 있다. 이러한 변화는 기업이 소비자를 대상으로 브랜드 관련 메시지를 전달하는 기업 커뮤니케이션 분야에서도 활발히 일어나고 있다. 기업들은 최근의 주요 트렌드인 UCC를 활용하여 이전과는 여러 가지로 다른 방식으로 광고 및 홍보활동을 펼치고 있으며, 소비자도 기존에 기업이 전달하는 광고나 홍보의 수동적 수용자에서 광고나 홍보의 제작과정에 적극적으로 참여하는 능동적 소비자로서 역할을 하고 있다. UCC가 기업 커뮤니케이션 수단으로 활용되는 다양한 방법을 살펴봄으로써, 향후 UCC의 기업 커뮤니케이션 활용 시 도움이 될 수 있을 것이다.

UCC 자체를 브랜드 광고나 홍보 수단으로 활용

UCC 자체가 브랜드의 광고나 홍보 수단으로 활용되고 있다. 기업들은 소비자가 제작한 UCC를 광고로 활용하거나 소비자 UCC를 기반으로 제작된 광고를 집행하고 있다. 엄청난 집행비용이 드는 미국 슈퍼볼 기간에 집행된 광고 중의 하나도 소비자가 직접 제작한 광고였으며, 국내 기업들도 소비자가 제작한 UCC를 광고로 만들어 집행하였다. 이러한 소비자의 광고 제작 현상을 반영하여 미국의 광고전문 잡지는 소비자를 올해의 대행사로 선정하기도 하였다.

기업이 UCC 형태의 동영상을 제작하여 활용

기업이 브랜드의 커뮤니케이션 수단으로서 UCC 형태의 동영상을 제작하여 활용하는 경우도 늘어나고 있다. 이 경우는 소비자가 직접 생산한 콘텐츠는 아니지만 많은 네티즌들이 이를 자신의 블로그나 미니홈피에 등록하면서 기업의 브랜드 콘텐츠가 UCC처럼 활용되는 경우라고 할 수 있다. 한 외국 가전 기업은 새로 출시한 무선 청소기 브랜드 관련 동영상을 UCC 형태로 제작, 블로그 및 포털 사이트를 통해 배포하여 가전제품 매니아들로부터 좋은 반응을 얻었다. 또한 한 인터넷 쇼핑업체는 '바쁜 직장인을 위한 쇼핑 법' 등 다양한 온라인 쇼핑 노하우를 전수하는 '쇼핑 백서' 시리즈를 UCC 형태로 제작, 배포하여 마케팅에 활용하였다.

마몽드 유튜브 브랜드 채널 구축
(www.youtube.com/mamonde)

브랜드 채널 개설 및 운영

UCC 광고를 활용하여 인터넷 동영상 사이트에 브랜드 채널을 개설하여 운영하는 경우도 있다. 이 브랜드 채널에는 기존 광고자료를 볼 수 있는 것은 물론이고 소비자가 제작한 광고, 패러디 광고를 올리게끔 하여 브랜드 커뮤니케이션 채널로 활용하고 있다. 브랜드를 홍보하기 위해 UCC 커뮤니티를 만드는 경우도 있다. 유명 생활가전 브랜드의 홈페이지에서는 자사 브랜드를 홍보하기 위해 주부들이 직접 요리방법을 올릴 수 있는 UCC 커뮤니티를 만들어 활용하기도 하였다.

인기있는 UCC에 PPL 집행

개인의 인기 있는 UCC에 PPL도 활용되고 있다. 한 휴대폰 제조업체는 무용과 학생이 전공을 살려 제작한 '보면서 따라하는 요가' 동영상이 인기를 얻자, 이 동영상의 주인공이 요가를 선보이면서 자사의 DMB폰을 목에 걸고 나오도록 하는 PPL을 시도하였다. 한 화장품 기업은 미대 학생의 UCC인 '뷰티백서'에 자사의 각종 화장품을 협찬하였고 일부 UCC에는 자사 소속 화장 전문가를 출연시켜 직접 화장법 강의를 하기도 하였다.

프로모션 수단으로 활용

UCC는 프로모션 수단으로도 활용되고 있다. 대표적으로 현재 많은 기업에서 실시하고 있는 UCC 광고 공모전을 들 수 있다. 광고 공모전을 개최하여 응모된 UCC 광고들을 네티즌들이 평가하여 선정하기도 하며 선정된 UCC 광고는 실제 기업의 광고 소재로 활용되기도 한다. 또한 실제 광고를 패러디한 광고 공모전을 실시하기도 한다. 실제로 양질의 콘텐츠를 얻고 광고에 활용하기 위한 목적도 있지만 대학생들의 관심사인 UCC와 공모전이라는 개념을 활용하여 브랜드를 홍보하고 브랜드에 대한 선호도를 증대시키려는 프로모션 효과를 기대하는 측면이 크다고 할 수 있다. 이러한 UCC를 활용한 프로모션은 오프라인 이벤트와 연계하여 진행되기도 한다.

미디어로서 역할

UCC는 콘텐츠 자체로서 상업적 커뮤니케이션 수단으로서 역할을 하지만 동영상 UCC 앞뒤 등에 광고가 집행됨으로써 미디어로서의 역할도 하게 된다. 국내 UCC 동영상 사이트나 인터넷 포털 사이트에서 UCC를 보게 되면 UCC 앞 또는 뒤에 ICF (Interactive CF)라고 하는 광고가 집행되고 있는 것을 볼 수 있다. 대기업 광고는 물론이고 중소기업 광고도 ICF의 형식으로 집행되고 있다. 대표적 인터넷 광고인 배너 광고는 소비자들이 배너 광고에 시선을 주지 않으려는 경향을 나타내는 'Banner blindness'라는 단어가 있을 정도로 소비자의 주의를 끌기 쉽지 않은 면이 있다. 그러나 동영상 UCC 사이트에서 UCC를 보기 위해서는 ICF를 보아야 하기 때문에 인터넷 광고 중 주목률이 높다고 할 수 있다. 이 외에도 동영상 플레이어 하단부에 헤드카피 광고를 집행하여 소비자가 클릭하게 되면 홈페이지나 이벤트 페이지로 옮겨가는 기능을 한다.

온라인을 위한 별도의 CF, ICF는 현재...

곰TV의 경우 영화나 유료 구매 콘텐츠 즉 RMC (Ready Made Contents)인 경우에 주로 사전광고와 사후광고를 삽입하고 있고, 다음TV팟은 동영상 틀에 광고주의 로고를 노출하는 형태의 광고를 운영하고 있다. 이벤트 자막이나 해당 사이트로의 이동을 유도하기도 한다.

SCC (Seller-Created Contents)로 활용

UCC는 소규모 창업자들의 광고홍보 수단으로도 활발히 사용되고 있다. SCC (Seller-Created Contents)라고 불리는 이러한 UCC는 소규모 오프라인 업체 또는 1인 쇼핑몰을 운영하는 개인이 본인이 판매하는 제품을 홍보하는 UCC를 제작하여 인터넷 카페나 포털 사이트, 인터넷 쇼핑몰에 올리는 것이다. 인터넷 쇼핑 업체도 입점한 업체들이 제작한 제품 관련 동영상을 제품 소개에 활용할 수 있는 플랫폼을 제공하는 등 SCC의 활성화를 위하여 노력하고 있다. 주로 생활용품이나 가전-컴퓨터 제품, 잡화-화장품 관련 SCC가 주로 올라온다고 한다. SCC는 제품 판매라는 명확한 목적이 있음에도 불구하고 판매 자체에 집중한 콘텐츠보다는 소비자의 감성을 자극하는 재미와 정보를 함께 제공함으로써 구매자들에게 호감을 줄 수 있는 특성을 가지고 있다.

광고 수익원으로서 UCC

UCC의 제작자인 개인들에게도 광고 집행을 통한 수익이 배분되고 있다. 미국의 구글을 비롯하여 여러 동영상 UCC 관련기업들은 사용자가 올린 UCC에 광고를 게재하고 페이지 뷰 등 트래픽에 따라 UCC 제작자에게 현금 지급 등의 방법으로 광고수익을 배분하고 있다. 국내 동영상 UCC 사이트도 사용자가 올린 동영상의 광고량을 계측하고 이에 따라 광고 수익을 UCC 제작자에게 환급해주고 있다.

기업 커뮤니케이션 수단으로서 UCC에 대한 소비자 인식 및 향후 발전방향

기업 커뮤니케이션 수단으로서 UCC에 대한 소비자 인식 조사결과 응답자들은 인터넷 포털 사이트, 동영상 UCC 전문 사이트, 미니홈피 등의 인터넷과 지상파 TV 등의 다양한 채널을 통하여 UCC를 지속적으로 접하고 있는 것으로 나타났다. UCC 이용경험을 성별로 살펴본 결과, 남성이 여성에 비하여 UCC 시청빈도가 다소 높은 양상을 보였으며, UCC 등록과 제작 등 UCC의 적극적 활용 면에서도 다소 높게 나타났다. 또한 응답자들은 UCC를 통하여 게임, 영화, 연예 등의 콘텐츠를 많이 접촉하고 있는 것으로 나타나 UCC가 오락적인 성향이 강한 미디어임을 발견할 수 있었다.

기업 커뮤니케이션 수단으로서 UCC에 대한 소비자 인식을 파악한 결과, 향후 UCC가 중요한 기업 커뮤니케이션 수단으로 활발히 사용되리라는 것을 예측해볼 수 있다. 대부분의 응답자는 UCC가 브랜드의 광고, 홍보 수단으로 활용되고 있다고 인식하고 있으며, 기업 커뮤니케이션 수단으로 UCC가 활용되는 것에 대하여 응답자들은 전반적으로 긍정적인 태도를 보였다. 그러나 콘텐츠 앞뒤에 광고가 집행되는 것에 대해서는 부정적인 태도를 보인 응답자도 꽤 존재하는 것으로 나타났다. 응답자들은 향후 UCC 광고에 적합한 제품으로 자동차, 약 등 구매 시 이성적인 요인이 중요하게 작용하는 제품보다는 영화, 의류, 식품/음료 등 감성적 요인이 중요하게 작용하는 제품들을 지적하였다. 이러한 결과는 UCC의 오락적 미디어 성격과 관련이 있다고 판단되며 향후 실무에서 UCC 광고 집행 시 이러한 결과를 고려할 수 있을 것이다. 다른 인터넷 광고들과 비교한 동영상 UCC 광고의 효과에 관한 인식을 살펴본 결과 동영상 UCC 광고는 '광고 주목'과 '제품 이미지 형성' 면에서 높은 평가를 받아 광고 미디어로서의 가능성을 발견할 수 있었다. 응답자등은 기업 커뮤니케이션 수단으로서 UCC의 성장 가능성에 대하여 대부분이 긍정적인 반응을 보였다.

방송통신융합이 본격화되면서 새로운 미디어들이 출현하고 있다. 이러한 급격한 매체환경 변화 상황에서 그 핵심은 콘텐츠가 될 것이며, 콘텐츠의 생산 욕구 및 소비 욕구는 어떤 형태로든 지속될 것이다. 특히 어떤 형태의 미디어에서도 동영상은 인기를 끌 것이며, 참여와 개방, 다양화라는 사회 흐름 속에서 UCC는 더욱 성장할 것이다. 특히 소비자 참여형 비즈니스 패러다임이 도래한 지금, UCC는 기업의 새로운 브랜드 커뮤니케이션 채널로서 자리를 잡아가고 있으며, 그 잠재력도 뛰어나다고 할 수 있다.

향후 기업 커뮤니케이션 수단으로서 UCC의 활용범위는 더 확대되리라고 예상된다. UCC 자체가 브랜드 커뮤니케이션 수단으로 활발히 활용될 수 있다. 브랜드 커뮤니케이션 수단으로서 UCC의 활용은 Branded Contents의 개념에서 살펴볼 필요가 있다. 광고를 전달하는 미디어의 수가 많아지고 기술의 발달로 광고를 회피할 수 있는 가능성이 많아짐으로써 광고주에게는 소비자의 광고 회피 현상이 중요한 문제로 대두된다. 이러한 미디어 환경에서 브랜드 커뮤니케이션 전략은 소비자가 자발적으로 브랜드 메시지를 보기 원하게끔 하여야 한다는 것이다. 이러한 면에서 소비자가 보기 원하는 콘텐츠 안에 브랜드를 자연스럽게 포함시키는 Branded Contents의 수요가 많아질 것이다. UCC는 이러한 Branded Contents적인 요소를 많이 가지고 있다. 즉 소비자가 회피하는 상업적 메시지를 강제적으로 보게 하는 것이 아니라 소비자가 보고 싶어 하는 UCC 형태의 콘텐츠에 관련된 브랜드 메시지를 자연스럽게 포함시키는 것이다. 이러한 면에서 향후 브랜드 커뮤니케이션 수단으로서 UCC의 성장 가능성을 엿볼 수 있다.

• 참고문헌

권상희, 우지수(2005). 블로그 미디어 연구. 한국방송학보, 19(2), 419-460.

명승은(2007). 판매자도 UCC 열풍 '재치만점 1인광고시대'. 매경인터넷, 2007. 2. 20. http://news.mk.co.kr/newsRead.php?year=2007&no=87666.

임정수(2007). 초기 UCC 생산과 소비의 탈집중 현상, 판도라 TV를 중심으로. 한국방송학보, 21(1), 211-240.

황지연, 성지환(2006). 융합시대 사회문화 트렌드와 UCC 활용전망. 정보통신정책,18(17), 26-55.

Cho, C.H. & Cheon, H. J. (2004). Why do people avoid advertising on the internet? *Journal of Advertising*, 33(4), 89-97.

Hilton, A. (2007). PR still underrates web 2.0 potential. PR Week, Jan 19, 11

Johnson, G.J., Bruner, II G.C. & Kumar, A. (2006). Interactivity and its facets revisited. *Journal of Advertising*, 35(4), 35-52.

Pisani, F. (2006). Journalism and web 2.0. Nieman Reports, 60(4), 42-44.

05

1인 미디어

1인 미디어와 광고

기존의 커뮤니티나 게시판과 같은 인터넷 공간이 사회적 공간이었던 데 비하여 블로그, 미니홈피와 같은 1인 미디어는 개인적 공간의 특성이 강하다. 1인 미디어는 인터넷 공간 속에 나의 사적인 공간인 동시에 타인들에게 자기를 드러내기 위한 열려진 공간이기도 하다. 오늘날의 개인들은 과거 매스 미디어를 통해서 충족시켜왔던 정보 추구, 오락 등의 욕구를 이제 1인 미디어를 통해서도 충족시키고 있다. 특히 방문자 수가 수백만 명인 파워 블로거가 등장하고, 미국의 '페더레이티드 미디어(Federated Media)'와 같은 1인 미디어 네트워크가 성장함으로써 1인 미디어의 파워는 날로 증가하고 있다. 네티즌들의 충성도를 나타내는 질적 지표인 페이지뷰와 이용시간 등을 종합해볼 때 인터넷 서비스 관련 무게 중심이 메일, 검색, 클럽, 1인 미디어의 순으로 옮겨가고 있다고 할 수 있다. 이렇게 1인 미디어가 주목받게 된 가장 큰 이유는 그간 매스 미디어의 전유물로 여겨졌던 정보생성 활동 및 유통권한을 네티즌들도 가지게 되었기 때문으로 분석되고 있다. 이제 블로그, 미니홈피와 같은 1인 미디어를 통하여 누구나 정보 발신자이자 수신자로 활동하는 다수 대 다수의

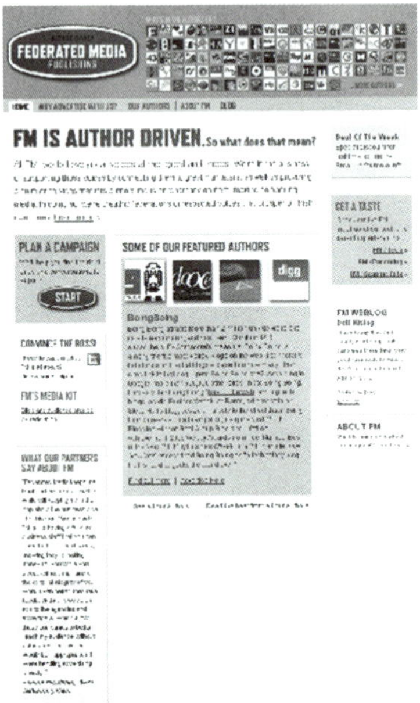

블로그의 미디어화는 팀블로그(Team Blog)에서 나아가 블로그 네트워크 형태로 발전하였다. 페더레이티드 미디어(Federated Media)는 세계적인 잡지 와이어드(Wired)의 창간인 존 바텔(John Barttelle)이 만든 블로그 네트워크로서, 100여개가 넘는 인기 블로그를 영입하여 기존 미디어를 넘볼 만한 영향력을 구축하고 있으며, 마이크로소프트, IBM, 나이키 등 세계적인 기업들을 광고주로 유치하고 있다.

새로운 커뮤니케이션 모형이 구현되고 있으며, 이러한 1인 미디어의 성장은 사회 여러 분야에서 변화를 야기시키리라 예상된다.

최근 1인 미디어가 급격히 성장하면서 국내외적으로 1인 미디어에 광고가 집행되는 사례가 늘고 있다. 국내 1인 미디어 광고 집행과 관련하여 미니홈피에 광고가 집행되고 있는 것 외에 국내 네티즌의 경우 현재 자신의 블로그에 광고를 게재하고 수익을 얻을 수 있는 시스템이 운영되고 있다. 블로그를 통한 광고 수익모델의 대표적인 경우는 구글의 애드센스라고 할 수 있다. 애드센스는 구글이 만든 온라인 광고 플랫폼으로 블로그 등에 노출시키는 일종의 맞춤형 광고라고 할 수 있으며 해당 홈페이지에 달린 글을 분석해 내용에 부합하는 광고를 노출시키는 방식으로 이루어진다. 관심이 있는 콘텐츠를 보기 위해 찾아간 독자들이 관련 광고로 마우스가 옮겨갈 확률이 높다는 사실에 착안한 광고 시스템이라고 할 수 있다. 블로그를 방문한 이용자가 클릭을 통해서 해당 사이트에 들어가게 되면 광고가 진행되었다고 판단하고 그 광고에 대한 광고료의 일부를 애드센스를 설치한 개인 블로거에게 돌려주는 구조로 되어있다.

이렇게 1인 미디어를 통한 광고 집행이 활성화되자 기존 광고대행사와 같이 1인 미디어의 광고와 마케팅을 연결해주는 마케팅 전문회사들이 생겨나고 있다. 1인 미디어 광고 집행과 관련 인터넷 사용자들을 대상으로 실시된 설문조사 결과에 의하면 전체 응답자의 79.6%가 사용자의 동의를 얻거나 광고노출에 대한 부가적인 혜택을 준다면 자신의 블로그나 미니홈피에 광고를 삽입해도 좋다고 응답을 하여 본인의 1인 미디어에 광고를 집행하는 것에 대한 거부감이 높지 않은 것으로 나타났다. 또한 구글의 애드센스와 같은 1인 미디어 광고 수익 배분 시스템이 1인 미디어의 성장에 긍정적인 영향을 끼쳤다는 견해도 있다. 과거에는 대부분의 블로거가 개인적인 차원에서 글을 썼으나 애드센스 효과가 나타나면서 블로거들은 방문자를 끌어당길 전문정보와 시사적인 소재를 글로 써서 올리기 시작했고, 블로거의 운영 목적이 상업적이거나 사회적인 목적으로 운영되는 경우가 크게 늘어나게 되었다. 이러한 사항들을 고려해볼 때 향후 1인 미디어 광고의 성장 가능성은 크다고 할 수 있으며, 이러한 1인 미디어 광고의 성장은 다시 1인 미디어의 성장에 긍정적인 영향을 끼치리라 예상된다.

새로운 광고 매체로서 1인 미디어 광고의 특성과 의미

1인 미디어 광고는 광고계에 큰 변화를 초래하고 있다. 과거 매스 커뮤니케이션 중심의 사회에서 수동적인 정보 수용자였던 개인은 웹 2.0 환경에서 정보의 송신자이자 전달자로서 역할을 할 수 있게 된다. 특히 1인 미디어에 광고가 집행됨으로써 개인은 광고 집행 과정에서 미디어로서 적극 참여할 수 있게 되고, 이를 통하여 커뮤니케이션과 마케팅 환경에서 새로운 능동성을 확보할 수 있게 된다. 새로운 광고매체로서 1인 미디어 광고의 특성과 의미를 미디어, 소비자, 광고주 차원에서 살펴봄으로써 광고계의 새로운 변화의 방향을 이해해 볼 필요가 있다.

미디어 차원

먼저 미디어 차원에서 1인 미디어 광고는 근대 광고 이후 지금까지의 광고 미디어 개념을 근본적으로 바꾸어 놓을 수 있는 새로운 광고 미디어라고 할 수 있다. 지금까지 광고 메시지를 전달하는 전통적인 미디어는 일반적으로 규모가 큰 기업으로서 그 수도 적었다. 따라서 개인이 광고 메시지를 전달하는 미디어 역할을 한다는 것은 상상하기가 어려웠다. 그러나 웹 2.0 환경에서는 개인이 블로그, 미니홈피 등 1인 미디어를 운영하면서 이와 같은 미디어에 광고를 게재하도록 하고 그에 대한 수익을 얻음으로써 광고 매체 역할을 하고 있는 것이다. 1인 미디어 광고의 출현 및 성장은 광고가 집행되는 미디어를 다원화한다는 차원에서 미디어의 롱테일 현상을 낳게 한다. 1인 미디어 환경에서는 수많은 개인들이 퍼블리셔 및 미디어로서 광고 진행 과정에 참여가 가능해졌고 이들은 광고가 집행되는 미디어의 롱테일 현상을 초래하게 된다.

1인 미디어 광고가 집행되는 블로그, 미니홈피는 웹 2.0 기반의 커뮤니티 사이트로 사회적 관계 동기가 주요 이용동기라고 할 수 있다. 관련 연구들에 따르면 인터넷 이용 관련 기대와 만족 요인으로 정보에 대한 욕구보다 접촉에 대한 욕구가 더 중요하게 나타났으며, 웹 2.0 커뮤니케이션 환경을 가능케 하는 인터넷의 주요 동기로 접촉, 친교 등 사회적 관계 동기가 나타났다. 이는 웹 2.0 환경의 커뮤니케이션이 매개(mediated) 커뮤니케이션임에도 불구하고 면대면 커뮤니케이션의 특성을 강하게 가지고 있다는 것을 의미한다.

1인 미디어 광고에 있어서 미디어는 소셜 네트워크(social network) 차원에서 소비자의 참여가 활성화된다는 점에서 기존 광고 미디어와는 차별성을 갖는다. 웹 2.0 환경에서 개인들은 참여라는 개념을 기본으로 능동적이고 활동적인 상호작용을 통하여 정보를 생산하고 교환한다고 할 수 있으며 광고가 집행되는 1인 미디어인 블로그나 미니홈피의 경우에도 이러한 현상이 나타난다. 따라서 1인 미디어 광고에 있어서 소비자인 1인 미디어 운영자나 방문자는 기존 미디어에 집행되는 광고에 비하여 1인 미디어에 집행되는 광고에 더 친밀감을 느낄 수도 있다. 이 경우 광고의 맥락효과로 인하여 광고효과가 높아질 수 있다.

소비자 차원

소비자 측면에서도 1인 미디어 광고는 광고 과정에 큰 변화를 가지고 온다. 먼저 디지털 미디어 환경에서 수용자 특성을 살펴보면 디지털 미디어 환경에서의 수용자는 동질성을 가진 불특정 다수에서 세분화된 수용자로서의 특성을 가지게 된다. 디지털 미디어 환경은 다채널화를 수반하며, 이는 곧 채널의 분화 및 전문화를 통해 수용자의 차별화를 심화시켜 수용자들의 분화 현상을 초래한다. 이는 수용자가 더 이상 익명의 대중이 아니라, 자신의 취향에 맞춰 콘텐츠의 선택이 자유로운 보다 세분화된 공중으로의 변화를 의미한다. 이러한 변화는 커뮤니케이션 과정에 있어서 수용자의 탈대중화를 낳게 한다고 할 수 있다. 이러한 디지털 미디어 환경에서의 수용자 특성은 1인 미디어 광고의 소비자에게도 적용될 수 있다. 1인 미디어 광고의 소비자는 기존의 불특정 다수의 소비자에서 일정한 특성을 가진 소수의 소비자로 변할 수 있는 것이다. 또한 소비자의 정보 취득 증대를 통한 선택의 폭이 넓어지면서 광고, 마케팅 환경에서 소비자의 능동성이 확대되는 현상을 초래하게 된다. 따라서 앞으로 광고는 다수의 대중을 겨냥한 집단광고보다 특정 소비자를 겨냥한 타깃 광고가 효과를 발휘할 수 있을 것이다.

또한 광고의 상품정보 제공 기능을 고려해볼 때 1인 미디어 광고는 소비자가 관심이 있는 특정 제품이나 서비스의 광고를 볼 수 있다는 측면에서 소비자에게 긍정적인 기능을 할 수 있다. 즉 특정 제품이나 서비스와 관련이 있는 세분화된 1인 미디어에 광고가 집행된다는 것은 소비자 입장에서는 자기가 관심이 많은 제품이나 서비스 관련 정보를 자기가 방문하는 1인 미디어 광고를 통하여 쉽게 획득할 수 있다는 것이기 때문이다.

광고주 차원

광고주 입장에서도 1인 미디어 광고의 출현 및 성장은 지금까지와는 다른 광고 전략을 고려하게 만든다고 할 수 있다. 현재 광고 및 마케팅 업계의 큰 흐름인 개별 마케팅 측면에서 획기적인 변화가 일어날 수 있다. 1인 미디어 광고의 소비자가 세분화됨에 따라 차별적인 개별 마케팅으로의 변화에 맞추어 타깃의 특성을 고려한 맞춤형 광고를 집행할 수 있다. 기업은 이를 통하여 해당 제품이나 서비스에 관심이 많은 핵심 타깃을 선별하여 브랜드 메시지를 전달할 수 있게 된다. 또한 광고주 입장에서 1인 미디어 광고가 활성화되면 광고가 집행되는 미디어 영역을 거의 무한대로 확장할 수 있다. 즉 기존의 자사 사이트 안의 광고 영역을 모든 웹 페이지로 넓힐 수 있게 되는 것이다. 또한 기존의 방문객을 기다리는 광고에서 방문객이 있는 개별 페이지를 찾아가는 광고로 바뀔 수 있게 된다. 또한 소비자가 블로그, 미니홈피 등 1인 미디어와의 상호작용을 통하여 1인 미디어와 친밀한 관계가 구축된다면 1인 미디어에 집행되는 광고, 더 나아가서 브랜드와도 친밀감이 구축될 수 있다. 또한 1인 미디어 광고는 구매와 연결될 개연성도 높다고 할 수 있다. 인터넷 광고 자체가 다른 매체 광고에 비하여 홈페이지 연결을 통한 구매로 연결되기 쉬운 특성을 가지고 있는데다가 타깃의 특성을 고려한 맞춤형 광고이기 때문에 이러한 개연성은 더 높아진다.

또한 1인 미디어 광고의 성장은 그동안 상대적으로 광고를 집행할 기회가 적었던 중소기업이나 개인에게 광고 집행의 기회를 증대시킨다는 측면이 있다. 지금까지 매체를 통한 광고나 홍보는 비용 등의 이유로 주로 일정 규모 이상의 기업 중심으로 집행되었다고 할 수 있다. 그러나 1인 미디어 광고에 있어서는 소규모의 특정 타깃을 대상으로 상대적으로 저렴한 비용으로 광고를 집행할 수 있으므로 소규모 기업이나 개인도 광고를 할 수 있는 기회가 늘어나게 된다.

1인 미디어 광고를 수용하는 소비자들의 특성

현재 블로그나 미니홈피와 같은 1인 미디어에 집행되고 있는 광고는 주로 헤드카피나 문맥광고로서 주로 클릭을 통해서 본격적인 광고노출이 이루어지기 때문에 광고효과가 발생하기 위해서는 소비자의 능동적이고 적극적인 광고 수용의사가 필요하다. 이러한 1인 미디어 광고의 특성은 향후 광고연구에 있어서 소비자의 '광고수용' 관점의 중요성을 부각시킨다고 할 수 있다. 인터넷 광고를 비롯하여 새로운 형태의 마케팅 커뮤니케이션이라고 할 수 있는 1인 미디어 광고, 디지털 방송에서의 양방향 TV광고, 브랜디드 콘텐츠(Branded Contents) 등은 모두 소비자의 메시지 통제성, 상호작용성을 바탕으로 기존 광고의 수동적 노출이 아닌 상업적 메시지의 능동적인 선택 및 수용을 통하여 주로 효과가 발생하기 때문이다. 새로운 미디어 및 마케팅 환경에서 이러한 소비자의 능동적인 '광고 수용' 개념은 더욱 중요해지리라 예상된다.

또한 1인 미디어 광고는 미니홈피나 블로그와 같은 소비자 자신의 미디어에 맞춤형 광고가 집행된다는 점에서 '개인성'이 높은 광고형태라고 할 수 있다. 따라서 이전의 광고와는 많은 차이가 있는 새로운 광고개념인 1인 미디어 광고의 초기 수용행태는 소비자 개인에 따라서 다르게 나타나리라고 예상된다.

사회심리학에서 먼저 개발된 개념인 관여도는 광고홍보, 커뮤니케이션, 마케팅 분야에서 다양하게 연구되고 있으며, 일반적으로 제품, 메시지, 상황, 매체 등에 대해 개인이 부여하는 중요성의 정도, 혹은 관심의 정도라고 할 수 있다. 관련 연구들에 의하면 관여도는 광고를 비롯한 소비자의 정보처리과정 및 태도, 구매행위 등에 중요한 요인으로 작용하는 것으로 나타났다. 이러한 관여도 개념은 특정 미디어에도 적용해볼 수 있는데, 미디어 이용행태로서 미디어 관여도란 개인이 특정 미디어에 대하여 얼마나 중요하게 생각하고 의미를 두고 있는지, 얼마나 몰입하고 있는지와 같은 지속적인 관여도를 의미한다. 연구결과 블로그와 미니홈피와 같은 1인 미디어에 대한 관여도의 경우 1인 미디어 광고 클릭경험자와 비경험자 사이에 유의한 차이가 발견되었다. 이는 소비자들이 1인 미디어를 중요하게 생각하고 1인 미디어에 몰입할수록 1인 미디어에 집행되는 광고를 수용할 가능성이 커진다는 것을 의미한다. 이러한 결과를 통하여 실무적으로 향후 1인 미디어 광고 집행 시 1인 미디어 중 사용자(Heavy User)를 대상으로 광고를 집행하는 것이 효과적일 것이라는 시사점을 얻을 수 있다.

개인의 혁신성향은 새로운 제품이나 새로운 미디어를 수용하는데 있어서 중요한 역할을 하는 것으로 나타나고 있다. 또한 관련연구에 의하면 뉴미디어 광고의 개혁(혁신) 속성에 대한 인식이나 개인의 혁신성향이 뉴미디어 광고 또는 신제품 프리 어나운싱 광고의 평가에 긍정적인 영향을 미치는 것으로 나타났다. 1인 미디어 광고는 대중 미디어가 아닌 본인의 미니홈피나 블로그에 광고가 집행된다는 면에서 지금까지 광고 개념과는 다른 새로운 개념의 광고이다. 이러한 1인 미디어 광고의 특성을 고려해볼 때 혁신적인 성향이 높은 소비자일수록 1인 미디어 광고의 수용도 적극적이리라고 예상된다. 연구결과 미니홈피 광고를 클릭해본 경험이 있는 소비자의 경우 경험이 없는 소비자보다 혁신성향이 유의하게 더 높은 것으로 나타났다.

관련 연구에 의하면 광고에 관하여 전반적으로 호의적인 태도를 가진 소비자가 개별적인 광고를 더 적극적으로 수용하며, 광고에 대한 태도가 부정적인 소비자일수록 광고회피 경향이 커진다고 하였다. 또한 이용자의 능동적 노출 및 클릭에 의하여 적극적인 광고수용이 일어나는 인터넷 광고 관련 연구들에 의하면 미디어 이용자들의 광고에 대한 태도가 광고에 대한 능동적 노출 및 광고 클릭 수준, 광고 회피에 영향을 미치는 것으로 나타났다. 현재 미니홈피, 블로그와 같은 대부분의 1인 미디어 광고는 소비자의 능동적인 클릭에 의하여 본격적인 광고노출이 일어나게 된다. 또한 1인 미디어에 집행되는 광고는 결국 소비자 자신의 공간에 광고가 집행되는 것이기 때문에 광고가 집행되는 것에 대하여 자칫 부정적인 태도를 가질 수도 있다. 따라서 평상시 개인이 광고 전반에 대하여 얼마나 긍정적인 태도를 가지고 있느냐가 1인 미디어 광고 초기수용에 긍정적인 영향을 미칠 수 있다고 가정해볼 수 있다. 연구결과 1인 미디어 광고 클릭 경험자가 비경험자에 비하여 광고 전반에 대하여 긍정적인 태도를 보이는 것으로 나타났다. 이러한 결과는 소비자들이 가지고 있는 광고에 대한 태도가 긍정적일수록 개별 광고에 대하여 긍정적인 행동을 보인다는 이전 연구결과들과 맥을 같이한다. 실무적으로는 선별적 광고 집행이 가능한 1인 미디어 광고 집행 시, 소비자의 광고에 대한 태도 정보를 입수할 수 있을 경우 이를 활용한 광고 집행이 효과적일 것이라는 시사점을 얻을 수 있다.

지금까지 나타난 연구결과는 1인 미디어에 광고를 집행하려는 광고업계에 몇 가지 시사점을 제공한다. 연구결과에 의하면 1인 미디어 광고를 클릭한 경험이 있는 소비자들은 비경험자에 비하여 상대적으로 1인 미디어에 대한 관여도가 높고 사회전반의 변화에 대한 수용이 빠른 얼리어댑터(early adapter)일 가능성이 있다. 따라서 광고주 입장에서 소비자의 1인 미디어 광고에 대한 관심을 높이고 효과를 창출하려면 파워 블로거나 사람들의 방문회수가 많은 미니홈피 운영자를 허브(hub)로 활용하여 광고효과를 높이고 구전효과를 창출할 필요가 있다. 더구나 이전의 상업적 미디어들과 비교할 때 1인 미디어는 소비자와 미디어의 상호작용이 활발하고 소비자가 상대적으로 미디어에 대한 친근감이 더 높을 수 있기 때문에 1인 미디어에 광고를 집행하려는 광고주 입장에서는 파워 블로거와 미니홈피를 선별하여 광고를 집행하고 이들 1인 미디어와 좋은 관계를 구축하는 것이 무엇보다도 중요하다고 할 수 있다. 더 나아가 단순히 이들 1인 미디어에 광고를 집행하는 것에 그치는 것이 아니라 1인 미디어 운영자에게 보상을 강화하고 공동으로 다양한 광고 및 프로모션 활동을 함께 진행하는 것이 필요하다.

• 참고문헌

김기원, 김영민(2008). 위성 DMB 사용자들의 매체이용동기와 광고에 대한 태도. 광고학연구, 19(1), 99-133.

김종윤(2005). 네티즌 1인 미디어로 몰린다. ETNEWS, 2005. 10. 28.

김중태(2008). 블로그 저널리즘 경제의 시작과 성장. NIDA 이슈리포트, 2008년 5월호.

김지호, 김재휘(2003). 인터넷 광고의 효과과정에 관한 연구: 자극성과 효과성을 중심으로. 광고연구, 60, 7-35.

문철수(2005). 디지털 미디어 환경 변화에 따른 새로운 홍보 전략. **한국광고홍보학보**, 7(5), 252-277.

박성희, 최준호(2004). 인터넷 이용동기와 이용행태간 상관관계에 대한 탐색적 비교 연구: 한국과 미국의 네티즌을 대상으로. **한국언론학보**, 46(4), 243-270.

박유진(2007). 1인 미디어 이용자들의 자기개념과 꾸미기 아이템 이용동기에 관한 연구. **한국심리학회지**: 소비자 · 광고, 8(2), 259-281.

은혜정, 나은영(2002). 인터넷에서 추구하는 충족(GS)과 획득된 충족(GO) 및 이용행동과의 관계. **한국언론학보**, 46(3), 214-251.

이경렬(2001). 텔레비전 방송광고 회피행동에 영향을 미치는 예측변인들에 관한 연구. **광고학연구**, 12(2), 165-189.

이경렬, 김상훈(2001). 인터넷 배너광고 정보처리 과정에서 조정변인으로서 관여도 및 인지욕구의 역할에 관한 연구. **광고연구**, 52, 73-90.

이경렬, 김상훈(2005). 모바일광고의 접속의향에 영향을 미치는 예측변인들에 관한 연구. **광고학연구**, 16(3), 191-218.

이문규, 김나민(2002). 국내 인터넷 이용자의 시장 세분화 연구. **소비자학연구**, 13(4), 1-30.

이정아, 류지연(2005). 인터넷 광고 회피에 대한 연구: 회피 수준과 회피 예측변인들의 영향력을 중심으로 . **광고학연구**, 16(1), 203-223.

정걸진, 이시훈(2008). 양방향 TV 광고의 평가 요인에 대한 탐색적 연구: 확산이론의 적용을 중심으로. **언론과학연구**, 8(1), 261-286.

정헌수(2003). 신제품 프리어나운싱 광고에 관한 연구: 개념적 고찰 및 소비자 혁신성과 광고반응에 관한 실증분석. **광고학연구**, 14(2), 185-208.

최광(2008). 디지털 개척시대 돈버는 블로그. 매일경제 Citylife 132호(2008. 6. 16).

최순욱(2007b). 네티즌 80% “내 블로그에 광고 괜찮다”. ETNEWS, 2007. 6. 5.

최환진(2006). 대학생들의 블로그 · 미니홈피 이용동기와 이용과정에 관한 연구. **광고학연구**, 17(3), 225-248.

하헌국(1998). 인터넷광고에서 노출의 결정요인에 관한 연구. **광고연구**, 38, 153-183.

Lee, S. & Lumpkin, J. R.(1992). Differences in attitudes toward TV advertising: VCR usage as a moderator. *International Journal of Advertising*, 11(4), 333-342.

Speck, P. S. & Elliott, M. T.(1997). Predictors of advertising avoidance in print and broadcast media. *Journal of Advertising*, 26(3), 61-76.

06

디지털 사이니지와 기업 커뮤니케이션

역사상 가장 오래된 미디어로 여겨져 왔던 옥외광고가 지금 새로운 가치를 지닌 미래형 미디어로 주목받고 있다. 디지털 전광판, 즉 디지털 사이니지가 그것이다. 디지털 사이니지는 기존의 사이니지(Signage, 전광판)에 디지털 네트워크 기술이 접목되었다. 전통의 사이니지들이 최근 IT 기반의 LED, LCD, PDP, AMOLED와 같은 디지털 디스플레이 기술과 결합하면서, 다양한 정보와 엔터테인먼트, 프로모션, 광고 등을 위한 첨단 디지털 미디어로 발전한 것이다. 공공 장소나 개인 사업장에 설치해 광고 및 각종 정보를 전용 스크린으로 제공하는 장치이다. 해외의 경우, 디지털 사이니지는 광고 매체에서 나아가 공간 마케팅, 광고, PR, 도시 디자인의 장으로 이해되고 있다. 본 장에서는 점차 중요시되는 디지털 사이니지가 향후 새로운 광고 플랫폼으로 어떻게 기능할 것인지를 검토하고 기업 커뮤니케이션의 주요 수단으로 그 활용방안을 제시하고자 한다.

이 장의 많은 부분은 지미셰플러(Jimmy Schaeffler)의 저서 'Digital Signage'를 참고하였음을 밝힌다.

디지털 사이니지의 정의

디지털 사이니지의 사전적 정의는 공공장소와 상업 공간에서 다양한 정보와 광고 등의 메시지를 인터랙티브한 방식으로 제공하는 장치이다. 위키피디아에 따르면, 디지털 사이니지는 옥외광고의 한 형태로서, ① 광고의 콘텐츠나 메시지가 전자 스크린, 혹은 디지털 신호(Digital sign)를 통해 나타나며, ② 광고의 콘텐츠나 메시지가 물리적 신호의 제한 없이 변화될 수 있으며, ③ 전형적으로 특정 시간대 특정 위치에서 타깃에게 맞춘 메시지가 전달되는 특징을 갖는다. 디지털 사이니지(Digital Signage)와 유사한 개념은 매우 많다. 기존의 여러 연구에서 언급된 유사한 개념을 정리하면 크게 디지털 측면을 강조한 이름과 네트워크 및 디바이스를 강조한 이름으로 분류된다.

디지털 측면이 강조된 정의로는, "기존 디지털 정보 디스플레이에 Software, Hardware, Contents, Network 등 다양한 IT 기술이 접목된 디지털 정보매체"라 할 수 있다. 네트워크 측면이 강조된 정의로는, "네트워크를 기반으로 하여 한 지점에서 컨트롤되는 "사이니지"로서, 옥외 디스플레이 광고, 공공장소의 정보 디스플레이, 대중교통 운행 정보 및 뉴스를 보여주는 모니터 매장 진열대의 소형 디스플레이 등이 이에 포함된다. 두 가지 경우 모두 소프트웨어와 하드웨어를 포함하는 개념이다. 구체적으로 유사한 개념을 소개하면 다음과 같다.

디지털 측면이 강조된 개념

- 디지털 디스플레이(Digital Display)
- 디지털 미디어 네트워크

- 디지털 메시징(Digital Messaging)
- 디지털 POP (Point-of-Purchase)
- 디지털 간판(Digital Signs)
- 전자 사이니지(Electronic Signage)

네트워크, 장소 측면이 강조된 개념

- 키오스크 시스템(Kiosk System)
- 옥외 미디어 네트워크(Out-of-Home Media Networks)
- Out-of-Home (OOH) Video
- Place-Based Media

한편 디지털 사이니지의 기술적 특성이나 특정 기능이 강조된 정의도 많다. 예컨대, 영상 측면을 강조하여 디지털 사이니지 브로드캐스팅(Dital Signage Broadcasting), 디지털 사이니지 네트워크, In-Store TV, In-Store TV Networks, Screen Media 등의 정의가 있다. 또한, 기능의 역동성, 혹은 상호작용성을 강조한 정의로, 커뮤니케이션 네트워크, 역동적 디스플레이 인게이지먼트 미디어(Dynamic Display Engagement Media), 그리고 Dynamic OOH(혹은 Signage) 등으로도 정의된다. 이밖에 소매점용(Retail) 디지털 미디어, Retail Media Networks도 있다.

유의해야 할 점은, 디지털 사이니지는 옥외광고(OOH)의 형태이지만 인홈 어플리케이션이 포함되어야 한다는 것이다. 또한 디지털 사이니지에 나타나는 콘텐츠는 광고 메시지에 제한을 두어서는 안 되며, 비상업적인 디지털 내용도 포함되어야 한다. 예컨대 교육이나 환경에 기여하는 내용이라든가 기분전환 메시지 등도 포함되어야 한다. 이 밖에 디지털 사

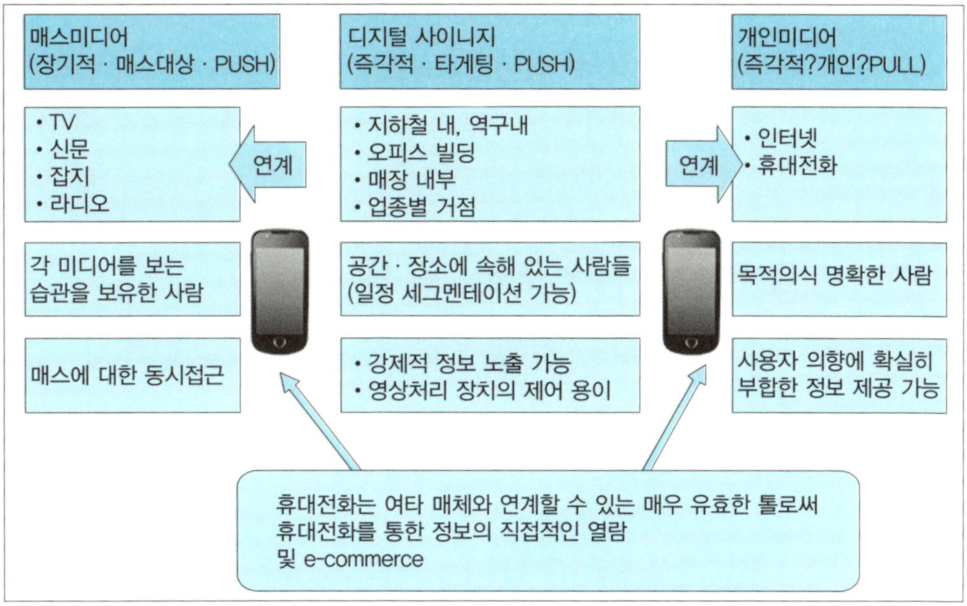

디지털사이니지의 속성[출처: 이하나(2010)]

이니지는 비행기나 기차의 정보용 스크린이나 회의실, 로비, 교육시설 등 기업 커뮤니케이션용 기기, 안전을 위한 어플리케이션, DVD와 같은 이동식 미디어, 기타 대기실과 같은 특정 장소에서의 특정 오디언스를 대상으로 하는 채널 등을 모두 포함한다. 앞으로 디지털 사이니지는 단순히 상업적 기반의 개념만이 아닌, 사회적(공익적) 측면의 디지털 디스플레이 미디어 전반을 다루어져야 한다. 전 세계적으로 디지털 디스플레이 미디어는 다양하며, 그 중 일부분이 상업적 기반의 디지털 '광고' 사이니지인 것이다.

본 장에서는 주로 마케팅 관점에서 '디지털 네트워크를 바탕으로 광고, PR 등 소비자와의 양방향적 브랜딩 커뮤니케이션을 위한 옥외광고'로 파악한다. 구체적으로, 디지털 사이니지는 디지털, 전자적 디스플레이로 구성된 네트워크로서, 광고, 정보, 오락, 타깃 오디언스에 대한 마케팅을 위한 텍스트나 애니메이션, 비디오 형태의 메시지를 전송하며, 중앙시스템을 통해 조작되며 개별적으로 접근할 수 있는 특징을 갖고 있다.

디지털 사이니지의 영역

구체적인 디지털 사이니지의 영역을 살펴보면 다음과 같다. 디지털 사이니지는 상상할 수 있는 모든 문명화된 현장에 나타날 것으로 예상하는 학자도 있다. 이는 상업적, 비상업적 내용을 모두 포함하며, 옥외 및 실내 모두를 포함하는 개념이다. 중요한 것은 어떤 형태를 띌 것인가 하는 문제이며, 어플리케이션은 양적으로 얼마나 발전할 것인가 하는 문제이다. 이와 관련하여, 디지털 사이니지에 대한 측정을 위해 전형적인 단위가 사용되기도 한다. 예컨대 구독자수, 연간 매출액, CPM 등이 그것이다.

디지털 사이니지 산업의 기초는 물론 광고산업이다. 시청률 조사 회사인 TNS 미디어 정보실에 따르면 미국의 광고비는 2005년 1,440억 달러이며, 한국의 광고비는 2012년 10조 원에 이른다. 전 세계 광고비는 2005년 약 3850억 달러이며, 2010년 전 세계 광고비는 약 5천억 달러 규모(약 500조원)에 이른다(PricewaterhouseCoopers). 반면 디지털 사이니지는 전체 광고비의 약 3%로서, 케이블이나 TV에 비해 상대적으로 왜소한 것으로 보고되고 있다.

디지털 사이니지는 네트워크 통제가 가능하기 때문에 지역별, 시기별 맞춤 정보를 제공할 수 있다. 대학교 및 대형병원 등 대형 시설 위주로 디지털 사이니지를 보급해온 KT는 작년부터 엘리베이터와 버스정류장, 지하철, 편의점 입구 등으로 사업 영역을 확대하였다. KT의 경우, 2012년 기준 전국에 3만9천여개의 스크린을 확보하였으며, 올 연말까지 4만2천여 개로 확대한다는 계획이다. LG유플러스는 올 연말까지 아파트 엘리베이트용 LED 모니터를 3만 개까지 늘린다는 계획이다(조선일보 2012년 6월 2~3일자). 디지털 사이니지가 활용되고 있는 주요 장소는 다음과 같다.

- Malls: Kiosk, 인포메이션(안내) 전광판
- 소매점: 슈퍼마켓, 백화점, 약국, 주유소, 편의점
- 거리, 고속도로 주변 빌보드
- Trade Show
- 영화관
- 호텔, 모텔 로비
- 차량: 버스, 택시, 비행기
- 여행센터: 터미널, 공항, 지하철, 기차역
- 엘리베이터
- 체육관
- 공공건물, 공공장소: 병원, DMV(차량국), 행정기관, 지자체 주변
- 예배당
- 놀이동산
- 도박, 게임장소
- 레스토랑
- 은행
- 미용, 헬스 관련 기관:미장원, 스파, 치과 등
- 공장
- 디지털스크린 판매처

도쿄역 야예스지하상가에 설치된 향기나는 디지털 사이니지

일본 도쿄역 야에스 지하상가에는 음식점들의 영상과 함께 음성 정보를 내보내는 디지털 사이니지가 설치돼 있다. 대형 디스플레이 밑에는 쿠폰이 놓여있고 이곳 디지털 사이니지에서는 향기도 나온다. 디스플레이 상단에는 카메라가 장착돼 있어 단말기 이용자들의 연령과 성별, 화면을 본 시간 등을 측정할 수 있다.(출처: 디지털타임스, 2008. 9. 1일자)

향후 주요 디지털 사이니지의 대상지로는 자동차 네비게이션, 공항 내의 시계, 기타 소비자에게 즐거움을 주고 유용함을 주는 모든 곳이 될 수 있다.

디지털 사이니지의 특성

셰플러(Jimmy Schaeffler, 2008)는 디지털 사이니지를 통해 전달되는 콘텐츠의 특성을 크게 네 가지, 즉 상업적, 정보적, 경험적, 행동적 유형으로 구분하였다. 이를 통해 디지털 사이니지를 사용하는 목적을 유추할 수 있다.

상업적(Commercial) 특성

광고회사와 광고주들은 디지털 사이니지가 새로운 세기의 광고환경을 극복하게 할 중요 요소로 간주하고 있다. 디지털 사이니지는 여러 다양한 형태로써 미래의 광고의 핵심적 유형이 될 것이다. 디지털 사이니지는 첫째, 제품 및 서비스 판매와 관련한 전통적인 형태로서, 둘째, 브랜드 인지 및 브랜드이미지 제고의 목적을 달성하기 위해, 셋째, 소비자로 하여금 실제 매장으로 향하게 하는 소비행동 유발을 목적으로 미래 광고의 주요 요소가 될 것이다.

정보적(Informational) 특성

정보적 유형의 대표적 사례는 공항에서 만나는 디스플레이이다. 이러한 디스플레이는 지금까지는 주로 비행 정보에 관한 것이지만 앞으로는 상업적으로 활용될 가능성이 높다. 또한 디지털 사이니지는 국제여행객들의 대기행렬을 대상으로 하는 정보판으로 흔히 사용된다. 여행객들을 대상으로 이민에 관한 정보를 제공함으로써 방문객의 불안을 덜어주거나 관세 담당자와의 커뮤니케이션을 용이하게 할 수 있다.

이 외에 이상적인 사례로 병원의 대기석을 들 수 있는데, 이곳에서 디지털 사이니지를 통해 환자들에게 병원 제품 및 서비스에 관한 정보를 제공할 수 있다.

경험적(Experiential) 특성

병원이나 의사의 방에서 환자는 불안이나 걱정이 많으며, 시간은 느리게 지나간다. 이러한 불안이나 걱정은 대개 질병이나 치료에 관한 정보의 부족에서 비롯된다. 이러한 상황을 이용하여 Baby-TV나 emebaVet과 같은 디지털 사이니지들이 대표적이다. 사업주나 콘텐츠 제공자, 기기담당자들은 환자의 불안을 해소하고 환자의 상태에 대한 정보를 제공하며, 어려운 상황을 극복할 수 있도록 도와준다.

또한 호텔, 스파(spas), 식당 등 환대와 관련된 장소에도 디지털 사이니지가 중요한 역할을 한다. 병원에서와 마찬가지로, 디지털 사이니지는 '지각된 대기 시간'에 영향을 준다. 콘텐츠 내용은 주로 레시피(recipes), 메뉴 등에 관한 것에서부터 공공을 위한 방송, 상품, 기타 호텔안내자에 관한 정보에 이르기까지 다양하다. 이들 정보는 소비자의 경험을 용이하게 하고 경험을 늘리는 데 기여한다.

행동적(Behavioral) 특성

편의점이나 은행, 우체국 고객들은 흔히 서비스를 받기 위해 줄을 서서 기다린다. 이러한 상황은 일종의 "포로로 잡힌 오디언스(captive audience)"라 할 수 있다. 달리 할 일이 없는 고객들은 그저 기다리며 아무 생각없이 시간을 보내게 된다. 이때 잘 만들어진 디지털 사이니지는 시간을 보내는 데 도움을 줄 뿐 아니라 상품 혹은 서비스에 몰입하게(engaging) 한다. 이 밖에 디지털 사이니지는 주유소나 주식시장 등을 방문한 고객들에게 다양한 정보를 제공함으로써 특정 편의상품을 구매하도록 실내를 방문하게 하는 등 행동을 유발한다.

디지털 사이니지의 성공요인

디지털 사이니지의 성공 요인은 크게 교통미디어로서의 특장점과 운영 측면에서의 효율성으로 구분된다.

첫째, 교통미디어로서의 디지털 사이니지는 디지털 미디어로서 다른 사이니지와의 연계가 용이하다는 점이다. 기존 사이니지와의 연계를 통해 광고 메시지를 멀티하게 전개할 수 있어 메시지의 집중도와 회상도를 높일 수 있다. 이외에 신기술 도입 등을 통해 콘텐츠 표현방법을 차별화할 수 있다. 또한, 공공장소를 활용하므로 공공 메시지를 제공할 수 있다는 장점이 있다.

둘째, 유지 보수 등 운영 측면에서 효율적이라는 점이다. 이는 전송업무, 서버의 통합관리, 워크플로우의 시스템화 등을 통해 실현될 수 있다. 이를 도표로 요약하면 아래와 같다.

교통미디어로서의 위상	운영측면의 효율성과 경제성
• 네트워크화–다른 사이니지와의 연계, 사양의 표준화 • 콘텐츠, 표현 방법의 다양화–매스미디어와의 차별화 • 매체가치 측정방법의 확립–오디언스 트래킹(audience tracking) 데이터 활용 • 신기술 도입–3D, 유기 EL 등 • 정보제공의 필요성–공공장소에서의 유용성	• 코스트 다운(초기 도입 및 운영)에 의한 단기회수 비즈니스 모델 창출 가능 • 전송업무의 일원화, 서버통합관리, 워크플로우의 시스템화로 유지, 관리, 보수 비용 절감

구체적으로 디지털 사이니지는 기술적, 시스템적 장점을 바탕으로 여러 가지 이익을 가져다 준다.

수익성(Return On Investment: ROI)

디지털 사이니지는 기업 경영에서 많은 가치를 창출한다. 이를 증명하듯, 관련업계가 초기 디지털 사이니지의 하드웨어와 콘텐츠를 개발하는 한편, 수정 보완을 위해 매월 수천달러를 투자하고 있으며, 이를 통해 매년 두 세배 이상의 수익을 거두고 있다.

광고회피의 해결책

신문, TV 등 주력매체 이용은 줄어들고 이용자의 인터넷 광고 회피 정도가 증가하는 등 광고 환경이 매우 세분화되고 있다. 이에 따라 디지털 사이니지의 역할이 더욱 증대되고 있다. 광고에 대한 자발적 회피가 가능해짐에 따라 디지털 사이니지에 대한 주목도나 관여가 상대적으로 증가하고 있다. 즉 광고 회피현상을 줄이는 해결 방안으로 여겨진다. 왜냐하면 디지털사이니지는 소비자들에게 공감을 주며 상호작용 가능성을 높여주기 때문이다.

특히 디지털 사이니지는 기술적인 장점으로 인해 정보를 쉽고 빠르게 변경하거나 특정 타깃에 맞춘 메시지를 효율적으로 제공하기에 유리하다.

연결성(Connectivity)

디지털 디스플레이는 메시지 제공자와 수용자 간 연결감을 형성해준다. 디지털 사이니지는 다양한 계층의 오디언스의 주의를 끄는 데 뛰어나다. 궁극적으로 디지털 사이니지는 오디언스의 경험을 높여주는 역할을 할 것으로 예상된다. 이와 함께, 디지털 사이니지는 고객 만족도를 높이고, 브랜드 인지도 및 판매량을 제고할 것으로 기대된다.

Quality

소프트웨어와 관련하여, 디지털사이니지는 품질 및 내용의 적절성 문제에 있어 매우 향상되고 있는 실정이다. '사진 이미지'뿐만 아니라 데이터, 비디오 등 디지털 요소들이 스크린 상에 적용되고 있다.

광고비

하드웨어 가격이 갈수록 저렴해짐에 따라 광고매체로서 활용하기 더욱 용이해졌다. 대표적으로 플라즈마 디스플레이(PDP: Plasma Display Panel) 모니터, 액정 디스플레이(LCD: Liquid Crystal Display) 모니터 등의 가격이 불과 수년만에 급격히 하락하여 보다 현실적이고 효율적인 매체로 자리잡게 되었다.

관리성

디지털 사이니지와 관련한 디스플레이는 설치 및 관리가 비교적 용이하다. 예컨대 컴퓨터를 통해 인터넷 접속만 가능하면 어느 곳에서도 콘텐츠를 변경할 수 있다.

접근성과 수용성

접근성은 두 가지 측면으로 이해할 수 있다. 첫째, 광고제작자 입장에서 매체에 대한 접근성으로, 디지털 기술이 발달함에 따라 디스플레이에 대한 접근성이 더욱 용이해진 것을 말한다. 디지털사이니지의 모니터에 구현된 콘텐츠는 인터넷 및 컴퓨터 기술로 365일 언제나 원격 관리할 수 있게 되었다. 무선인터넷 기반의 고품질 비디오 전송시스템으로 이제 유선인터넷 접속이 필요 없게 되었으며, 인터넷 TV (Internet Protocol TV: IPTV)와 위성방송 기술 등으로 인해 디지털 사이니지의 접속과 활용이 더욱 용이해졌다. IPTV 기술의 사용과 MPEG-4 포맷의 발전에 힘입어 디지털 사이니지는 앞으로 저비용, 고효율의 매체로 기능하게 될 것이다.

MPEG (Moving Picture Expert Group)?

동영상 압축기반기술 및 표준에 대하여 붙여진 명칭으로, MPEG 4(엠펙 포)는 MPEG 2의 오디오 부분에 관한 음성압축 코덱의 명칭이다. 이 중 MPEG-2는 일반적으로 디지털 위성방송, 디지털 유선방송 등 디지털 방송을 위한 오디오와 비디오 정보 전송에 관한 표준을 말한다.

둘째, 이용자(소비자)의 디스플레이에 관한 접근성을 말한다. 이는 여러 학술적인 연구에서 증명되고 있는데, 전통 매체 대비 디지털 사이니지 오디언스들은 디지털 사이니지의 콘텐츠를 더 잘 수용하며 메시지 보유에도 효과적인 것으로 나타나고 있다.

디지털 사이니지에 대한 높은 접근성은 높은 수용성으로 이어진다. 예전에는 중소 광고 규모에 주로 사용되던 디지털 사이니지가 이제는 대형 광고주, 그리고 광고 품목에 쉽게 수용되고 있다. 광고주가 쉽게 수용하는 이유는 하나이다. 광고에 대한 오디언스의 수용성이 그만큼 높기 때문이다.

광고수명(Longevity)

디지털 사이니지는 양방향적 특성으로 인해 정확한 타깃에 접근하는 장점이 있어 미래의 성장 가능성이 높다. 디지털 사이니지의 미래를 보여주는 사례로 RFID 기술과의 접목을 들 수 있다. 예를 들어 어떤 사람이 상가나 거리를 걸으면, 자신의 고유한 RFID 정보가 인근 디지털 사이니지 디스플레이에 보내지며 이를 통해 수집된 개인 관련 정보가 광고와 연결되고 활용된다.

RFID란?

RFID (Radio Frequency Identification)는 무선 주파수를 이용하여 대상(물건, 사람 등)을 식별할 수 있는 기술이다. 안테나와 칩으로 구성된 RF 태그에 사용 목적에 알맞은 정보를 저장하여 적용 대상에 부착한 후 판독기에 해당하는 RFID 리더를 통하여 정보를 인식하게 된다. 현재 전자 팔찌나 양주진품 판별, 물류 및 농축산물 관리 등에서 주로 사용되고 있다.

체류시간

체류시간(Dwell Time)은 소비자가 스크린 앞 공간에서 보내는 평균적인 시간을 말한다. 체류시간은 콘텐츠에 매우 중요한데, 콘텐츠를 충분히 인지하고 적응할 시간이 확보되지 않는다면 콘텐츠는 비효율적이고 부적절한 것으로 전락할 수 있기 때문이다. 체류시간과 관련하여, 특정 오디언스의 체류시간이 언제인가도 중요한 문제이다. 오디언스는 끊임없이 이동하는 역동적인 존재이기 때문이다. 오전 시간대에 전달하여야 하는 메시지를 오후에 전달한다면 이상해질 수 있다. 소비자의 체류시간을 새로운 차원으로 고려한다면, 일반적인 광고를 회피하려는 소비자들을 위해 실제 콘텐츠(축구방송)에 가상의 콘텐츠를 PPL로 제공하는 등의 방법으로 체류시간을 인위적으로 연장할 수도 있다.

미래 기술이 발전함에 따라 영화 "Minority Report"가 현실이 될 것이라는 예언이 자주 등장한다. 콘텐츠 생산과 배급에 영향을 줄 기술적 요소들은 많다. 동작탐지기와 RFID와 같은 인식 장치가 결합하여 개인이 누구인지, 그가 좋아하는 것과 싫어하는 것이 무엇인지, 흥미, 열정 등을 정확히 파악할 수 있도록 한다. 그리고 그에 따라 콘텐츠가 제공되며 소비자들이 원하는 메시지를 듣거나 원하지 않는 메시지는 회피할 수 있도록 한다. 음성인식 기기는 소비자들과 업주들 양측 모두 다양한 선택권을 부여하는 효과를 가져올 것이다. 이미 디지털 사이니지 기기 내 콘텐츠를 휴대폰으로 전송하고 필요시 사용할 수 있다. 또한 터치 스크린을 비롯한 다양한 양방향적 기계, 3D 스크린과 같은 고해상의 평면 스크린, 그리고 다양한 콘텐츠를 이용할 수 있는 시대가 되었다.

그러나 모든 사람들을 공통으로 만족시킬 수 있는 콘텐츠는 불가하다. 특정인에 맞춘 특정 서비스들이 각각 다를 것이다. 따라서 디지털 사이니지를 개발하고 있는 기업들은 기업의 모든 부서가 모두 그들이 기대하고 있는 것을 얻을 수는 없음을 명심하여야 한다.

디지털 사이니지의 유형과 사례

디지털 사이니지 유형

디지털 사이니지가 중요한 광고매체로 부각되게 된 데는 무엇보다 현대의 소비자들의 라이프스타일의 변화가 크게 작용한 것으로 보인다. 소비자들의 외부 활동이 증가하고 있으며, 웰빙 열품에 따라 걷기나 캠핑, 동호회 운동 등으로 교외 활동이 증가하고 있기 때문이다. 디지털 사이니지가 중요하게 된 또 하나의 이유는, 기존의 4대매체로 구분되는 매스미디어의 위력이 감소하였기 때문이다. 특히 스마트폰 등 모바일 디바이스에 모션인식이나 NFC(근거리무선통신) 등의 다양한 인터랙티브 요소들이 더해지면서 더욱 개인화한 콘텐츠를 실시간 양방향으로 제공함으로써 향후 옥외광고시장의 괄목할만한 성장이 기대되고 있다.

2000년대 이후 빠르게 등장한 뉴미디어가 기존의 미디어를 대체할 것이라는 예상과는 달리 뉴미디어와 기존 미디어는 상호보완적인 형태를 띠며 복합적으로 사용되고 있다. TV를 중심으로 과거에 비해 미디어의 위력이 감소한데다 새로운 매체의 등장이 가속화됨에 따라 소비자들은 시간과 장소에 구애받지 않고 모바일을 중심으로 다양한 매체를 자유롭게 이용할 수 있는 환경에 살게 되었다. 디지털 미디어로서 모바일과 옥외광고가 결합 혹은 상호보완되어 사용되는 것이 그 단적인 예이다.

디지털 사이니지를 기업 커뮤니케이션에 적용하기 위해서는 디지털 사이니지의 유형을 파악할 필요가 있다. 현재 디지털 사이니지에 대한 연구가 부족한 실정이라 합치된 분류는 없다. 아래는 심성욱 등(2011)의 분류를 인용한 것으로, 전통적인 옥외광고에서 디지털 옥외광고에 이르기까지 대표적인 유형을 언급하고 있다.

커버리지 미디어 옥외광고

커버리지 미디어 디지털 사이니지란 우리가 흔히 보는 노출 중심의 옥외광고를 말한다. 옥외광고 노출이 가능한 커버리지 지역을 중심으로 단순노출을 목적으로 집행된다. 단순노출 이상의 효과를 기대하기 어려우며, 기존의 ATL 광고를 지원하는 고전적 목적이 강하다.

주요특성

- 보조 매체로서 기능(ATL 광고 지원)
- 인지, 회상제고효과

타깃 미디어 옥외광고

타깃 미디어 디지털 사이니지는 이용자들의 정보와 라이프스타일 기반으로 접점을 찾아내어 집행하는 옥외광고의 형태로서, 특히 수용자들의 인구통계학적인 특성을 기반으로 한 광고 유형이다. 이용자들의 지하철 이용 계층과 역과의 관련성 등 맥락을 이용하여 타깃에 맞는 광고를 반복노출할 수 있다. 대표적으로 '지하철 쉘터(Shelter) 광고'를 들 수 있다. 또한, 편의점과 같은 점포 내 디지털 사이니지의 경우 구매욕구가 활성화된 고객을 대상으로 하므로 즉시적인 구매를 자극할 수 있다는 장점이 있다.

주요 특성

- 다양한 형태의 광고를 유연하게 즉각적으로 시행할 수 있다.

- 효과(매출, 방문고객 커뮤니케이션)를 일별로 확인할 수 있다.
- 맥락에 맞는 타깃을 선별하여 광고 효과를 높일 수 있다.

앰비언트 미디어 옥외광고

앰비언트(ambient) 광고는 주변에서 흔히 볼 수 있는 사물이나 자연 등을 매체로 사용하는 것으로, 소비자가 접하는 모든 것이 광고 매체가 될 수 있다는 특성을 갖는다. 따라서 앰비언트 미디어는 타깃, 노출, 빈도, 흥미 등과 관련한 속성이 강하다. 즉, 익숙한 사물을 광고 목적에 부합되는 형태로 보여줌으로써 소비자의 흥미를 자극해낼 수 있도록 재창조하는 장점이 있다. 대표적인 사례로 중국 상하이의 와이플러스 요가센터는 빨대를 광고 매체로 개발해 식당, 커피숍, 바에 제공하였다. 빨대의 구부러지는 부분에 요가를 하는 사람의 사진을 실은 것을 제시하고 있다. 국내 사례로는 하루 유동인구가 75만 명인 서울 동대문 두타빌딩 지하 1층과 지상1층, 3층 화장실 전체를 자사 소주 "처음처럼" 이미지로 꾸몄다.

주요특성

- 소비자의 흥미와 주목도를 높인다.
- 상황(맥락)을 이용하여 광고 인게이지먼트(engagement)를 높인다.

인터랙티브 미디어 옥외광고

디지털 사이니지에 가장 가까운 유형을 말한다. 우선 '인터랙티브 미디어'란 기존의 옥외광고처럼 소비자(audience)에게 일방향성 메시지를 전달하는 매체가 아니라, 소비자가 직접 참여하거나 소비자 개개인에 대한 맞춤형 광고를 제시하는 것을 말한다. 기술적 진보와 더불어, 옥외광고에서도 양방향성 기능을 구현할 수 있게 됨에 따라 상품과 서비스, 정보를 자유롭게 표현함으로써 소비자의 노출, 흥미, 반응을 유발하기에 유리하다. 대표적인 사례로 용산 CGV의 경우 '유니버셜 클라우드' 광고의 경우 이용자들이 터치스크린을 통해 사진을 찍고 이를 화면상에 게시할 수 있도록 하고 있다. 맥도널드가 실시한 디지털 옥외광고 체험 캠페인이 좋은 예이다.

주요특성

- 표현성이 뛰어나다.
- 소비자의 흥미와 주목도를 높인다.
- 상황(맥락)을 이용하여 광고 인게이지먼트(engagement)를 높인다.
- 높은 인터랙션(상호작용성)과 몰입을 유도해낸다.

게임을 이기면 받는 맥도널드 공짜 캠페인

디지털 옥외광고 체험을 통한 'Pick N' Play'라는 고객참여 마케팅 사례로서 2010년 스웨덴에서 실시. 휴대폰 카메라를 이용하여 옥외광고 간판 속 메뉴를 촬영하여 매장을 방문하면 프로모션 메뉴를 공짜로 제공한다. 특별한 어플리케이션을 다운받을 필요 없이 지정된 URL로 스마트폰을 이용해 접속을 하면 대형 옥외광고가 나타나며 이 광고를 통해 이용자가 직접 참여할 수 있다. 게임을 30초이상 진행할 경우 프로모션 메뉴를 공짜로 먹을 수 있는 무료 쿠폰도 제공되었다. 인터랙티브 옥외 미디어를 이용한 샘플 마케팅 사례이기도 하다.

옥외 빌보드를 통해 게임을 하는 맥도널드 캠페인(2010)

디지털 사이니지 주요 사례

최근 멀티터치스크린을 이용한 사이니지가 주목받고 있다. 멀티터치 스크린이란 컴퓨터 스크린에 센서를 설치해 여러 개(사람들)의 터치를 인식할 수 있게 한 것이다. 대표적인 예로 상암 CGV에 설치된 초대형의 'Stickus Wall' 디지털 사이니지가 유명하다. 사용자는 초대형 멀티터치스크린을 통해 사진 촬영과 데코레이션은 물론 휴대폰 MMS 및 이메일 전송, 터치스크린 밖 공간으로의 사진 전달을 통해 다른 사람들과의 콘텐츠를 공유할 수 있다. 이 밖에도 사용자가 직접 참여한 그림이나 게임이 실시간으로 터치스크린에 반영되어 참여자의 집중력을 증대시키는 것이 특징이다.

이외에 옥외광고시장의 새로운 패러다임을 제시하고 있는 디지털 사이니지 사례를 몇 가지 소개한다. 아래 사례는 광고계동향(2008년 6월호)에 발표된 내용을 토대로 재정리한 것이다.

홈플러스 지하철 가상매장

홈플러스 가상매장은 지하철 스크린도어에 홈플러스 매장 모습을 그대로 담은 가상의(virtual) 이미지로 매장을 설치한 것으로, 지하철을 다니는 사람들이 스마트폰으로 사진을 찍어 보내면 QR코드를 통해 실제 쇼핑까지 가능하게 하였다. 2011년 칸 광고제 미디어부문 그랑프리 수상작. 온·오프라인을 통합한 이 광고는 자체조사 결과 약 130%의 매출 증가를 가져왔다.

홍대 만화방 건물 벽면에 그래피티 광고

'2008 컨버스 100주년 기념 캠페인'의 일환으로 래핑이 아닌 그래피티라는 표현 방식을 선택해 마치 거대한 캔버스에 그림을 그려놓은 듯하다. 이 광고는 예술의 거리라는 홍대와 묘하게 조화를 이뤄 새로움을 안겨주었다. 2~30대의 젊은이들을 타깃으로 하여, 컨버스의 젊음과 자유로운 컨셉을 담아 장소와 격식을 벗어난 광고 형태로 보였다.

코엑스몰 리바이스 쇼케이스 광고

하루 10만여 명이 넘는 유동인구를 보유하고 있는 코엑스몰에는 고정매체에서부터 움직이는 모형물까지 다양한 크기와 모양을 추구하는 광고매체들이 존재하고 있다. 지난해 9월, 리바이스코리아가 프리미엄 라인 런칭에 맞춰 코엑스 밀레니엄 광장에 쇼케이스 광고를 집행했다. 실제 판매되는 제품을 전시해 쇼윈도 디스플레이를 연상시키는 이색 형태로 설치, 코엑스를 찾은 고객들의 시선을 사로잡았다.

체험형, 인터랙티브 옥외광고-나이키

코엑스몰과 명동의 나이키 매장에서는 소비자와 양방향으로 교감할 수 있는 쇼윈도 디스플레이를 선보여 화제를 낳았다. 피겨선수 김연아를 모델

로 'This is love'라는 광고 캠페인을 집행하고 있는 나이키는 쇼윈도에 설치된 모니터를 통해 광고 '연아, 사랑에 빠지다'편을 내보내고 쇼윈도에 '사랑에 빠진 연아를 직접 만나보세요'라는 문구를 표출했다. '이곳에 손을 올려주세요'라고 쓰인 곳에 손을 가져다 대면 모니터 속 김연아가 손바닥을 마주하고 서 있는 장면으로 바뀌며 실제로 김연아와 교감을 하고 있는 것 같은 착각을 불러일으킨다. 미세한 진동까지 느껴지도록 만들어져 옥외 광고의 색다른 묘미를 보여주고 있다.

푸마 우산(USAN) 버스승강장 홍보 캠페인

최근 베이징과 2008년 S/S 시즌을 공략하기 위해 집행된 푸마 'Runway'의 새로운 주력 아이템 우산(USAN)의 버스승강장 홍보 캠페인 역시 인터랙티브 광고의 매력을 흠뻑 느낄 수 있는 사례가 되고 있다. 서울전역 100여 개의 버스승강장에서 'Showcase' + 'Music Bus Shelter'라는 컨셉트로 집행된 이 캠페인은 실제 제품의 디스플레이와 음악이 흘러나오도록 돼 있다.

이외에도 MS-Surface, 써니텐 "캔비트"

체험 터치스크린 등의 디지털 사이니지를 비롯하여, 지하철 내 "디지털뷰", 대형마트 디지털 사이니지, QR코드를 이용한 사례 등 인터랙티브 커뮤니케이션을 구현하는 사례, Multi-Vision, Standing-Kiosk, Hanging LCD 등 다양한 형태가 소개되고 있다. 사이클 미디어도 주요한 옥외광고이다. 사이클 미디어는 자전거를 활용한 이동형 신매체로서 이벤트형 현장매체라고 할 수 있다. 이는 디지털 속성은 약하지만 향후 디지털기술 접목이 가능한 분야로서 단기적인 소비자와의 커뮤니케이션에 유리하다는 점에서 주목받는 방법이다. 이는 한 곳에서 붙박이장처럼 소비자가 봐주기를 기다리는 것이 아니라 소비자가 있는 곳으로 직접 찾아가 광고의 주목도를 높이는 방법이다. 이 같은 움직이는 광고판과 더불어 각종 프로모션을 함께 진행해 고객으로 하여금 입소문을 내게 만든다.

디지털 사이니지를 이용한 기업 커뮤니케이션 전략

초기 디지털 사이니지를 기획하기 위해서는 (1) 광고의 목표를 수립하고, (2) 광고 타깃 오디언스를 파악하여야 하며, (3) 광고가 집행될 환경에 대한 분석이 이루어져 하며, 이를 토대로 (4) 맥락에 맞는 아이디어 발상이 이루어져야 하며 (5) 효과에 대한 사전 탐색을 실시한 후에 광고 집행 결정이 이루어져야 한다. 특히 디지털 사이니지는 초기 투자비용이 큰 광고미디어이다. 광고 집행에 신중해야 할 뿐 아니라, 수익이나 성공 가능성을 예측함에 있어 장기적인 관점을 가져야 한다. 구체적인 디지털 사이니지 광고 기획 요소는 다음과 같다.

첫째, 광고 목표 수립 단계이다. 일반적으로 옥외광고 기획시 브랜드 이미지 제고나 브랜드로열티 강화 등의 브랜딩(Branding)적 접근이 적은 편이다. 그러나, 디지털 기술을 이용한 표현성 및 네트워크를 통한 파급성이 뛰어난 디지털 사이니지의 경우는 이러한 브랜드 가치를 높이는 관점이나 장기적인 고객관계를 개선하는 PR (Public Relations) 관점에서 접근할 필요도 있다.

둘째, 타깃 오디언스 분석 단계이다. 타깃의 직업, 소득 등 인구통계학적 특성은 물론이며, 욕구, 동기 등의 내적 특성, 구매습관, 이용패턴, 미디어 이용행태 등의 라이프스타일 요소, 기타 문화적, 사회심리학적 특성에 관한 연구가 필요하다. 이는 디지털 사이니지 광고 아이디어 발상에 매우 중요하다. 디지털 사이니지가 TPO (Time, Place, Occasion)적 접근을 바탕으로 하는 소비자의 생활 속에서 양방향적 커뮤니케이션을 도와주는 매체이기 때문이다.

셋째, 광고환경에 대한 분석 단계이다. 광고의 혼잡도를 파악하여 가시성, 현저성을 고려한 플래닝이 되어야 한다. 특히 광고 환경은 광고 내용을 보완하거나 상승시켜주는 '맥락(context)' 요인으로 기능한다. 따라서, 광고 게시 환경을 바탕으로 소비자가 직접 참여하거나, 소비자의 상황에 맞추어 공감을 확대시키는 아이디어를 찾아 engagement(소비자 몰입과 참여)를 높여야 한다.

넷째, 실행요인 분석과 실행 단계이다. 콘텐츠의 선택은 물론, 소프트웨어 통제시스템과 하드웨어 선택에 대해 고민하여야 한다. 실행 이후에도 설치나 유지, 보수의 문제와 이에 관한 직원 교육 등의 계획을 수립하여야 한다. 특히 콘텐츠의 전송, 유지에 관한 점검 시스템은 필수적이다.

디지털 사이니지와 기업 커뮤니케이션의 미래

지금까지 새로운 마케팅 커뮤니케이션의 도구로서 각광받는 디지털 사이니지의 특성 및 활용방안, 그리고 그 전망성에 관해 살펴보았다. 디지털 사이니지는 지속적으로 콘텐츠를 업데이트 할 수 있기 때문에, 반영구적이며 매체사나 광고주에 의해 원격으로 통제할 수 있기 때문에 탄력적인 광고 전략을 집행할 수 있는 장점이 있다. 디지털 사이니지의 여러 장점을 통해 최근 여러 기업에서 디지털 사이니지를 기업 커뮤니케이션의 주요 매체로 활용하려는 움직임이 증가하고 있다. 이와 관련한 디스플레이 시장이 급속히 증가하는 것도 디지털 사이니지의 전망을 암시하는 내용이다.

이제 국내 옥외광고시장은 환경의 변화에 따라 새로운 패러다임을 요구한다. 옥외매체의 디지털화와 다른 매체와의 통합화 전략이 선호되고, 업계 내 M&A가 활발히 이뤄지며 다국적 옥외 매체사의 국내 자본 유입이 가속화되고 있는 실정이다. 시장조사 전문업체인 미국 디스플레이리서치에 따르면 지난해 세계 디지털 사이니지 출하대수는 110만 대였지만 2011년에는 340만 대로 3배 이상 증가한 바 있다. 그 동안 디지털 사이니지 시장은 유럽 · 미국이 70%를 차지했다. 하지만 앞으로는 신흥국이 견고한 성장세를 보일 것으로 예상된다. 디지털 사이니지가 주목을 받으면서 IT 기업은 물론 콘텐츠 제공업체들도 크게 관심을 보이고 있다. 일본에서는 모니터에 카메라를 탑재해 고객의 성별과 연령대를 인식해 맞춤형 양방향 광고를 내보이는 기술까지 개발하였다고 한다. 이를 통해 오감을 자극하는 감각마케팅을 펼친다. 대표적인 예로, 도쿄역 야에스지하상가에는 음식점들의 영상과 함께 음성 정보를 내보내는 디지털 사이니

광고 목표 수립

- 제품 인지 관련 (회상, 재인)
- 기업 이미지 제고
- 구매 촉진 등 마케팅 관점
- 고객관계관리, PR, 기타 브랜딩 관점

↓

타깃 오디언스 분석

- 인구통계학적 특성–욕구, 동기 등 내적 특성
- 라이프스타일
- 기타 문화적, 사회심리학적 특성

↓

광고환경 분석

- 인구 밀집도, 광고 clutter 정도–가시성, 현저성 영향 요인
- 맥락성(context)
- duration of time
- 참여성 등 engagement 영향 요인

↓

실행 요인 분석 및 실행

- 콘텐츠의 선택
- 소프트웨어 통제시스템
- 하드웨어 선택

↓

실행

- 설치, 유지, 보수, 이와 관련한 교육
- 콘텐츠의 전송, 유지 프로그램
- 점검 시스템

지가 설치돼 있다. 대형 디스플레이 밑에는 쿠폰이 놓여있고 이곳 디지털 사이니지에서는 향기도 나온다. 디스플레이 상단에는 카메라가 장착돼 있어 단말기 이용자들의 연령과 성별, 화면을 본 시간 등을 측정할 수 있다.

국내 옥외 광고 매체사나 대행사는 기존 전통매체나 다국적 옥외 매체사와의 경쟁에서 이길 수 있는 매체파워를 지니기 위해 대안마련에 나섰다. 그러나 이 모든 새로운 움직임의 중심은 소비자며, 차별화된 크리에이티브임을 잊어선 안 될 것이다. 소비자의 개인 상황과 욕구에 맞춘(customized) 맞춤형 커뮤니케이션이 가능한 디지털 사이니지는 스마트미디어의 급격한 확산으로 인해 모바일과 연동되는 인터랙티브 광고매체로서 기능하고 있다. 디지털 사이니지가 미래 모습을 예측하기는 디지털 기술의 미래를 예측하기만큼 어렵다. 분명한 것은, 다양한 매체의 크로스오버가 중요시되는 현대의 기업 커뮤니케이션 활동에 있어 디지털사이니지는 고객과의 실생활에 가장 가까이서 커뮤니케이션하는 핵심 도구가 될 것이라는 점이다. 기업의 입장에서는 광고회사 및 광고주는 디지털 미디어 기술의 접목방안을 보다 다양하게 모색하여야 할 것이다. 이를 통해, 메시지의 적시성(timely), 즉각성(real-time)을 높이는 한편, 소비자의 맥락에 맞춘 콘텐츠를 제공함으로써 커뮤니케이션의 적합성(engaging)을 높일 수 있어야 한다.

• 참고문헌

심성욱, 김운한, 신일기(2011). 인터랙티브 광고론, 서울경제경영

이하나(2011). 광고 매체로서 디지털 사이니지(Digital Signage) 활성화 방안에 관한 연구. 한국디자인문화학회지.

Jimmy Schaeffler (2008). Digital Signage: Software, Networks, Advertising, and Displays. Focal Press.

광고계동향 2008년 6월호. "옥외광고시장의 새로운 패러다임-무한 크리에이티브 이색 옥외광고"

디지털타임스, 2008.9.1일자

조선일보 2012년 6월2-3일.

Part

3

디지털 미디어 시대의 기업 커뮤니케이션 인프라

"방송통신융합 시대의 상호작용적 미디어 환경에서 소비자가 광고를 접촉하고 처리하는 과정이 능동적으로 변화함에 따라, 이들을 끌어들일 수 있는 'pull 형' 커뮤니케이션이 더욱 필요하게 되었다. 소비자의 몰입과 참여, 즉 인게이지먼트가 필요하고 소비자들이 즐길 수 있는 콘텐츠가 중요한 개념으로 부상되고 있다. 이렇게 기업 커뮤니케이션 환경이 급격히 변화함에 따라 기업 커뮤니케이션 규제 관점도 변화해야 하며, 변화된 기업 커뮤니케이션 환경에 능동적으로 대응할 수 있는 전문인력 양성도 시급한 문제이다."

01

기업 커뮤니케이션의 규제와 쟁점

디지털 미디어 시대의 기업 커뮤니케이션 규제 환경

최근 국내 광고계는 양방향 · 가상 · 간접광고 등 신유형 광고의 본격 도입, 광고시장 활성화를 위한 광고규제 완화 등 많은 변화가 일어나고 있다. 이러한 광고환경의 변화와 이로 인한 제도 변화의 근저에는 미디어 환경의 변화가 바탕에 깔려있다. 방송통신융합을 바탕으로 하는 디지털 미디어 환경에서는 전통적인 광고의 개념에 대한 변화를 필요로 하며, 나아가 광고규제의 개념과 방법의 변화를 필요로 한다.

디지털 미디어 시대의 광고의 특성은 먼저 광고 노출과 수용에 있어서 소비자의 능동성이 크게 확장된다는 것이다. 전통적인 방송광고 모델은 적극적으로 광고를 수용할 의사가 적은 소비자에게 광고를 노출시키는 push 형태라고 할 수 있다. 그러나 방송통신융합 시대의 상호작용적 미디어 환경에서 소비자가 광고를 접촉하고 처리하는 과정은 크게 변화된다. 즉 광고에 수동적으로 노출되기 보다는 광고 접촉 여부와 시간을 본인이 선택하는 pull 형태로 바뀐다고 할 수 있다. 광고 정보에 대한 개인의 능동적 참여는 물론 개인이 상업활동의 주체가 되어 자신의 블로그를 통해 광고 정보를 제시하는 경우도 흔하며, 기업에서 파워블로그 등 소비자의 정보활동을 마케팅에 이용하는 커뮤니케이션 사례도 많다. 이러한 과정에서 정보의 공정성과 윤리성 등이 심의 및 규제의 대상이 될 수 있다. 파워블로거의 상거래에 관한 규제 방안이 논의되고 있는 것도 이러한 맥락에서 이해된다.

소셜 미디어의 특성

관련 법(개정)	절차	조치
'전자상거래 등에서의 소비자보호에 관한 법률'을 연내에 개정	인터넷 카페 홈페이지 하단에 사업자등록번호, 사업용계좌번호, 계좌주 공개 의무화'	– 위반시 과태료 부과 – 국세청 세원 집중관리 및 세무조사
전자상거래 등에서의 '소비자보호에 관한 법률'과 '표시광고법' 적용	파워블로거의 판매수수료 등 부당이익 취득 여부 판단	블로그에 올린 글이 허위과장광고에 해당할 경우 과태료 부과

출처: 2011. 7. 6일자 조선일보

디지털 미디어 시대 광고의 또 다른 특성은 광고형태와 개념의 변화이다. 전통적인 방송광고 환경은 광고의 길이가 15초, 30초 등 한정적이었으며, 따라서 광고는 시간의 제약으로 인해 소비자들이 원하는 만큼의 충분한 정보를 제공하기 어려웠다. 방송통신융합 환경에서는 데이터 방송이나 인터넷 등과 같은 부가서비스가 가능하기 때문에 무한정의 정보량을 제공하는 것이 가능하다. 소비자는 TV 광고를 보면서 필요할 경우 선택적으로 추가적인 정보를 요구할 수 있는 형태가 된다. 또한 요구된 정보는 별도로 인쇄되거나 저장될 수 있어, 적당한 시간에 요청한 정보를 볼 수 있게 된다. 따라서 소비자는 다량의 정보를 기초로 하여 합리적으로 구매결정을 할 수 있다. 또한 디지털 환경에서의 광고는 직접 판매기능까지 수행할 수 있다. 즉 'T-커머스(Commerce)'로 불리는 방송과 연결된 전자상거래 등 인터넷 기반의 다양한 서비스를 제공받을 수 있다. 소비자는 광고를 보고 원하는 제품을 바로 구매하게 됨으로써 이 경우 광고는 마케팅과 보다 직접적인 연관을 맺게 된다.

디지털 미디어 시대 광고의 또 다른 특성으로 프로그램 콘텐츠와 광고의 결합을 들 수 있다. 최근 다양한 뉴미디어 및 마케팅 커뮤니케이션 수단들의 등장으로 광고 미디어로서 4대 매체의 영향력이 점차 감소하는 추세이다. 특히 광고노출의 증가에 따라 심화되는 광고의 밀집현상(advertising clutter) 및 시청자의 능동적인 광고의 회피현상(zapping 혹은 zipping) 등은 기존의 대중매체를 통한 광고 메시지의 효과를 더욱 떨어뜨리고 있는 주요 요인이 되고 있다. 이러한 상황에 대처하려는 광고업계의 노력과 방송통신융합에 따른 디지털 미디어 기술의 발달, 다양한 미디어의 출현이 맞물려 최근 프로그램과 광고의 결합, 즉 비상업적 콘텐츠와 상업적 콘텐츠의 결합이 다양한 형태로 시도되고 있다. 콘텐츠 안에 브랜드 메시지를 삽입하는 간접광고, 가상광고가 활성화될 예정이고, 브랜드와 콘텐츠의 결합된 형태인 Branded Contents가 다양한 형태로 시도되고 있다.

광고 메시지의 노출 여부 및 범위(시간)를 소비자가 능동적으로 선택할 수 있는 방송통신융합 환경의 광고규제는 전통적인 미디어 환경에서의 그것과는 다를 수밖에 없다. 왜냐하면 기존의 광고규제는 전통적인 미디어 환경에서 본인의 의사와는 상관없이 수동적으로 광고 메시지에 노출되어야 하는 소비자를 전제로 한 것이기 때문이다. 또한 새로운 미디어들이 출현함에 따라 광고의 형태와 개념이 과거와 크게 달라지고, 콘텐츠와 광고가 결합함으로써 비상업적 메시지와 상업적 메시지의 구분이 어려워지는 방송통신융합 환경에서는 기존의 광고규제 관점에 대한 현실적인 변화가 필요하다고 할 수 있다.

더구나 국내의 경우 현재 방송계의 구조 개편을 비롯한 매체환경의 변화, 방송광고 사전심의제도 위헌 판결에 따른 자율심의 제도 확립, 한국방송광고공사(KOBACO)의 독점 해소에 따른 미디어랩 경쟁체제 도입, 양방향 · 가상 · 간접광고 등 신유형 광고의 도입 등 광고업계의 지각변동에 따라 디지털 미디어 시대 광고산업의 건전한 발전을 위한 효율적인 광고정책 및 규제에 관한 논의 및 제도 정립이 시급한 상황이다.

디지털 미디어 시대 광고규제 관련 주요 쟁점 및 제언

규제의 범위와 방법

디지털 미디어 시대의 광고 규제는 규제의 범위와 방법에 있어서 기존 미디어 환경에서의 그것과 많은 차이가 있을 수밖에 없다. 먼저 디지털 미디어 환경에서 전통적인 개념의 규제가 현실적으로 가능하고 필요한가라는 의문이 제기되고 있다. 예컨대, 방송산업의 경우 전파 희소성의 개념에 입각하여 처음부터 독점 상태로 출발했고, 채널 운영에 막대한 비용이 필요해지면서 잠재적이나마 접근 자체가 제한되어 왔다. 이로 인해 방송산업은 공적 영역에 포함되는 공적 기관이라는 인식 하에 오랫동안 규제를 받아왔으며, 그에 따른 각종 의무 및 혜택이 부과되거나 제공되어 왔다. 이와 같은 의무와 혜택이 부여된 것은 방송이 지니는 고유한 공적 임무 즉 시청자에 대한 공익성 실현의 의무 때문이다. 그러나 디지털 미디어 환경에서 다매체 다채널 시대로 접어들면서 전파의 희소성에 근거한 방송산업 규제는 점차 그 정당성을 잃어가고 있다.

공익성과 관련하여서도 모든 방송은 공익성을 추구해야할 의무가 있으나, 유료서비스에 대한 공익의 개념은 지상파 방송과는 차별화되어야 한다. 가입에 의해 수익성을 확보하는 방송은 이미 산업으로서의 방송을 의미한다고 할 수 있으며, 이것이 플랫폼 단위가 아니라 서비스의 단위로 제공되었을 때는 공적 책임보다 사적 이익 추구에 더 많은 무게가 실릴 수밖에 없다. 더욱이 소비자가 매스 미디어에서 전달하는 메시지의 수신뿐만 아니라 구체적인 정보 탐색, T-커머스 등 개인적인 커뮤니케이션 및 마케팅 활동을 수행하는 디지털 미디어 환경에서 기존 방송콘텐츠나 방송광고의 규제원리로 적용되어온 공익성 개념을 적용하는 것은 비현실적이라고 할 수 있다.

또한 디지털 미디어 환경에서 양방향 데이터 방송서비스와 'On-Demand'의 결합을 바탕으로 한 소비자 능동성의 대폭적인 확대는 광고규제를 둘러싼 많은 논란의 여지를 무색하게 할 수도 있다는 지적도 있다. 즉 일반 공중의 이익을 고려해 획일적으로 짜여지던 아날로그 방송에서의 채널 편성이나 프로그램 편성이 다채널 양방향 방송 덕분에 시청자 각자의 입맛에 따라 능동적으로 골라보는 환경으로 바뀜에 따라 규제 자체가 불필요하다는 주장도 제기되고 있다. 더욱이 최근 광고를 보지 않을 수 있는 개인화된 TV 서비스의 등장은 이러한 추세를 가속화시키리라고 예상된다. 이러한 점들을 고려해볼 때 향후 디지털 양방향 데이터 방송서비스 환경에서는 광고에 대한 제재가 상당히 어려워 질 것이라는 예상도 있다. 그러나 방송통신융합 환경에서도 광고가 상업적 커뮤니케이션이기 때문에 허위, 과장 광고로부터의 소비자 보호, 공정한 경쟁을 통한 관련 산업의 발전, 어린이 등 특정 소비자 층에 대한 보호 등의 이유로 공공의 이익을 위한 규제는 필요하다고 할 수 있다.

일반적인 광고규제 유형은 규제시기와 관련하여 사전규제와 사후규제, 규제주체와 관련하여 자율규제와 타율규제로 구분된다. 디지털 미디어 환경에 걸맞는 규제의 관점에서 이러한 개념들과 함께 수용자 특성을 고려한 규제에 대하여 살펴볼 필요가 있다.

규제시기

사전/사후 규제와 관련, 디지털 컨버전스 환경으로 인한 다매체, 다채널 시대에서 광고와 같은 상업적 콘텐츠를 사전에 심의하는 것은 그 양이 엄청나 물리적으로 불가능해 보인다. 또한 소비자가 원하는 광고를 본인의 의사에 따라 능동적으로 시청할 수 있는 상황에서 광고를 어떻게 사전에 규제할 수 있는지의 문제도 제기된다. 즉 일반 공중의 이익을 고려해 획일적으로 이루어지던 아날로그 방송에서의 프로그램 편성 및 채널 편성이 다채널 양방향 방송 덕분에 시청자 각자의 자발적 의지대로 선택해 보는 환경으로 바뀜에 따라, 사전규제가 현실적으로 가능한지의 문제가 제기되는 것이다. 더구나 '티보(TiVo)'나 '퍼스널 비디오 레코더(PVR)'의 예에서 볼 수 있듯이 기술의 발달로 이제 소비자가 원하지 않는 광고를 보지 않는 것이 가능해졌다는 점도 이러한 문제를 제기하게 한다.

더구나 디지털 미디어 환경에서 소비자가 TV로 방송 콘텐츠만 보는 것이 아니라 다양한 행동을 한다는 점도 사전규제를 어렵게 한다. 예를 들어 전문홈쇼핑채널 광고는 방송 도중 소비자들이 요구하는 정보를 즉석에서 알려주는 등의 양방향 커뮤니케이션의 실현이 가능하다. 하지만 전문홈쇼핑 채널 광고가 미리 제작된 후 사전심의를 거치게 된다면, 광고 방송 시 소비자들이 가지게 되는 의문사항은 제한적으로 해결될 것이다. 이렇게 방송통신융합 환경에서 소비자는 미디어와의 상호작용을 통하여 상세한 정보검색, T-커머스 등 개인적으로 다양한 활동을 하게 된다. 또한 이들이 행하는 미디어와의 상호작용적 행동은 너무도 다양한 형태로 나타난다. 이러한 모든 요소들이 디지털 컨버전스 환경에서의 광고나 상업적 메시지에 대한 사전규제를 어렵게 만든다. 이러한 상황을 충분히 인식한 영국의 심의 규제 공익기관인 ITC는 양방향방송사업자들과 광고주들에게 제공한 지침에서 양방향 TV 콘텐츠의 사전심의는 현실적으로 적절하지 않을 뿐만 아니라 실용적이지도 못하다고 명시하고 있다.

규제 주체

디지털 미디어 환경은 각 국가로 하여금 광고규제 주체와 관련, 타율규제에서 자율규제로 변화하게끔 하고 있다. 그 중요한 이유 중의 하나는 방송과 통신의 융합현상으로 새로운 성격의 미디어가 지속적으로 탄생함으로써 미디어 관련 산업 환경이 급속히 변한다는 것이다. 이는 기술의 발전으로 인하여 야기되기도 하지만 방송, 통신, 컴퓨터, 오락/문화 분야에 속한 기업 간의 제휴나 합병으로 야기되기도 한다. 이러한 급속한 변화 상황에서는 법이나 규정에 의한 규제보다는 자율규제가 이러한 변화에 더 유연하게 대처할 수 있다. 또 한 가지 이유는 디지털 시대를 맞아 광고매체와 형태가 급격히 늘어남에 따라 정부기구가 늘어나는 규제업무를 감당하기 어렵다는 것이다. 영국의 방송통신위원회라고 할 수 있는 Ofcom이 광고규제 의무를 외부의 자율규제 시스템에 위탁한 주요 이유 중의 하나도 이를 통하여 방송, 전자 및 인쇄미디어의 융합으로 제기되는 규제증가의 문제를 해결하자는 것이었다.

이러한 이유들로 디지털 미디어 시대를 맞아 기존의 자율규제 시스템을 적용하고 있는 국가들은 물론이고 타율규제 시스템을 운용하던 국가들도 자율규제 시스템으로 변화하고 있다. 많은 업계 관계자와 학자들에 의하여 오늘날의 미디어 환경에서 자율규제 시스템이 바람직하고 효율적이라고 주장되어왔다. 많은 광고규제 관련 법규들이 특정 제품이나 광고 메시지에 관하여 규제를 하고 있지만, 과장광고나 불법적인 광고를 억제하는데 있어서 자율규제가 가장 효율적이라고 주장되고 있다. 또한 여러 나라의 광고규제 정책에서 자율규제와 법에 의한 타율규제가 함께 사용되고 있지만, 이러한 경우 자율규제가 중심적인 역할을 하여야 한다고 주장되어지기도 한다. 또한 법적인 규제의 효과를 높이기 위해서도 잘 정비된 건전한 자율규제 시스템이 필요하다고 언급되어진다. 또한 유럽광고표준위원회의 의장인 Graham은 광고 자율규제는 광고업계가 사회적으로 책임 있는 광고를 자유롭게 하는 데 있어서 필수불가결한 요소라고 주장하였다.

수용자 특성

디지털 미디어 환경에서 광고규제 정책 수립 시 기준이 될 요소의 하나는 수용자 특성이다. 즉 전송 네트워크에 따라 규제를 하기보다는 서비스의 제공 대상, 제공 목적에 대한 구분에 따라 규제의 적용 범주를 결정한다는 개념이다. 이러한 개념의 중심에는 광고의 수용자, 즉 소비자가 존재하며 소비자의 니즈(needs)나 광고가 소비자에게 미치는 영향력이 판단의 기준이 된다. 따라서 디지털 양방향 미디어 환경에서 동일한 미디어에서 제공되는 서비스라고 하더라도 다수를 대상으로 하는 방송 성격의 서비스에서는 기존 방송광고에 적용된 규제의 개념이 적용될 수 있지만, 개인적인 차원의 상호작용 서비스에서는 이러한 규제 개념을 적용하는 것이 바람직하지 않다고 할 수 있다.

또한 디지털 양방향 미디어 환경에서 성인을 대상으로 하는 콘텐츠와 어린이, 청소년을 대상으로 하는 콘텐츠에서의 광고규제도 차별화하는 것이 바람직하다. 인지발달 단계, 사회화 단계, 주요 관심사와 정보처리 과정, 구매능력 등의 측면에서 성인과 차이를 보이는 어린이와 청소년을 대상으로 하는 광고 메시지 전달 시 광고 커뮤니케이션 수용자로서 이들이 지니고 있는 취약점을 고려하여야 한다. 어린이는 성인에 비하여 자신에게 제공되는 정보의 성격에 대해 이해력이 부족한 경우가 있으며, 정보의 진위를 판단하는 능력도 부족하다. 또한 사회화 과정에 있는 어린이에게 광고가 교육의 중요한 일부를 차지한다는 광고의 잠재력을 고려해 볼 때 어린이를 대상으로 한 광고규제 정책 수립 시 성인을 대상으로 한 경우보다 더 세심한 주의를 기울여야 하며 수용자 측의 복지와 권리에 더 초점을 두어야 한다.

특히 기존 미디어 환경에 비하여 비상업적 콘텐츠와 상업적 콘텐츠의 구분이 어려워지는 디지털 양방향 미디어 환경에서는 어린이들처럼 판단능력이 부족한 무방비 사태의 소비자층을 적극적으로 보호할 제도적 장치가 필요하다고 할 수 있다. 따라서 프로그램과 상업적 메시지가 연동되는 CIP (Commercial in Program)의 경우 어린이를 대상으로 한 프로그램에는 적용하지 않는 것이 바람직하다고 할 수 있다. 영국의 경우도 디지털 양방향 방송서비스에서 어린이 대상 프로그램은 양방향 TV광고와 링크될 수 없다고 규정하고 있다. 중간광고 도입에 관하여 살펴본 문철수의 2007년 연구에서도 향후 중간광고를 도입하더라도 어린이 대상 프로그램에서는 도입을 제한하는 방안을 안의 하나로 제시한 것도 이러한 광고 메시지 수용자로서 어린이의 특성을 고려한 것이라고 할 수 있다.

비상업적 콘텐츠와 상업적 콘텐츠의 구분

최근 뉴미디어 출현으로 인한 광고 미디어 수의 증가 및 새로운 마케팅 커뮤니케이션 수단들의 등장, 광고에 대한 소비자 불신 경향, 기술의 발달로 인한 광고회피 가능 등의 원인으로 전통적인 4대 매체 광고의 효과가 과거에 비해 감소하고 있다. 이러한 상황에서 브랜드 메시지를 효과적으로 소비자에게 전달하려는 광고업계의 노력의 일환으로 과거에 분리되었던 콘텐츠와 광고를 통합시키려는 경향, 즉 콘텐츠에 광고를 삽입하려는 경향이 증가하고 있다. 이러한 광고업계의 노력은 간접광고, 가상광고, 브랜디드 콘텐츠(Branded Contents)의 형태로 나타나고 있다.

PPL과 같은 간접광고는 기업의 입장에서는 기존의 상업광고매체에 식상해 있는 소비자에게 보다 효율적이고 효과적으로 접근할 수 있다는 점에서, 콘텐츠를 제작하는 입장에서는 제작비용을 줄일 수 있다는 점에서 그 활용이 증가하고 있다. 또한 영화나 프로그램 속에 배치된 제품은 소위 '스토리 전개의 보조물'의 역할을 통해 오디언스에게 현실감을 부여할 수 있다는 장점도 가지고 있다. 그러나 소비자에게 명시된 광고주에 의해 의도적으로 취해지는 설득행위라는 광고의 기본 정의를 고려해볼 때, 간접광고는 광고와 콘텐츠가 엄격히 구분되지 않음으로써 이러한 설득 메시지의 의도가 감춰질 수 있는 특성으로 인해, 윤리적인 문제를 야기할 수 있다.

디지털 미디어 환경에서는 이러한 비상업적 콘텐츠와 상업적 콘텐츠의 융합은 가속화될 전망이다. 즉 소비자의 적극적인 상호작용을 전제로 하는 디지털 양방향 데이터 방송 서비스 환경에서는 비상업적 콘텐츠와 상업적 콘텐츠의 구분이 더 복잡해지고, 소비자의 능동적인 접촉을 바탕으로 하는 다양한 제품배치 및 제품 삽입 광고와 오락 프로그램 등과 광고가 결합된 새로운 유형의 광고들이 활성화될 것으로 예측된다.

특히 프로그램 연동형 데이터 방송은 프로그램 도중 클릭을 통해 추가정보를 시청자가 찾아내는 서비스로, 방송에 연결된 수많은 페이지에는 순수한 정보와 광고 메시지가 혼재되어 있을 수 있다. 영국의 경우 프로그램 연동형 서비스에 대한 지침은 방송사의 양방향 프로그램 제작비용을 지원하는 역할을 한다는 점에서 프로그램 속에 등장하는 양방향 광고인 소위 'CIP (Commercial in Program)'의 도입을 긍정적으로 평가하고 있다. 디지털 양방향 방송의 특징인 상호작용성을 고려할 때 시청자의 자율적 선택권한의 제공이 필요하며, 앞으로 수백 개의 채널이 공존하는 다매체 다채널 시대의 양방향 데이터 방송환경에서 주요 재원확보원이 될 T-커머스가 활성화되기 위해, 프로그램과 연동한 정보전달과 함께 판매가 가능한 형태의 양방향 광고가 필수적이라고 보기 때문이다.

그러나 광고주의 영향력 증대와 정상적인 광고시장의 혼란을 더욱 가중시킬 수 있을 뿐만 아니라, 프로그램 기획 단계부터 광고를 염두에 둔 기획으로 방송 프로그램의 상업화를 초래, 방송의 공공성의 훼손할 수 있다는 의견도 있다. 또한 CIP는 방송사가 제작한 프로그램과 직접 링크되는 관계로 어디서부터 어디까지가 상업적인 광고인지 구분하는 문제, CIP로 진입한 이후의 규제 문제 등 프로그램 연동형 광고는 규제 관련 복잡한 양태를 띠게 된다. 이렇게 방송통신융합의 미디어 환경에서는 시청자들이 자신들이 보고 있는 메시지가 프로그램인지 광고인지 구분하기 어렵게 되는 경향이 있다. 따라서 프로그램 연동형 광고 등 양방향 데이터 방송환경에서의 광

'방송연동형 T-커머스'가 활발해짐에 따라 관련 활동의 촉진과 규제에 관한 논의가 증대되고 있다(자료출처: 파이낸셜뉴스, 2010.7.14일자).

고가 활성화되기 전에 이와 관련된 광고규제 방향을 구체적으로 정리할 필요가 있다.

디지털 미디어 환경에서 프로그램같은 광고, 광고같은 프로그램이 빈번히 증가함에 따라 광고와 프로그램 간의 경계선은 점점 모호해지고 있다. 특히 프로그램과 결합한 형태의 프로그램 연동형 광고가 뉴미디어에서 자주 등장하고 앞으로 T-커머스가 활성화됨에 따라 상업적 양방향 콘텐츠가 방송 프로그램과 혼동되거나, 나아가서 방송의 공정성을 훼손할 수 있다는 우려가 있는 것도 사실이다. 그러나 디지털 미디어 환경에서 뉴미디어가 줄 수 있는 콘텐츠와 광고의 장점을 생각해볼 때 피해는 최소화하되 장점은 극대화할 수 있는 차원에서 규제방향을 고려해야 할 것이다.

먼저 아날로그 방송환경에서 불특정 다수를 대상으로 전달되는 광고 메시지를 수동적으로 보아야만 하는 소비자에게 적용되어 왔던 광고규제를, 디지털 양방향 미디어 환경에서 풍부해진 선택권과 편리한 접근권을 보장받은 환경에서 브랜드와의 능동적인 커뮤니케이션을 하게 되는 소비자에게 적용하는 것은 문제가 있다. 또한 소비자가 선택하여 접촉하는 다양한 상황의 방대한 상업적 콘텐츠를 규제한다는 것은 현실적으로 불가능하다. 더욱이 시청자가 양방향 데이터 방송 서비스 및 TV를 기반으로 하는 T-커머스에 익숙해질 경우, 순수한 프로그램, 광고, 커머스(Commerce) 사이의 경계를 규제 차원에서 구분짓는 것이 점차 어려워질 수 있다. 따라서 비상업적 콘텐츠와 상업적 콘텐츠의 통합이 활성화되는 디지털 미디어 환경에서의 광고규제는 소비자의 선택권을 강조하는 방향으로 진행되어야 할 것이다.

그러나 광고가 소비자에게 명시된 광고주에 의해 의도적으로 취해지는 설득행위라는 점을 고려해볼 때, 광고와 콘텐츠가 구분되지 않음으로써 이러한 설득 메시지의 의도가 감춰질 수 있는 상황은 광고윤리 측면에서 피해야 할 것이다. 이를 위해서는 최소한 소비자가 상업적 콘텐츠를 접촉하는 과정에서 상업적 콘텐츠라는 것이 표시됨으로써, 자신이 현재 상업적 콘텐츠를 접촉하고 있다는 것을 인지하게 할 수 있어야 한다. 구체적으로 프로그램에서 상업적 콘텐츠로 전환되는 초기화면에만 상업적 콘텐츠라는 것을 표시하는 것이 바람직할 수 있다. 프로그램 속에 등장하는 양방향 광고인 CIP 서비스의 적용 범위와 관련하여서는 오락 프로그램 등에는 적용하되 뉴스 및 시사 프로그램에는 적용하지 않는 것이 바람직할 것이다.

결국 소비자의 능동성이 전제되는 상황에서 거의 무한한 상업적 콘텐츠의 접촉이 가능한 디지털 양방향 미디어 환경에서는 정보형 광고의 형태로 제공될 양방향 광고에 대해 정부와 같은 규제기관에 의한 타율적 규제보다는 방송사, 프로그램 제작자, 광고주 및 광고대행사로부터의 자율규제 노력을 통해 상업적 메시지와 비상업적 메시지 간의 경계선을 최소한 유지하려는 노력이 필요할 것으로 보인다.

규제의 형평성

광고규제의 중요한 목적 중의 하나는 공정한 경쟁의 보장이다. 즉 공정한 경쟁을 통하여 소비자를 보호하는 것은 물론, 공정한 규칙을 바탕으로 한 경쟁을 통하여 산업 전체가 발전하기 위하여 규제가 합리화될 수 있는 것이다. 따라서 미디어 환경이 급변하는 오늘날에 있어 미디어 간 규제의 형평성은 중요한 문제로 대두되며 광고도 예외는 아니다. 특히 디지털 미디어 환경에서 방송과 통신의 융합현상은 규제의 형평성 관점에서 문제를 제시하게 된다. 구체적으로 방송통신융합에 따라 새롭게 탄생하는 미디어 광고의 규제 문제는 물론이고, 새롭게 탄생하는 미디어 광고를 방송 관점에서 규제할 것인지, 통신 관점에서 규제할 것인지의 문제도 발생하게 된다.

전통적인 규제체계의 특징은 특정 네트워크, 단말기와 서비스를 일치시킴으로써 네트워크 및 플랫폼에 기반을 둔 각 산업부문을 따라 수직적으로 분리, 적용하는 방식이었다. 이러한 방식에서는 방송광고와 통신에 기반을 둔 광고의 구분에 문제가 없었다. 그러나 방송과 통신의 융합현상이 진행되면서 서로 다른 네트워크에서 전송되는 동일한 서비스에 대한 규제의 적용 문제와 함께, 동일한 네트워크에서 전송되는 각기 다른 종류의 서비스에 대한 규제의 적용 문제가 발생하면서, 향후 인터넷광고와 방송광고의 구분이 모호해지고 이에 따라 규제 문제도 복잡해지게 된다.

이러한 네트워크 및 플랫폼에 따른 수직적 분리 관점에서의 규제는 오늘날 업계나 학계로부터 논란이 되고 있다. 즉 동일한 서비스를 제공하는 사업자라도 결국 플랫폼 사업자별로 상이한 규제의 적용을 받을 수 있다는 것이다. 이러한 규제의 형평성 문제는 상업적 메시지가 콘텐츠에 포함되어 전달되는 간접광고가 활성화될 경우에도 발생하게 된다. 미디어가 다양해지면서 동일한 콘텐츠가 서로 다른 미디어를 통하여 전달되는 경우가 많아지는데, 예를 들어 영화에서는 PPL 등의 간접광고가 거의 무제한적으로 시행되는데, 영화를 텔레비전에 방영할 경우에 어떻게 할 것인지와 같은 문제가 대두된다.

즉 방송통신융합 현상에 따라 방송의 특성과 통신의 특성을 동시에 가지는 미디어가 생겨나고, 서로 다른 미디어에서 동일한 성격의 콘텐츠를 전달하는 상황이 자주 발생하면서 미디어 간 광고규제의 형평성은 중요한 문제로 대두되고 있는 것이다. 구체적으로 미디어 간 광고 편성 및 운용(시간, 횟수, 방법의 제한), 광고판매방식, 매체수수료 대행률 등에 있어서 미디어별 상이한 적용기준과 체제는 영역 간의 구분이 모호해지는 방송통신융합 환경에서 논란이 되는 영역이다.

이러한 혼란은 국내의 경우에도 발생하여왔다. 지상파 DMB와 위성 DMB의 광고운용 정책 및 규제가 달라 논란을 불러일으킨 경우가 있었다. 또한 과거 국내 방송과 통신의 규제 체계가 방송과 통신으로 이원화되어 방송과 통신의 각각의 영역에 속한 개별 사업들은 사업별 규제 체계, 즉 수직적 규제 체계를 가지는데 대한 문제를 제기한 연구도 있다.

이러한 기존 수직적 규제 체계에서 제기될 수 있는 문제점을 방지하고 방송통신융합 시대의 광고규제의 형평성을 해결할 수 있는 개념으로 대두되는 것이 수평적 규제이다. 수평적 규제는 방송과 통신의 영역을 전송(carriage)과 콘텐츠 계층으로 수평적으로 구분하고 전송과 콘텐츠의 규제를 분리하는 것이 주요 개념이다. 즉 방송과 통신의 구분 대신 전송과 콘텐츠 계층의 구분을 도입하여 각 계층에 대해서 동일한 규제를 적용하는 것이 핵심이다. 이러한 수평적 규제방식은 빠르게 변화하는 환경에서 특정 서비스를 차별화하지 않고 기술적 중립성을 유지함으로써, 유사 서비스 규제의 일관성 확보를 통한 유사 서비스 간 경쟁을 촉진한다는 장점이 있어 융합 환경에 대응한 향상된 규제방식이라고 할 수 있다. 이러한 수평적 규제는 방송통신융합 환경에서 광고규제 제도의 정립이 필요한 국내 상황에서 특히 참고할만한 개념이다. 즉 다양하게 나타나는 새로운 형태의 미디어들에 있어서 광고 규제의 형평성을 보장하기 위해서는, 방송과 통신이라는 이원화된 관점에서 벗어나 각 미디어가 제공하는 콘텐츠나 서비스의 성격 중심으로 광고규제 정책을 결정하는 것이 바람직하다고 할 수 있다.

수평적 규제 개념은 현재 방송통신융합 환경에서 국내 광고규제 관련 주요 이슈가 되고 있는 디지털 양방향 방송서비스에서의 양방향 광고 규제에 적용할 수 있는 중요한 개념이라고 할 수 있다. 즉 같은 네트워크에서 제공되는 서비스라고 하더라도 영화, 드라마, 지상파 재전송 프로그램과 같이 기존의 매스 미디어 관점에서 다수에게 전달되는 서비스와 인터넷 개념을 기반으로 하는 구체적인 정보탐색, T-커머스와 같은 개인적 양방향 커뮤니케이션에서의 광고규제를 달리 하는 것이 바람직하다고 할 수 있다. 또한 프로그램 속에 등장하는 양방향 광고인 CIP (Commercial in Program)와 같은 프로그램 연동형 광고의 경우에도 현재 방송광고의 법적 지위 및 내용을 바탕으로 한 개념으로 규제하는 것은 상당한 문제가 따를 수밖에 없다. 즉 시청자가 상호작용성을 바탕으로 자발적으로 광고 메시지의 접촉 여부 및 접촉 메시지의 양과 시간을 선택할 수 있는 상황에서는 기존의 방송광고 규제 개념을 적용하는 것이 비현실적이다. 따라서 초기 프로그램 시청 시 공통적으로 노출되는 광고와 시청자가 그 광고를 자발적으로 선택하여 접촉하는 이후의 상업적 메시지에 대한 규제는 차별적으로 적용하여야 할 것이다.

• 참고문헌

김대호(2007). 방송통신 융합 규제 체계로서 수평적 규제 체계의 쟁점. **정보통신정책연구**, 14(1), 19~43.

김봉현(2005). 디지털 양방향 서비스 환경에서의 제품삽입 및 간접광고(PPL)의 운용 방안에 관한 연구. **광고학연구**, 15(5), 317~342.

김봉현(2006). 디지털 컨버전스 환경에서의 디지털광고의 운용제도에 관한 연구: 광고 실무자들의 인식조사를 중심으로. **한국광고홍보학보**, 8(2), 275~304.

김희경, 차영란(2009). 디지털시대 양방향광고 규제정책에 관한 연구. 광고학연구, 20(2), 125~151.

나은영(2006). 광고 커뮤니케이션 수용자로서의 어린이와 청소년: 그 특성과 규제의필요성. 한국심리학회지: 소비자 · 광고, 7(1), 131~163.

신정아, 여정성(2006). 전문홈쇼핑 광고의 기만성에 대한 규제 개선방안 연구: 소비자평가, 피해 및 심결사례분석을 중심으로. 소비자학연구, 17(2), 65~84.

안종배, 고장원(2003). 디지털 방송 광고마케팅의 이해. 두남.

염성원(2006). 유럽 주요국의 광고규제 동향과 함의에 관한 연구. 광고학연구, 17(1),25~52.

이상도(2006). 방송 프로그램 협찬 제동의 문제점에 관한 탐색적 연구. 언론과학연구, 6(3), 448~484.

Abernethy, A. M. & Wicks, J. L.(2001). Self-regulation and television advertising: A replication and extension. *Journal of Advertising* Research., 41(3), 31~37.

Donation, S.(2004). Madison & Vine: Why the entertainment & advertisingindustries must converge to survive. Advertising Age.

Graham, C.(2004). Advertising self-regulation. Brand Strategy. Jan.

Higham, N.(2005). A converged world could spell the end for TV ads. Marketing Week. 21

Marshall, C.(2002). Media Convergence puts self-regulation at top of the agenda. Campaign, Nov. 1st, 2.

Nuttey, M.(2002). When regulates ads when viewers pick what they watch? NMA, Feb. 5th, 16.

02

기업 커뮤니케이션 전문 인력 양성

디지털 미디어 시대의 기업 커뮤니케이션 인력 양성의 중요성

디지털 미디어 시대의 기업 커뮤니케이션 환경은 과거 어느 때보다 빠르게 변화하고 있다. IPTV, DMB, 스마트폰 등 뉴미디어를 활용한 기업 커뮤니케이션 활동이 활성화되고 있으며, SNS를 활용한 마케팅, 브랜디드 콘텐츠(Branded Contents) 등 새로운 마케팅 커뮤니케이션 수단들의 활용은 기존 기업 커뮤니케이션의 개념에 큰 변화를 주고 있다. 그 결과 그 동안 지속적으로 성장하여왔던 4대매체 광고 시장이 정체 상태인 반면, 뉴미디어를 활용한 새로운 영역의 기업 커뮤니케이션 시장은 지속적으로 성장하고 있다. 특히 디지털 기술혁명에 따른 디지털 컨버전스 환경은 IPTV, 양방향 데이터 방송, 인터넷 방송, DMB, VOD 등 방송과 통신의 특성을 동시에 갖춘 미디어 서비스의 제공을 가능하게 하고 있으며, 이러한 새로운 미디어 환경은 미디어 이용행태는 물론 소비자의 기업 커뮤니케이션 메시지 접촉에도 변화를 가져오게 된다. 소비자의 미디어 이용패턴 변화에 따라 인터넷, 디지털 매체를 중심으로 한 새로운 매체들을 기업 커뮤니케이션 미디어로 활용하는 사례가 늘어나고 있다.

이러한 최근의 미디어 환경과 커뮤니케이션 환경 변화는 지금까지의 기업 커뮤니케이션 패러다임의 수정을 필요로 한다고 할 수 있다. 과거에 비하여 광고 접촉 시 소비자의 능동성이 크게 확장되었으며, 새로운 미디어 환경에서의 데이터 방송이나 인터넷 등과 같은 부가서비스로 인하여 광고의 형태와 개념이 크게 바뀌게 되었다. 또한 광고노출의 증가에 따라 심화되는 광고의 밀집현상(advertising clutter) 및 시청자의 능동적인 광고의 회피현상(zapping 혹은 zipping) 등에 대처하려는 광고홍보업계의 노력과 디지털 미디어 기술의 발달, 다양한 미디어의 출현이 맞물려 최근 프로그램과 광고의 결합, 즉 비상업적 콘텐츠와 상업적 콘텐츠의 결합이 다양한 형태로 시도되고 있다.

그러나 이러한 기술 및 미디어 환경의 변화에도 불구하고 이러한 변화에 대처하는 광고홍보업계의 대응은 신속하고 효율적으로 이루어지지 못하고 있는 측면이 있다. 특히 인력적인 측면에 있어서 급변하는 기술적 환경과 신속하게 변하는 소비자의 욕구를 충족시키고 경쟁력을 갖춘 기업 커뮤니케이션 메시지를 기획하고 콘텐츠를 생산하는 역량을 갖춘 인력을 양성하는데 많은 어려움을 보이고 있다. 더구나 전통 광고 시장의 성장 정체, 광고홍보인력 수급의 왜곡, 매체환경 변화에 따른 업계 대응 등 많은 문제점을 노출하고 있는 현재의 국내 광고홍보업계 현실을 고려해볼 때, 미디어 및 마케팅 환경 변화에 대응할 수 있는 기업 커뮤니케이션 전문인력 양성은 매우 중요한 문제라고 하지 않을 수 없다. 정보산업, 문화산업, 콘텐츠 산업이 미래의 주요 산업으로 각광받고 있는 현실을 고려해볼 때, 이러한 특성을 모두 갖추고 있는 광고홍보산업은 미래의 주요 산업으로서 지속적인 성장이 충분히 가능하다고 할 수 있다. 따라서 급변하는 기업 커뮤니케이션 환경에서 광고홍보 산업이 소비자와 시장의 요구에 부응하고 정보문화산업으로서 지속적인 성장을 하기 위해서는 기업 커뮤니케이션을 둘러 싼 이러한 주변환경 변화에 신속히 대처하고 이끌 수 있는 전문 인력의 양성이 시급한 시점이다.

영상 · 광고 · 콘텐츠 산업 전체에 관한 기술적 환경변화가 전문인력 양성사업에 미치는 영향을 분석한 김동욱과 김용욱의 2009년 연구결과, 지속적인 상품의 다양화 및 유통채널의 다각화가 발생하고 있고, 이와 더불어 인력구조의 질적 다각화가 발생하고 있는 것으로 나타났다. 또한 디지털화의 가속화로 인한 산업적 · 기술적 통합으로 인해 연관 산업에 대한 영향력이 증가할 것으로 예상되었다. 또한 영상 · 광고 · 콘텐츠 산업은 다른 산업에 비해 역동성이 높을 뿐만 아니라, 필요 인력에게 요구되는 전문성의 수준이 높기 때문에 다른 일반적인 산업의 노동시장과 상당한 차이가 있는 것으로 나타났다. 연구자들은 따라서 이러한 영상 · 광고 · 콘텐츠 전문인력 시장의 특성으로 인해서 영상 · 광고 · 콘텐츠 전문인력 양성사업은 일반산업과 다른 구조와 전략을 사용하여야 한다고 주장하였다. 특히 수요의 급변으로 인한 높은 고용 이동성과 불연속적 경력개발 등의 특성을 반영하여, 한 번의 교육으로 평생의 기술을 습득하는 방식이 아니라 지속적으로 재교육이 이루어지는 인력양성 방식을 취하는 것이 바람직하다고 주장하였다.

위에 언급된 연구가 영상 · 광고 · 콘텐츠와 관련된 광범위한 연구이고 일반적인 관점에서의 전문인력 양성사업에 관한 연구이지만, 변화하는 환경에서 경쟁력 있는 기업 커뮤니케이션 인력 양성방안을 모색해볼 때 많은 시사점을 제공한다고 할 수 있다. 미디어 및 마케팅 환경이 급변하는 상황에서 광고홍보 산업은 많은 변화가 진행되고 있고, 이러한 변화된 산업에서 필요로 하는 광고홍보 인력의 특성에도 변화가 일어나고 있다. 따라서 이러한 특수성을 가지고 있는 광고홍보산업에서 변화된 시장

환경에 능동적으로 대응할 수 있는 차별적인 광고홍보 전문인력 양성방안이 필요하다고 할 수 있다. 이러한 관점에서 변화하는 기업 커뮤니케이션 환경에서의 경쟁력 있는 전문 인력 양성방안에 대하여 다음과 같이 제안을 해보려고 한다.

디지털 미디어 시대의 기업 커뮤니케이션 인력 양성 방안

새로운 기업 커뮤니케이션 미디어에 대한 교육 강화

최근 기업 커뮤니케이션 환경은 급변하고 있다. 과거의 변화가 점진적인 변화였다면 최근 기업 커뮤니케이션을 둘러싼 기술, 미디어, 마케팅 등 환경의 변화는 우리로 하여금 패러다임의 전환을 요구하고 있다고도 할 수 있다. 방송통신융합 기술을 바탕으로 한 뉴미디어 광고의 성장, 기업 커뮤니케이션 메시지의 생산 및 유통, 이용 과정에 있어서 소비자 능동성의 확대, 기업 커뮤니케이션 메시지의 형태 및 이용의 다양화, 비상업적 콘텐츠와 상업적 콘텐츠의 결합 등 최근 기업 커뮤니케이션 환경의 거대한 변화로 인하여, 과거의 전통적인 개념을 가지고는 소비자를 설득시키기도 어렵고 광고홍보산업을 지속적으로 성장시키기도 어렵다. 따라서 변화하는 상황에 적응하여 소비자를 설득시키고, 미래에도 광고홍보산업을 경쟁력 있는 산업으로 지속적으로 성장시키려면 새로운 환경에서 광고홍보인의 경쟁력을 높여야 하고, 이를 위해서는 변화하는 환경에서의 경쟁력 있는 광고홍보인력 양성을 위한 효과적인 교육이 필요하다.

먼저 광고홍보 전문인력을 양성하는 대학교 관련학과의 교육에서 환경변화를 고려한 교육이 필요하다. 거시적인 환경 변화에 따른 기업 커뮤니케이션 개념의 교육에 중점을 두어야 한다. 또한 새로운 기업 커뮤니케이션 미디어에 대한 교육의 강화가 필요하다. 우선 광고홍보 산업에서 비중이 날로 커지고 있는 뉴미디어를 활용한 기업 커뮤니케이션에 대한 교육의 강화가 필요하다. 특히 IPTV 광고와 같은 새로운 개념의 양방향 광고에 대한 교육이 강조되어야 할 것이다.

또한 최근 기업에서 그 활용이 커지고 있는 소셜 미디어를 활용한 마케팅에 대한 체계적인 교육이 필요하다. 최근 사회의 큰 변화 중의 하나는 스마트폰의 보편화 등으로 소셜 미디어가 급격히 성장하고 있으며, 사회 전반에서 그 영향력이 증가하고 있다는 것이다. 이러한 변화는 광고홍보, 미디어, 마케팅 분야에서도 일어나고 있는데, 최근 소셜 미디어를 활용한 마케팅을 전개하는 기업들이 늘어나고 있다. 따라서 SNS, 블로그, UCC 등의 소셜 미디어를 활용한 마케팅에 대한 교육도 강화할 필요가 있다. 이러한 새로운 마케팅 커뮤니케이션 미디어에 대한 교육은 별도의 과목을 개설하여 교육할 필요가 있을 것이다. 또한 대학에서의 광고 교육 전반에 있어 이 부분을 고려한 교육이 필요하다고 할 수 있다.

기업 커뮤니케이션 영역 확장에 따른 인접학문 교육 강화

최근 뉴미디어의 출현에 따른 미디어 환경이 급변하면서 새로운 기업 커뮤니케이션 미디어들의 활용이 증가하고 있으며 4대 매체광고의 영향력이 점차 감소하는 추세이다. 또한 새로운 기업 커뮤니케이션 미디어들이 등장하고 그 수가 많아짐에 따라 소비자들이 상업적 메시지를 회피하려는 성향이 나타나고 기술의 발달로 실제 이러한 회피가 가능해지고 있다. 따라서 과거에 비하여 기업 커뮤니케이션 메시지의 노출 자체가 더 어려워지고, 원하는 효과를 얻기도 어려워진다. 광고주와 대행사 입장에서 이러한 어려움을 극복하여 소비자들에게 상업적 메시지에 대한 노출을 높이고, 소비자 스스로 상업적 메시지를 찾아보게 함으로써 메시지 처리 과정에서 소비자의 몰입을 높이고자 하는 의도에서 나타나는 현상이 비상업적 콘텐츠와 상업적 콘텐츠의 결합이라고 할 수 있다.

콘텐츠 안에 브랜드 메시지를 삽입하는 간접광고, 가상광고가 활성화되고 있고, 브랜드 메시지와 콘텐츠의 결합된 형태인 브랜디드 콘텐츠(Branded Contents)가 다양한 형태로 시도되고 있다. 일반적인 콘텐츠 수준을 능가하는 규모와 질을 가진 브랜디드 콘텐츠는 소비자들이 스스로 찾아, 몰입하여 보는 과정에서 기업이나 브랜드의 이미지를 높일 수 있다는 점에서 최근 그 사용이 늘어나고 있다. 최근에는 상업적 메시지와 방송이나 오락 콘텐츠와의 결합을 넘어 문화, 예술, 스포츠와 같은 더욱 다양한 콘텐츠와의 결합이 시도되고 있다.

이렇게 비상업적 콘텐츠와 상업적 콘텐츠의 결합으로 기업 커뮤니케이션의 영역이 확장되고, 광고홍보산업과 여러 콘텐츠 산업과의 협업이 증가하고 있다. 이러한 상황에서 4대매체 광고를 중심으로 한 기존의 광고홍보 교육으로는 변화하는 시장에 적응하고 관련 산업을 이끌 수 있는 인재를 양성하기 어렵다. 따라서 대학의 광고홍보 관련 학과에서는 새로운 기업 커뮤니케이션 환경의 변화 방향과 관련있는 내용을 추가하여 교육시켜야 할 것이다. 예컨대 기존의 커뮤니케이션 관련 과목은 물론 미디어, 인문학, 문화예술에 관한 다양한 콘텐츠에 대한 교육이 추가되어야 한다.

기업 커뮤니케이션 전문가는 어떻게 키우는가?

기존의 광고홍보, 커뮤니케이션, 마케팅 과목은 물론 뉴미디어와 그 사회적 의미, 문화콘텐츠, 엔터테인먼트, 예술, 스포츠와 같은 인접학문과 산업에 대한 교육이 필요하다.

이러한 교육을 통하여 변화하는 환경에서의 새로운 기업 커뮤니케이션 미디어들을 운용할 수 있는 실무적 지식을 배우는 것은 물론, 기업 커뮤니케이션을 둘러싼 변화하는 사회 환경의 폭 넓은 이해를 통하여 궁극적으로 바람직하고 효과적으로 기업 커뮤니케이션 업무를 수행할 수 있는 전문가가 될 수 있을 것이다.

재교육의 강화

관련 연구에 의하면 최근 영상 · 광고 · 콘텐츠 산업에서 지속적인 상품의 다양화 및 유통채널의 다각화가 발생하고 있고, 인력구조의 질적 다각화가 발생하고 있으며, 산업적 · 기술적 통합으로 인해 연관 산업에 대한 영향력이 증가할 것으로 예상되고 있다. 또한 영상 · 광고 · 콘텐츠 산업은 다른 산업에 비해 역동성이 높을 뿐만 아니라, 필요 인력에게 요구되는 전문성의 수준이 높기 때문에 영상 · 광고 · 콘텐츠 전문인력 양성사업은 일반산업과 다른 구조와 전략을 사용하여야 한다고 주장되며, 특히 수요의 급변으로 인한 높은 고용 이동성과 불연속적 경력개발 등의 특성을 반영하여, 한 번의 교육으로 평생의 기술을 습득하는 방식이 아니라 지속적으로 재교육이 이루어지는 인력양성 방식을 취하는 것이 바람직하다고 주장된다.

기업 커뮤니케이션은 동시대의 소비자를 대상으로 동시대의 주요 이슈를 다루어 설득하는 활동이다. 따라서 광고홍보인은 기업 커뮤니케이션 메시지에 그 시대의 상황 및 변화를 빠르게 반영해야 하며, 더 나아가 한 발 앞서 사회 트렌드를 이끌어나가기도 한다. 더구나 최근에는 새로운 기업 커뮤니케이션 형태가 나타나고 연관산업과의 연계도 강화되고 있다. 이렇게 빠르게 변화하는 주변 환경에 신속히 대응할 수 있는 광고홍보 인력을 양성하기 위해서는 학교 교육만으로는 어렵고, 끊임없이 현직 광고홍보인들을 대상으로 재교육이 이루어져야 한다.

일정 규모 이상의 대행사들은 자사 직원들을 위한 재교육 시스템을 활용하여 왔다. 그러나 금융 위기 이후 대행사들이 신입사원 위주의 채용에서 경력사원 위주의 채용 시스템으로 전환되면서 대행사의 사내교육이 위축되었으리라고 예상해볼 수 있다. 대행사들은 향후 자사 직원들을 위한 재교육 시 현재 진행되고 있는 기업 커뮤니케이션 환경의 대변화를 고려한 다양하고 변화된 교육내용의 구성 및 운영이 필요하다고 할 수 있다. 광고홍보교육 관련 연구들에서는 공통적으로 산학협동의 필요성을 제기하고 있지만, 광고홍보계에서 학교와 기업의 산학협동은 여전히 활성화되어 있다고 할 수 없다. 그러나 지금과 같이 기업 커뮤니케이션 환경이 급변하는 상황에서는 시장에서의 변화를 광고홍보 교육 과정에 신속하게 반영하기 위해서라도, 산학협력을 바탕으로 한 공유를 통하여 효과적인 광고홍보 교육 방향의 구축이 필요하다. 이를 위해서 광고홍보 관련 단체나 공공기관의 정책적인 배려 및 추진도 필요할 것이다.

광고홍보산업 전체적인 시각에서 변화하는 기업 커뮤니케이션 환경에 대응하고 광고홍보 산업을 이끌 수 있는 광고홍보인의 재교육을 위해서는 업계를 대표하는 관련 기관이나 공공기관 차원에서의 재교육이 필요하다. 왜냐하면 광고홍보 산업 전체의 발전을 생각하는 장기적인 시각에서 산업을 이끌 수 있는 광고홍보인의 재교육은 개별 대행사의 교육만으로는 어렵기 때문이다. 따라서 광고홍보 관련 기관이나 공공기관에서 정보산업이자 문화 콘텐츠 산업으로서 광고홍보의 중요성을 고려하여, 변화하는 기업 커뮤니케이션 환경에서 광고홍보인의 경쟁력을 확보하기 위한 재교육 프로그램을 적극적으로 활성화시킬 필요가 있다.

• 참고문헌

김동욱, 김용훈(2009). 영상 · 광고 · 콘텐츠 전문인력 양성사업의 평가와 발전방향 연구. 한국방송광고공사 연구보고서.

서범석(2003). 광고인력 수급 현황에 관한 연구. **광고학연구**, 14(1), 201~227.

이귀옥, 최명일(2008). 다매체 동시이용 패턴에 따른 광고효과 측정시스템의 구축을 위한 선행 연구. 한국방송광고공사 연구보고서.

이세진, 김병희(2008). 수용자 지향적인 광고홍보 교육 전략에 관한 연구. 한국방송광고공사 연구보고서.

한은경, 김동현, 이명훈, 이종민(2002). 광고산업진흥을 위한 전문인력양성 및 산학협동에 관한 연구. 한국방송광고공사 연구보고서.

맺음말

새로운 기업 환경에 대처하기 위해서는 무엇보다 기업의 새로운 시각이 필요하다. 물량 중심의 Push형 커뮤니케이션에서 벗어나 소비자의 인게이지먼트를 높이는 콘텐츠와 커뮤니케이션 아이디어를 제시하고, 소비자의 능동적 참여를 통한 관계 개선에 초점을 두어야 한다. 이 책에서 주로 언급한 내용이 이것이다. 앞으로 전통적인 브랜드 인지 제고를 위한 광고 커뮤니케이션에서 나아가, 정보제공형 광고, 그리고 직접반응광고 등의 형태로 등장할 가능성이 높다. 정보제공형 광고란 전통적인 광고 형식과는 매우 다른, 수용자와의 상호작용성을 높이고 광고를 더 많이 '읽게' 만드는 광고라 할 수 있다. 방송을 예로 들면, 디지털화한 방송 환경에서 시청자들은 채널 선택권이 확장되었고, 광고의 수용과 확산에 소비자들의 능동성이 중요하게 되었다.

특히 2009년 이후 스마트폰의 등장으로 모바일 영역에서 디지털 콘텐츠의 유통 및 소비구조, 더 나아가 시장경쟁구조에 급격한 변화가 일어났다. 단순히 통신 기기의 변화에 그치는 것이 아니라 미디어 이용자가 원하는 서비스를 편리하게 이용할 수 있는 환경을 구축한 것이다. 스마트폰을 위시한 스마트미디어의 등장으로 다양한 광고 미디어의 통합적인 활용이 가능해짐에 따라 소비자와의 접촉 기회가 증가하고 결과적으로 커뮤니케이션 효과가 증대될 것으로 기대된다. 스마트미디어 광고란 디지털 케이블 TV, IPTV, 인터넷, DMB, 스마트폰, 스마트TV 등과 같은 스마트미디어를 이용한 광고로, 상호작용이 가능하고 특정 고객을 대상으로 하는 광고가 가능하며 언제 어디서나 접근가능한 특징을 갖는다.

이러한 스마트미디어 광고는 현대의 소비자들을 대상으로 다양한 마케팅 수단으로 활용되고 있다. 스마트미디어와 함께 주목해야 할 변화가 소셜미디어, 혹은 소셜 네트워크 서비스(SNS)의 등장이다. 소셜미디어의 등장으로 인해 그 동안 정보 콘텐츠와 디바이스 중심으로 이루어지던 커뮤니케이션이 이제는 소비자 중심의 커뮤니케이션으로 변모하게 되었다. 전통적인 미디어의 비중은 갈수록 감소하고 있다. 소비자가 정보에 참여하고 나아가 정보를 생산함으로써 하나의 미디어 역할을 수행하게 되었다.

또한 정보를 전달하는 커뮤니케이션 방법이 진화하면서 면대면 커뮤니케이션뿐만 아니라 온라인을 통해서도 개인과 연결된 타인이 정보의 매개체로서 역할을 하고 있다. 특히 사람과 사람 간 커뮤니케이션을 다양하고 활발하게 촉진하는 SNS(소셜 네트워크 서비스)가 활성화함에 따라 온라인에서의 새로운 소셜미디어의 역할과 영향력이 증대되고 있다. 온라인으로 확장된 소셜미디어는 사람들의 의견, 생각, 경험, 관점 등을 서로 공유하기 위해 사용하는 온라인 도구나 플랫폼으로서 문자, 이미지, 오디오, 비디오 등의 다양한 행태를 취할 수 있으며, 쉽고 빠르게 콘텐츠를 전달하고 상대의 반응을 즉각적으로 확인하고 응답할 수 있는 양방향의 참여형 미디어로 정의된다. 즉 소셜미디어는 SNS의 양방향성(상호작용성)을 이용해 사람들이 참여하고 정보를 공유하며 만들어나가는 미디어를 뜻하는 것으로서, 소셜미디어에서의 커뮤니케이션은 불특정 다수의 일방향적인 정보전달의 특성을 지닌 매스미디어와는 차별점이 존재한다.

이 밖에, 모바일 위치기반 서비스를 통한 광고활용방안도 적극 모색되고 있다. 모바일 애플리케이션을 이용한 광고도 소비자들의 광고 지각 및 이용행태에 영향을 줄 것으로 보인다.

스마트미디어의 또 다른 디바이스인 스마트TV의 보급과 확산에 따라 기존 미디어 광고시장이 변동될 가능성이 크다. 예를 들어 미국신문의 경우 급격한 광고매출 감소가 구조화되면서 아이패드를 중요한 광고 플랫폼으로 인식하기 시작하게 된 것도 이러한 맥락에서 이해된다.

이러한 경향은 현대 사회의 새로운 소비자들의 속성과 맞물려 있다. 디지털 시대에서는 소비자들이 정보의 생산과 배포에 적극 개입하는 위치에 서게 되었다. 특히 스마트폰은 다양한 유형의 서비스를 가능하게 하여 광고에 대한 소비자의 인식 및 참여도를 높일 수 있게 되었다. 대표적으로 QR코드를 이용한 광고 등과 같이 새로운 형태의 광고가 등장하게 됨에 따라 소비자들의 호기심이나 흥미가 유발되고 더 쉽게 제품이나 서비스 정보를 얻을 수 있게 되어 광고에 대한 태도가 더 긍정적으로 나타날 수 있게 되었다.

온라인과 SNS로 대변되는 디지털미디어의 이용 증가와 전통 미디어의 활용 감소, 그리고 소비자들의 자발적 미디어 활용 등 최근의 변화하는 미디어 환경에 능동적으로 대응하기는 쉽지 않다. 변화하는 미디어 환경에서 기업 커뮤니케이션의 전략적 방향은 무엇인가. 지금까지 제시된 여러 내용을 통해 다음의 시사점을 찾을 수 있다.

첫째, 미디어 플래닝은 캠페인의 시나리오에 따라 결정되어야 한다.

그 동안 미디어의 선택은 캠페인의 방향성과 상관없이 결정되는 경우가 많았다. 광고 캠페인의 목표와 그 해결 과제에 주목하기보다는, 주로 '타깃이 누구이고, 예산이 얼마이니 이런 미디어를 운영하자'와 같은 전형적인 생각에 의해 미디어가 결정되어 왔다. 그러나 미디어 믹스의 개념은 단순히 미디어를 선택하고 나열하는 것이 아니다. 캠페인의 로드맵 상 미디어의 역할을 구분하고, 단계별 캠페인의 목표를 달성하기 위해 적절한 미디어를 선정해 나가야 한다.

둘째, 통합적 커뮤니케이션 차원에서 크로스미디어 광고의 적극적 활용이 필요하다. 미디어간 경계가 허물어짐에 따라, 소비자들이 접하는 다양한 미디어 접점을 어떻게 입체적이고 효과적으로 설계하여 도달해 나갈 것인가가 커뮤니케이션 전략의 관건이 되었다. 이러한 과제에 크로스미디어 광고는 좋은 답안이 될 수 있다. 이제 소비자들이 단순히 기업이 전달하는 메시지를 수동적으로 수용하던 시대는 지났다. 소비자들은 보다 적극적으로 정보를 탐색하기 원하며 특히 스마트미디어 광고와 같은 상호작용성이 극대화될 수 있는 미디어를 기존매체와 통합적으로 활용할 필요가 있다.

셋째, 소비자들에게 풍부한 브랜디드 콘텐츠와 경험을 제공해줄 수 있는 수단이 필요하다. 또한 미디어의 퍼스널화와 개인미디어 이용시간의 증대는 스마트미디어 광고의 향후 가능성을 높게 평가하게 한다. 이와 함께, 스마트미디어 광고를 활용한 크로스미디어 광고전략 수립시 소비자의 개인특성을 고려할 필요가 있다. 스마트미디어 광고는 향후 LBS와 같은 기술의 뒷받침으로 더 개인의 행동지향적 미디어로 발전해나갈 것이다. 따라서, 개인화된 미디어 시대를 맞아 소비자 개인에 맞춘 콘텐츠 제공이 기업 커뮤니케이션의 중요한 과제가 될 것이다.

새로운 매체 상황에서는 하나의 광고에 대한 방해광고(clutter ads)가 많아짐에 따라 광고 매체의 통합적, 전략적 운용이 더욱 필요하게 되었다. 최근 들어 기업들은 점차 전통적 매체와 디지털 미디어를 병행하여 운용함으로써 소비자와 기업 혹은 브랜드의 접점(contact)을 늘리는 통합적 마케팅 커뮤니케이션(IMC) 활동을 시도하고 있는 실정이다. 그럼에도 실행적 측면에서 보면 현재의 국내 크로스미디어 기반 마케팅 커뮤니케이션 활동은 선진국에 비해 매우 뒤처져있는 것이 사실이다.

새로운 기업 커뮤니케이션 전략은 '미디어가 곧 메시지'이자, '미디어가 곧 아이디어'이라는 관점에서 보면 미디어 크리에이티브와 밀접하게 연관되어 있다. 미디어를 아이디어로 보는 시각(전략)과 미디어를 활용하는 콘텐츠로서의 아이디어(전통적인 의미에서의 크리에이티브), 그 활용 방안을 구성하고 실행하는 방안(실행), 이 세 가지가 함께 움직일 때 효율적인 기업 커뮤니케이션이 가능해짐을 기업 커뮤니케이션 종사자들은 명심해야 할 것이다.

찾아보기

한글 찾아보기

영어 찾아보기

S

T

U

V

W

Z

저자약력

최민욱

남서울대학교 광고홍보학과 교수이다. 한양대학교 신문방송학과를 졸업하고 동대학 대학원 광고홍보학과에서 박사학위를 받았으며, 영국 University of Sheffield에서 Advertising Research Course를 수료하였다. 학교로 오기 전 오리콤과 금강기획에서 국내외 클라이언트의 광고, 홍보, 프로모션 등을 담당하며 다양한 분야의 실무 경험을 쌓았으며, 한국광고학회 편집이사 등 관련 학회에서 활동 중이다.

김운한

선문대학교 언론광고학부 교수이다. 연세대학교 심리학과를 졸업하고 한양대학교 대학원 광고홍보학과에서 박사학위를 받았다. LG애드와 상암기획에서 카피라이터로, 대홍기획과 웰콤에서 크리에이티브 디렉터로 일하며 'e-편한세상' 브랜드네이밍 등 다수의 캠페인을 담당하였다. 주요 관심분야는 브랜드캐릭터, 뉴미디어 광고 크리에이티브이며, 저서로 '인터랙티브광고론(공저)'과 '광고카피의 이론과 실제'(공저)가 있다.

디지털 미디어 시대의 기업 커뮤니케이션

2012년 8월 30일 | 제1판 1쇄 인쇄
2012년 9월 03일 | 제1판 1쇄 발행

지은이 | 최민욱 · 김운한
발행인 | 김은중
발행처 | 서울경제경영출판사
편집디자인 | (주)우일미디어디지텍

주 소 | 120-808 서울특별시 서대문구 대현동 67-5 대현빌딩 6층
전 화 | 02)313-2682
팩 스 | 02)313-8860

등 록 | 1998년 1월 22일 제5-63호

ISBN 978-89-88106-98-3 93320
정가 18,000원

※ 잘못된 책은 바꾸어 드립니다.